Ronny Blaschke

Im Schatten des Spiels
Rassismus und Randale im Fußball

Ronny Blaschke

Im Schatten des Spiels

Rassismus und Randale im Fußball

VERLAG DIE WERKSTATT

Bibliografische Information der Deutschen Bibliothek
Die Deutsche Bibliothek verzeichnet diese Publikation in der
Deutschen Nationalbibliografie; detaillierte bibliografische Daten
sind im Internet über http://dnb.ddb.de abrufbar.

Copyright © 2007 Verlag Die Werkstatt GmbH
Lotzestraße 24a, D-37083 Göttingen
www.werkstatt-verlag.de
Alle Rechte vorbehalten.
Satz und Gestaltung: Verlag Die Werkstatt
Druck und Bindung: Fuldaer Verlagsanstalt

ISBN 978-3-89533-555-6

Inhaltsverzeichnis

Einleitung

Mit einer Reklametafel prügelten sie auf ihn ein, später mit seinem eigenen Gewehraufsatz. Der französische Gendarm Daniel Nivel lag bewusstlos am Boden, das Blut war auf dem Asphalt verteilt. Doch die deutschen Schläger wollten nicht von ihm lassen. Bis sein Gesicht zertrümmert und sein Schädel gebrochen war. Diese Bilder aus Lens während der Fußball-WM 1998 in Frankreich gingen um die Welt. Daniel Nivel lag wochenlang im Koma, er wird nie wieder sein altes Leben führen können. Seine Peiniger wurden zu Haftstrafen zwischen dreieinhalb und zehn Jahren verurteilt. Die meisten von ihnen sind längst wieder frei, einer wurde schon wieder bei einer Prügelei in Brandenburg erwischt. Daniel Nivel wurde am 21. Juni 1998 zu einer Symbolfigur. In Deutschland setzten Hysterie und Panik ein. Die öffentliche Diskussion war geprägt von den Fragen: Hat der Anschlag auf Nivel die Renaissance des Hooliganismus eingeleitet? Wird die Gewalt in die Stadien zurückkehren?

Beide Fragen deuten auf Aktionismus und Kurzsichtigkeit hin. Wie so oft nach vergleichbaren Tragödien. Dabei ist die Gewalt im Fußball eine Konstante, nur ihre Form hat sich gewandelt: Der in die Jahre gekommene Hooligan, der sich verwegen gab, als unpolitisch bezeichnete und eine Sucht nach Schmerz verspürte, dominierte in Deutschland die 1980er und frühen 1990er Jahre. Er hatte sich gelöst von den Fankurven, legte Schal und Kutte in den Schrank. Er kleidete sich kostspielig, betrachtete sich als Teil der Elite. Toni Meyer, ein ehemaliger Hooligan aus München, wird in diesem Buch davon berichten. An jenem Sommertag in Lens wurde das Ende einer schwarzen Ära eingeleitet: Der Hooligan hatte seine eigenen Grenzen gesprengt, er schlug einen unbeteiligten Polizisten zum Krüppel, dabei wollte er seine Kräfte stets nur unter seinesgleichen messen. Der ohrenbetäubende Aufschrei in den deutschen Medien gab ihm zu denken. Er wollte seine Zukunft nicht mehr aufs Spiel setzen für ein bisschen Adrenalin.

Der klassische Hooliganismus trat in einen Auflösungsprozess, das ist in England, dem Ursprungsland, oder in den Niederlanden nicht anders. Auch dort hatten erst Katastrophen einen Bewusstseinswandel auslösen können. In England war es die Randale von Liverpooler Fans im Heysel-Stadion von Brüssel 1985 und die Massenpanik von Sheffield 1989, die 96 Menschen das Leben kostete. In den Niederlanden war es der Mord an Carlo Picornie 1997, einem führenden Hooligan von Ajax Amsterdam. Es scheint, als müsste erst die Welt vor dem Untergang stehen, damit eine Subkultur ihre Gefahren entdeckt und eine Gesellschaft reagiert. Beispiele dafür gibt es viele.

Die Gewalt ist nicht verschwunden – sie hat sich gewandelt. Die letzten Nostalgiker flüchten vor dem Licht der Öffentlichkeit. Sie prügeln sich im Verborgenen. Auf Wiesen, Parkplätzen oder Industrieanlagen. Sie sind mehr zu Kampfsportlern als Hooligans geworden. Die großen Stadien haben sie aufgegeben, die kleinen noch nicht ganz. Vor allem im Osten Deutschlands, in Dresden oder Leipzig, kämpft ein neuer Schläger-Typus um Aufmerksamkeit. Er kommt aus einem schwierigen sozialen Umfeld, schon in jungen Jahren fehlt ihm die Perspektive. Der Frust ist groß, und so ist er empfänglich für die Lockrufe von rechts. Die ostdeutschen Amateurligen verdeutlichen die Fremdenfeindlichkeit und den Antisemitismus der Gesellschaft wie unter einem Brennglas. Sie wird in der anonymen Masse offener ausgelebt. Die Grenze zwischen Hooligan und Rassist ist fließend. Daher ist die Form der Gewalt schwer zu greifen. Zumal Rassisten und Antisemiten subtil auftreten. Sie marschieren nicht mehr in Springerstiefeln und Reichkriegsflagge auf und ab, sie wählen Codierungen und streuen ihre Propaganda verdeckt. Auch in den Stadien. Eine neue Dimension? Für eine Antwort ist es noch zu früh.

Der Öffentlichkeit ist das nicht genug. Nach der rosaroten WM 2006, bei der es kaum Zwischenfälle gegeben hatte, wird jeder Krawall und jede rassistische Parole als neue Stufe der Eskalation oder als Wiederkehr des Hooliganismus interpretiert. Komplexe Hintergründe werden vermengt und unsinnige Vergleiche gezogen. Die Fanarbeit, die lange von Politikern und Funktionären vernachlässigt wurde und sich nun langsam positiv entwickelt, gerät immer wieder unter Rechtfertigungsdruck. Es entsteht der Eindruck, als wäre die Gewalt im Fußball eine vorübergehende Mode, die Jahr für Jahr aufs Neue aufgeregt diskutiert werden müsste. Langfristige und vernünftige Konzeptvorschläge gehen in dieser Wolke des Populismus verloren. Auch das lässt sich nicht nur in Deutschland beobachten. Der italienische Fußball, der durch Gewalt und Korruption wie in einer Zwangsjacke gefangen ist, gilt als Paradebeispiel. Faschistische Ultras beherrrschen seit Jahren die Kurven des Calcio.

Auch in Deutschland hat sich die Ultra-Bewegung ausgebreitet, allerdings unterscheidet sie sich enorm von ihrem italienischen Vorbild. Die Mehrheit der deutschen Ultras distanziert sich von Gewalt und politischen Hintergründen. Stattdessen predigen sie ihr oberstes Ziel: die bedingungslose Unterstützung ihres Vereins. Durch Gesänge, Choreographien und bengalische Feuer. Ihre Beziehung zu Sicherheitskräften und DFB aber ist stark belastet. Das wirft die Frage auf, ob dieses Reizklima zu einer neuen Gewaltwelle führen könnte? Schließlich nehmen manche Ultras Gewalt in Kauf, um ihre Ziele zu erreichen. Kann dieses Mittel zum Zweck wie bei den Hooligans zum Selbstzweck werden? Zu purer Lust?

Es ist oberflächlich, den Ultras die Merkmale der Hooligans überzustülpen. Beide Kulturen unterscheiden sich klar voneinander. Doch in Einzelfällen können sie sich solidarisieren und z.B. einen gemeinsamen Mob gegen die Polizei bilden. Bei Ausschreitungen in Leipzig war das Anfang Februar 2007 zu beobachten. Allerdings kann es auch zwischen Ultras und Hooligans handfeste Konflikte geben. Im Januar 2007 wurde die Party einer antirassistischen Ultra-Gruppe des SV Werder Bremen von rund 20 rechtsradikalen Hooligans gestürmt. Knochenbrüche und Gehirnerschütterungen waren die Folge. Die Opfer erstatteten keine Anzeige. Hatten sie Angst vor Rache? Ähnliche Machtkonflikte gibt es in vielen Fanszenen. Wie sich die Kraftverhältnisse entwickeln werden, hängt von vielen Faktoren ab. Jugendliche Subkulturen modernisieren sich ständig.

Dieses Buch soll keine Reportage aus dem Untergrund rechtsradikaler Schlägerbanden sein, es verzichtet auf die Dokumentation der reinen Gewaltorgien und soll aktiven Hooligans und Rassisten nicht als Mitteilungsforum dienen. Vielmehr beleuchtet es die Entwicklung in Deutschland seit dem Anschlag auf Nivel. Schildert aber auch die Szene der Hooligans in England, Italien oder Polen. Und es wagt einen Vergleich mit Südamerika. Welche Rituale, Motive und Ursachen liegen den Fankulturen zu Grunde? Welche Rolle spielt das soziale Milieu? Wie groß ist der Einfluss aus Wirtschaft, Politik und Geschichte? Dieses Buch legt Wert auf die Verflechtungen zwischen den Gewaltphänomenen im Fußball und den Krankheiten der Gesellschaft. Es lässt Beobachter zu Wort kommen, Fans, Aktivisten, Sozialarbeiter, Wissenschaftler, Funktionäre, Politiker, Polizisten – und es nimmt die Perspektive der Opfer an. Zugleich prüft es Gegenstrategien von Fanprojekten und Ordnungskräften. Und es setzt sich mit Versäumnissen von Politikern und Funktionären auseinander – denn davon hat es mehr als genug gegeben.

Sehnsucht nach Schmerz

Toni Meyer verbrachte sein erstes Leben als brutaler Hooligan – in seinem zweiten sorgt er dafür, dass Jugendliche nicht den gleichen Weg gehen

Toni Meyer ist 15 Jahre alt, als es zum ersten Mal passiert. Er sitzt in einer Straßenbahn in Köln, stolz trägt er seinen rotweißen Schal und seine Kutte. Der schmächtige Teenager ist Fan des FC Bayern. Zum zweiten Mal begleitet er seine Mannschaft zu einem Auswärtsspiel. Er hat bereits einige Geschichten gehört. Von den Großen, den erfahrenen Fans. Aber erlebt hat er selbst noch nicht viel. Einmal haben ihm zwei Stuttgarter die Mütze geklaut, und den Schal, doch das war nicht der Rede wert.

Die Straßenbahn in Köln ist gut gefüllt, plötzlich kommt sie zum Stehen. Die Türen öffnen sich. Einige Kölner stürzen hinein, 40, vielleicht sind es 50. Sie prügeln auf die Bayern-Fans ein und versprühen Tränengas. Toni Meyer erleidet einen Schock. Bevor er wieder klar denken kann, sind die Kölner verschwunden. Er muss sich übergeben. Zwei, drei Minuten später ist er nur noch wütend und aggressiv. Was er noch nicht wissen kann: Er wird noch oft wütend und aggressiv sein.

Mehr als zweieinhalb Jahrzehnte sind seit diesem Tag vergangen. Toni Meyer, der seinen wahren Namen nicht nennen möchte, ist Anfang 40. Er ist noch immer schlank und sportlich. Sein mittellanges Haar verbirgt er unter einer hellbraunen Schirmmütze. Sein Gewicht hält er seit Jahren, sagt er, 72 Kilo, verteilt auf 1,84 Meter. Toni Meyer sitzt in einem kleinen Wirtshaus im Zentrum von München. Er isst Salat und trinkt Orangensaft. Er arbeitet inzwischen für eine soziale Einrichtung: Er soll verhindern, dass Jugendliche auf dumme Gedanken kommen. Ausgerechnet er, muss man hinzufügen. Toni Meyer, dieser umgängliche, aufgeweckte Typ, hat ein Viertel seines Lebens als Hooligan verbracht. „Ich habe die Gewalt gebraucht", sagt er. „Das war wie eine Sucht." In seiner Betonung liegt keine Bestürzung. Toni Meyer schildert seine Karriere als Schläger so entspannt wie einen Sommerurlaub. „Warum auch nicht?", fragt er. „Für mich war das normal." Irgendwann empfinde man die eigenen Süchte nicht mehr als böse Überraschung.

Wie entwickelt man sich zu einem Hooligan? Toni Meyer kann das nicht auf Anhieb beantworten. Aber die gängigen Klischees darf man auf ihn nicht anwenden. Er ist in den 1970er Jahren als Einzelkind in einem gutbürgerlichen Umfeld aufgewachsen, in Berg am Laim, im Osten von München. Sein Vater hatte eine eigene Schreinerei, seine Mutter blieb zu Hause und versorgte die Familie. Toni Meyer lächelt, er weiß, welche Frage sich nun anschließt. Ob er von seinen Eltern geschlagen wurde? „Manchmal hat es von Mutter eine „Watschn" gegeben. Aber das war doch normal." Seine Kindheit war frei von Gewalt. So paradox es klingen mag, aber vielleicht war das sein Problem. Toni Meyer kam früh in die Sturm- und Drangphase, früher als seine Freunde. Die Schule fand er langweilig, er konnte nicht stillsitzen, entsprechend schlecht waren seine Zensuren. Auf die Zeltlager mit den Pfadfindern in Österreich hatte er schnell keine Lust mehr. In andere Vereine zog es ihn auch nicht. Er wollte sich nicht unterordnen und die Befehle eines Fremden ausführen, das war ihm zuwider. Er suchte größere Herausforderungen, er suchte den Kick. Das Kribbeln.

Am Anfang verlief die Suche noch harmlos. Er schubste seine Mitschüler auf dem Schulhof. Sprang von allen möglichen Erhöhungen. Fuhr mit dem Moped ohne Führerschein über die Wiesen. Irgendwann merkte er, dass der Alltag ihm keine Spannung mehr bot. Er wählte eine fremde Bühne: den Fußball. Sein Vater hatte ihn vor Jahren ins Grünwalder Stadion mitgenommen, zu den Heimspielen von 1860 München. Aber das war nicht seine Welt. Toni Meyer wollte zum FC Bayern. Mit 13 stand er zum ersten Mal in der Südkurve des Olympiastadions, im Block der treuesten Fans. Anfangs ganz unten in der ersten Reihe, die Nasen ans Zaungitter gepresst. Voller Ehrfurcht schaute er auf die oberen Ränge zu den

Wenn Fäuste fliegen: Hooliganismus in der Hamburger Innenstadt.

Wenn Fans feiern: Die Südkurve im Münchner Olympiastadion unterlag einer strengen Hierarchie.

älteren Anhängern. „Es war die erste Stufe auf der Leiter." Toni
Meyer wusste damals nicht, was ihn erwartet. Seine Eltern waren
da anders, sie suchten keinen Reiz, sie mussten nicht verreisen, um
glücklich zu sein. Der Sohn jedoch liebte das Überraschende. In der
Fremde fühlte er sich heimisch.

1981. Sein erstes Auswärtsspiel mit dem FC Bayern führte Toni
Meyer mit zwei Freunden nach Frankfurt. Die 15-Jährigen hingen
sich an eine größere Fangruppe, in der Masse fühlten sie sich stark.
Sie durchquerten das Rotlichtviertel, sahen Prostituierte und Jun-
kies. Zwei Stunden später standen sie im Waldstadion in der Gäs-
tekurve. Toni Meyer sah kaum etwas vom Spiel, er wirkte verloren
zwischen den schwitzenden Leibern. Ein Becher Bier landete in
seinem Nacken, auf seiner Schulter drückte jemand eine Zigarette
aus. Fußball kann grausam sein, dachte er sich. Oder schaurig-
schön. Toni Meyer lernte einige kennen, die in der Szene etwas zu
sagen hatten. Er hörte viele Geschichten. Von brutalen Schlägereien und einmaligen Adrenalinstößen. Seine Neugier wuchs. In
Frankfurt war noch alles harmlos, niemand kam zu Schaden. Doch
der Fußball wird ihn nie wieder loslassen.

Toni Meyer schildert diesen Tag sehr bildhaft, wie alle seine
Anekdoten. Er nutzt seinen ganzen Körper. Wippt hin und her,
malt mit dem rechten Zeigefinger Figuren in die Luft. Anfang der
1980er Jahre hat alles begonnen. Er trat dem Fanklub Südkurve
73 bei, kaufte sich eine Dauerkarte für das Olympiastadion, und
auch auswärts war er meistens mit dabei. Irgendwann, er war noch
nicht volljährig, entdeckte er den Alkohol für sich. An manchen
Wochenenden schnallte er sich im Gesellschaftswagen des Zuges mit
seinem Gürtel an der Theke fest. Er soff bis zur Bewusstlosigkeit,
Bier, Whiskey und Wodka. Wenn er Stunden später in einer Ecke
des Waggons aufwachte, schüttelte er sich kurz und robbte zurück
an die Bar. „Für fast zwei Jahre war das Saufen wichtiger als der
Fußball", erzählt Toni Meyer und schüttelt verlegen den Kopf. Als
würde er es bereuen.

Toni Meyer hatte sich Respekt erarbeitet, im Fanblock und an
der Theke. Er war aufgestiegen in der Hierarchie der Südkurve.
Der Rückhalt gab ihm ein Gefühl der Stärke. Danach hatte er sich

gesehnt: Anerkennung in einer Gruppe. Ohne Korsett, ohne Vorschriften. Dieser Glaube an eine neue Freiheit hat ihn ein wenig übermütig werden lassen. Zu dieser Zeit machte er seine ersten Erfahrungen als Fußballrowdy. Er prügelte sich mit gegnerischen Fans und beleidigte Polizisten. Die ersten Strafanzeigen flatterten ins Haus. Der Oberbegriff Hooligan schwappte

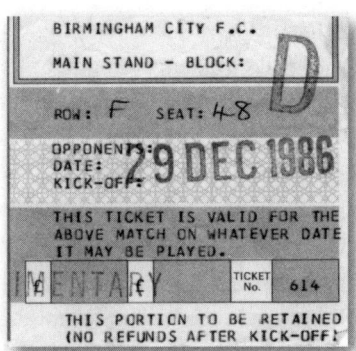

Dokument einer „Schulungsfahrt": Ticket aus Birmingham.

aus England nach Deutschland. Toni Meyer brauchte eine Weile, um sich an diese Bezeichnung zu gewöhnen. Er war gut informiert, durch seine Kontakte kam er an britische Fanzeitschriften heran.

Aber Hooligan? Das klang für ihn wie der missratene Name einer Kasperlefigur. „Der englische Mob" jedoch hatte ihn schon lange fasziniert. „Die Stärke, der Zusammenhalt", sagt er, das musste er sich mit eigenen Augen anschauen. Mitte der 1980er Jahre reiste er mit Freunden nach England, nach Chelsea, Millwall oder Nottingham. Er nannte das Schulungsfahrt: „Wir haben uns inspirieren lassen." Einmal geriet Toni Meyer mit Fans aus Birmingham in eine Schlägerei, ansonsten hielt er sich zurück. England war eine Nummer zu groß für ihn. Noch. In der Heimat ging es jetzt erst richtig los.

In Deutschland formierten sich im Schatten der Profiklubs berüchtigte Gruppen. Die „Gelsenszene" in Gelsenkirchen, die „Adlerfront" in Frankfurt, die „Red Devils" in Nürnberg oder „Endsieg" in Berlin. Auch in München wurden Fans von der Welle des englischen Hooliganismus erfasst, die nun über Europa rollte. Zahlenmäßig konnten sie nicht mit der Konkurrenz aus dem Westen mithalten. Deshalb schlossen sich 1986 Gleichgesinnte aus den verfeindeten Lagern des FC Bayern und des TSV 1860 zusammen. „Das hat am Anfang großen Krach gegeben", sagt Toni Meyer. Den Namen der Gruppe möchte er nicht verraten. Der harte Kern bestand aus 30 bis 40 Personen, manchmal kamen auch 100 zusammen. Alkohol war nun vor den Schlägereien tabu, niemand durfte geschwächt werden.

Auch die äußere Erscheinung wandelte sich. Toni Meyer legte Schal und Trikot in den Schrank. Er trug Bomberjacke, enge Röhrenjeans, Allround-Turnschuhe – und „Vokuhila". Die ganze Gruppe sah so aus: wie eine militärische Einheit.

Eines will er an dieser Stelle klarstellen. „Wir waren unpolitisch, nicht rechts und auch nicht links. Wir wollten nur die stärkere Gruppe sein und die Farben unserer Stadt verteidigen." Er kann sich gut an die Typen mit den rasierten Schädeln und den braunen Bunthosen erinnern. Sie standen vor den Stadiontoren, verteilten Prospekte und suchten neue Mitglieder für ihre rechtsextremistischen Parteien. „Uns hat das kalt gelassen", sagt Toni Meyer. Der politische Hintergrund der Hooligangruppen war von Stadt zu Stadt unterschiedlich. Die meisten waren unpolitisch. In Gelsenkirchen mischten viele Türken mit, in Karlsruhe Kroaten und Serben, in München gehörten zwei Farbige der Szene an. In West-Berlin dagegen war die Zahl der Rechtsradikalen groß. Toni Meyer ging es nicht um politische Botschaften, ihm ging es um Gewalt. „Der Spielplan bestimmte unseren Gegner, fast an jedem Wochenende hatte es gekracht." Der Fußball war eine Zeitlang nicht mehr das wichtigste. Er war Begleitmusik, Mittel zum Zweck.

In den ersten Monaten herrschte Anarchie. Regenschirme dienten als Schlaginstrumente, Zeitungen wurden zusammengerollt und verwandelten sich in Knüppel. Einige Wahnsinnige warfen Steine, Flaschen, Leuchtkugeln und Dartpfeile. Erst dann kamen die Fäuste ins Spiel. Diese lebensgefährliche Prozedur wiederholte sich Woche für Woche, die Abläufe waren stets die gleichen. Jede Gruppe hatte einen Anlaufpunkt. Vor den Spielen des FC Bayern im Ruhrgebiet beispielsweise trafen sich die Münchner Hooligans in der Düsseldorfer Altstadt. Es gab keine Handys, es gab kein Internet. Späher wurden in die gegnerischen Lager entsandt, meistens waren es die Jüngeren, die am Bodensatz der Hierarchie auf den Aufstieg warteten. Manchmal verbündeten sie sich mit anderen Gruppen. Der FC Bayern pflegt seit Jahren eine Fanfreundschaft mit dem VfL Bochum. Irgendwann setzte sich der Mob in Bewegung, es ging weiter nach Gelsenkirchen oder Dortmund. Am Bahnhof des Zielortes warteten die Kontrahenten: In der Regel waren es blutige

Empfänge. In München verhielten sie sich dagegen meist unauffällig. Die Regierung unter Franz-Josef Strauß hatte straffe Regeln eingeführt.

Toni Meyer fand Gefallen an seinem neuen Lebensinhalt. Wie die meisten seiner Mitstreiter bediente er nicht die Klischees. Er war kein sozial frustrierter Betonkopf. Selbst Anwälte und Ärzte flüchteten als Hooligans aus dem normalen Leben. Toni Meyer hatte seine Lehre als Schreiner in München vor Jahren abgeschlossen. Berauschend waren seine Noten nicht, doch das war ihm egal. Er schlug sich mit Gelegenheitsjobs durch, arbeitete auf dem Bau oder als Lagerist. Karriere machen wollte er nicht. Noch nicht. Für eine längere Beziehung blieb keine Zeit, mit seinen Gedanken war er ohnehin woanders. Die Gruppe war ihm wichtig. „Die Loyalität." Adrenalin ist eine der stärksten Chemikalien im menschlichen Körper. „Ich habe das gebraucht. Der Alltag war wie weggeblasen", sagt Toni Meyer und klingt wie ein Alkoholiker, der seine Sucht inzwischen besiegt hat. „Als Hooligan habe ich gemerkt, dass ich lebe, egal, ob ich ausgeteilt oder eingesteckt habe." Ihm sei klar, dass sich das für Unbeteiligte sehr seltsam anhören muss.

Bald kannte jeder jeden in der Szene. Die Duelle wiederholten sich. Es kam Routine in das Leben der Schläger. Und mit der Routine wuchs die „Fairness". Wurfgeschosse wurden zunehmend als unehrenhaft angesehen, als einzige Waffe war der Körper bestimmt, allerdings hielten sich nicht alle an diesen Kodex. Toni Meyer zählte nun zu den erfahrenen Kräften, in einem halben Jahrzehnt war er bis an die Spitze der Hierarchie vorgedrungen. Die Hooligans sahen sich als Elite der Fanszene. Sie kleideten sich kostspielig, trugen „Chevignon"-Jacken und Marken-Sportschuhe. „Wir waren ein bisschen arrogant und haben uns als das Nonplusultra gesehen", berichtet Meyer. „Mit den besoffenen und grölenden Kuttenfans wollten wir nichts mehr zu tun haben." Der Fanblock, der Alkohol, die schwitzenden Leiber, war nicht mehr seine Welt. Die Hooligans nahmen auf der Haupttribüne Platz, neben den Ehrengästen. Sie verhielten sich unauffällig, ihre Spielfelder waren woanders. „Die Polizisten haben oft weggeschaut. Sie wussten, dass wir keine Unbeteiligten vermöbeln wollten."

Höhepunkt einer Hooligan-Laufbahn: Toni Meyer wird das Länderspiel 1989 in Rotterdam niemals vergessen.

Toni Meyer war noch immer nicht gesättigt: „Ich habe mich wie ein Junkie hoch dosiert, ich wollte mehr, immer mehr." Wieder suchte er die unbekannten Nischen. Den Nervenkitzel. Er reiste mit seinen Münchner Kollegen ins Ausland, folgte dem FC Bayern zu den Spielen im Europapokal und der deutschen Nationalmannschaft zu brisanten Länderspielen. Gegen England oder die Niederlande wurden die Feinde aus der Heimat plötzlich zu Verbündeten. Für wenige Stunden war der Hass vergessen. Hooligans aus München, Dortmund oder Hamburg bildeten plötzlich einen Mob. So war es bei der Europameisterschaft 1988 in Deutschland. Und so war es auch beim Spiel der DFB-Auswahl gegen die Niederlande am 26. April 1989 in Rotterdam. Toni Meyer bezeichnet diesen Tag als Höhepunkt.

Schon Wochen vorher war klar, dass es in Rotterdam nicht friedlich zugehen würde. Die Zeitungen waren gefüllt mit Schreckensszenarien. Und sie sollten Recht behalten. Am Spieltag herrschte Chaos in der Innenstadt. Autos mit deutschen Kennzeichen wurden attackiert. Rauchbomben flogen durch die Straßen, an jeder Ecke gab es Schlägereien. Fensterscheiben zersprangen, Gitterstäbe wurden aus ihren Verankerungen gerissen. 500 Deutsche befanden sich in Rotterdam. Toni Meyer hastete durch die Gassen. Er wurde von Niederländern gejagt, er blickte sich um und spürte, wie der Schweiß seinen Rücken hinunterrann. Das war es, wonach er sich gesehnt hatte, „das ist der Kick". Plötzlich wurde ein Deutscher neben ihm von einem Pflasterstein getroffen. Er sackte zusammen, blutete, zitterte am ganzen Körper, als hätte er einen epileptischen Anfall. Wie ein Kriegsopfer zogen sie ihn über den Asphalt in einen geschützten Hauseingang. Toni Meyer wartete einen Moment, bis sein Mitstreiter versorgt war. Dann stürzte er zurück in die Gasse und hastete weiter.

Das Katz-und-Maus-Spiel setzte sich fort. Wer die Katze war und wer die Maus, wurde an jeder Ecke aufs Neue verhandelt. Toni Meyer geriet in einen Hinterhalt, er sah nur noch fremde Gesichter. Gegner. Ihm blieb nur eine Möglichkeit: Er holte einen orangefarbenen Schal aus seiner Jackentasche, den er einem Niederländer Minuten zuvor gestohlen hatte. Für einen Moment fiel er in der aufgebrachten Masse nicht auf. Bis er etwas gefragt wurde – und nicht antworten konnte. Er war ertappt, und schon zog ein Niederländer ein Messer. Toni Meyer stand starr, seine Gesichtszüge gefroren, zum ersten Mal in seinem Leben verspürte er Todesangst. Bevor Schlimmeres passierte, setzte er sich in Bewegung. Er lief, so schnell er konnte, und flüchtete in den Hauptbahnhof, wo viele deutsche Hooligans „eine Pause einlegten". Er zitterte am ganzen Körper und atmete tief durch. Kurz darauf drückten ihm Freunde ein paar Bierdosen in die Hand. War seine ewige Sehnsucht nach Schmerz nun gestillt?

Toni Meyer überlegte nicht mal eine Sekunde. Minuten später stand er wieder draußen auf der Straße und prügelte sich mit niederländischen Fans. Satt war er noch lange nicht. Manche würden es als krank bezeichnen, als pervers, aber in diesem Moment glaubte er tatsächlich daran, Geschichte zu schreiben.

Der amerikanische Journalist Bill Buford kann das bestätigen. Er hatte englische Hooligans jahrelang begleitet und bei Krawallen irgendwann selbst Agressionen entwickelt. In seinem Buch „Geil auf Gewalt" schildert er seine persönlichen Erfahrungen: „Ich spüre die Lust, ihn von hinten beim Hals zu packen und zuzudrücken, bis sein Atem aussetzt. Ich bin überzeugt, es ist ein echtes Bedürfnis und nicht nur eine gewalttätige Phantasie." Die Aggressionen hatten ihn vollkommen eingenommen. Er bezeichnete sie als „Die Erfahrung absoluten Erfülltseins".

**DEUTSCHER
FUSSBALL-BUND**

──────────── GENERALSEKRETARIAT ────────────

Per Einschreiben/Rückschein

Herm
████████████████

████████████

                                                        ████████████████

Bundesweit wirksames Stadionverbot

Sehr geehrter Herr ████████

gegen Sie ist wegen Ihres Verhaltens anlässlich des ███████████████ SV Werder
Bremen - FC Bayern München am ████████████████████ ein Ermittlungs-
verfahren wegen Landfriedensbruch eingeleitet worden. Der anlassbezogene Sachver-
halt ist von Polizeibeamten festgestellt worden.

Wir erteilen Ihnen deswegen (gemäß Vertrag zwischen allen Lizenzvereinen und dem
Deutschen Fußball-Bund - DFB -) für Fußballveranstaltungen von Vereinen der Fußball-
Bundesligen und des DFB in sämtlichen Stadien und Hallen Deutschlands ein
Betretungsverbot.

Die Hausrechtsinhaber der Stadien haben wir von der gegen Sie getroffenen Maßnahme
in Kenntnis gesetzt. Das Verbot gilt vom Tage der Zustellung dieses Schreibens und
endet am ████████████. Wir weisen Sie darauf hin, dass gegen Sie Strafantrag wegen
Hausfriedensbruch gestellt wird, wenn Sie trotz bestehendem Betretungsverbot bei einer
Veranstaltung eines Vereins der Fußball-Bundesligen oder des DFB im Stadion bzw.
einer Halle angetroffen werden.

Mit freundlichen Grüßen

DEUTSCHER FUSSBALL-BUND

WELTMEISTER 1954 · 1974 · 1990
HERMANN-NEUBERGER-HAUS · OTTO-FLECK-SCHNEISE 6 · 60528 FRANKFURT/MAIN
TELEFON 0 69 – 67 88 0 · TELEFAX 0 69 – 6 78 82 66 · http://www.dfb-t-online.de
Dresdner Bank, Frankfurt/Main, Nr. 90 699 200 (BLZ 500 800 00) · BfG Bank AG, Filiale Aachen, Nr. 1 025 537 200 (BLZ 390 101 11) · Postbank Ffm. Nr. 872 05 -606 (BLZ 500 100 60)

Zeugnis der Aggression I: Mehrfach erhält Toni Meyer ein bundesweites Stadionverbot.

Fast 20 Jahre nach den Krawallen in Rotterdam bekommt Toni
Meyer noch immer eine Gänsehaut. Es war die heftigste Zeit des
Hooliganismus und die heftigste Zeit in seinem Leben. Er hatte es
geliebt, am Morgen danach in die Zeitungen zu schauen. Die beängs-
tigenden Bilder und Schlagzeilen waren Zeugnisse seiner Aggression. Seine Eltern hingegen waren tief enttäuscht, wenn wieder

Herrn ████████

AMTSGERICHT ESSEN

BESCHLUSS

In der Strafsache

gegen den ████████████████
wohnhaft ████████████████
geb. am ████████ in München,

wegen Landfriedensbruchs.

I. Die dem Angeklagten durch das soeben verkündete Urteil bewilligte Bewährungsfrist beträgt 3 Jahre.

II. Dem Angeklagten werden für die Dauer der Bewährungsfrist folgende Auflagen gemacht:

1.) Er muß ein gesetzmässiges und geordnetes Leben führen.

2.) Er muß jeden Wohnungswechsel dem Gericht binnen zwei Wochen unaufgefordert mitteilen.

3.) Er hat eine Geldbuße in Höhe von 1.000,-- DM in Monatsraten von 100,-- DM, beginnend am 1. des der Rechtskraft des Urteils folgenden Monats an ████████████████ zu zahlen.

Kommt der Angeklagte diesen Auflagen nach, so wird die Strafe nach Ablauf der Bewährungsfrist erlassen.
Erfüllt er sie aber ohne entschuldbare Gründe nicht, bzw. teilt er die Gründe nicht unaufgefordert zu den Akten mit, so wird die Strafaussetzung widerrufen und die Vollstreckung der Freiheitsstrafe angeordnet. Etwa gezahlte Bußgelder werden in diesem Falle nicht zurückerstattet.

Essen,
Der Vorsitzende des Schöffengerichts
████████ Richter am Amtsgericht

Ausgefertigt

████████ Justizangestellte
als Urkundsbeamter der Geschäftsstelle

Zeugnis der Aggression II: Insgesamt rund 10.000 Euro bezahlt Toni Meyer an Strafen.

eine Anzeige im Postkasten landete. Er muss lange überlegen, um die Gesamtsumme der Strafgelder zu errechnen. Vielleicht waren es umgerechnet 10.000 Euro, die er an Gerichte und Geschädigte zahlen musste, vielleicht waren es mehr. Die klassischen Vergehen waren Landfriedensbruch und Körperverletzung. Zweimal erhielt er eine Bewährungszeit, drei Jahre und zwei Jahre. In dieser Zeit hielt

er sich bedeckt. So gut es eben ging. Manchmal stand er auf dem
Fernsehturm in München und beobachtete, wie seine Kollegen ihre
Gegner vor sich her trieben. Ein Mal war er drei Wochen im Jugend-
gefängnis. „Jede Sekunde ohne Freiheit ist schlimm."

Geändert hatte sich Toni Meyer danach nicht, trotz der vielen
Platzwunden und Knochenbrüche, die seine Sucht dokumentierten.
Die Tournee der Torturen ging weiter. Er reiste zur WM 1990 nach
Italien und zur EM 1992 nach Schweden. Er trat 1994 in Paris mit 60
Verbündeten gegen 400 Hooligans von St. Germain an. Zwei Jahre
später rächten sie sich an derselben Stelle für den ungleichen Kampf.
Toni Meyer hatte noch immer nicht genug. Er suchte sich neben
dem Fußball andere Nischen, in denen er sich austoben konnte. Mit
Freunden fuhr er zu den Mai-Demonstrationen nach Berlin und
prügelte sich mit Polizisten. Dahinter verbarg sich keine politische
Haltung, betont Toni Meyer: „Ich wollte nur Spaß." Für die Polizisten war es dagegen bitterer Ernst.

Ein Jahrzehnt dauerte sein Leben als Hooligan nun schon. Als
er 30 wurde, begann er zaghaft über seine Zukunft nachzudenken.
Sollte der Bundesligaspielplan auf ewig seinen Alltag bestimmen?
Sollte er sich noch mit 40 vor einem Richter verantworten müssen?
Toni Meyer diskutierte viel mit seinen Freunden, er merkte, dass
seine Sucht nach Schmerz nachgelassen hatte. Plötzlich vermisste er
eine feste Beziehung, obwohl er niemals eine gehabt hatte. Mit 27 war
er Vater eines Sohnes geworden, doch mit der Mutter blieb er nicht
lange zusammen. Er wollte sich nun mehr um das Kind kümmern.
Er spürte seine Verantwortung, seiner Familie und sich selbst gegenüber. Zum ersten Mal ließ er sich nicht von Endorphinen steuern,
zum ersten Mal dachte er an seine Gesundheit: „Das war ein Reife-
prozess. Jetzt sind alle Entzugserscheinungen überwunden."

So wie Toni Meyer sich veränderte, so veränderte sich auch die
Szene der Hooligans. Die Stadien wurden sicherer, durch Blocktrennung und Kamerasysteme, die Strafen wurden drastischer.
Sozialpädagogen aus Fanprojekten kümmerten sich zunehmend
um jugendliche Fans. Der klassische Hooliganismus aus England,
so wie ihn Toni Meyer hautnah erlebte, trat in einen Auflösungsprozess. „Heute bestimmt nicht mehr der Spielplan den Gegner, heute

bestimmen die Kontakte den Gegner." Manchmal trifft er Schläger der neuen Generation, das lässt sich nicht vermeiden. Dann werden ihm die Geschichten brühwarm aufgetragen. Toni Meyer hat noch immer einen gewissen Status in der Szene, auch wenn er das gar nicht will. Die Münchner Hooligans verabreden ihre Schlägereien per Handy. Sie treffen sich wie die meisten anderen in Deutschland in der Abgeschiedenheit. In Waldstücken, auf Wiesen oder in Industrieanlagen. Das oberste Ziel: Die Polizei darf nichts mitbekommen. Gleichstarke Gruppen stürmen aufeinander los. Eine, maximal zwei Minuten dauert so ein Kampf. Manchmal stellen sie sich ein zweites Mal auf. Studenten, Ärzte, Arbeiter oder Polizisten. Der Fußball ist weit weg.

Toni Meyer hat die Seiten gewechselt, er ist nur noch Theoretiker. Er arbeitet jetzt in einer sozialen Einrichtung, die sich um Jugendliche kümmert. Er, der die Gewalt so sehr liebte, sorgt nun dafür, dass andere ihr nicht verfallen. Er hat schon viele Jugendliche vom falschen Weg abgebracht. Er wirkt auf sie ein, spricht mit ihnen und versucht Lösungen zu finden. Wenn jemand in Schwierigkeiten ist, versucht er den Schaden zu begrenzen. Er begleitet junge Straftäter zu den Gerichtsverhandlungen, andere besucht er zu Hause oder im Gefängnis. Immer wieder hört er die gleichen Geschichten. Von Gewalt-, Drogen und Eigentumsdelikten. Toni Meyer will seine Problemfälle nicht aufgeben. „Man darf ihnen nicht das Gefühl geben, dass sie keine Perspektive haben", sagt er. Sätze wie diese hören die Jugendlichen oft. Doch aus seinem Mund, sagen sie, klingen sie ein bisschen glaubwürdiger. Mit großer Freude spricht er über sein zweites Leben. Bereut er sein erstes? Toni Meyer schiebt seinen Teller in die Mitte des Tisches. Er überlegt einen Moment. „Warum sollte ich das bereuen?", fragt er zurück. „So habe ich damals empfunden." Er geht offensiv mit seinen Erinnerungen um, er möchte sie in einem Buch veröffentlichen. Das Manuskript hat er fertiggestellt. Nur die Suche nach einem Verlag gestaltet sich schwierig. Viele wollen ihm kein Forum bieten. Nicht ohne kritische Einordnung. Toni Meyer wird weitersuchen.

Bleibt eine letzte Frage. Vermisst er die Adrenalinstöße? „Nein", sagt er. Manchmal machen sich die alten Reflexe bemerkbar. Wenn seine Freundin von jemandem angesprochen oder schief angeschaut wird, ertappt sich Toni Meyer manchmal dabei, wie die Lust wieder in ihm aufsteigt. Doch er kann sich beherrschen. Er holt sich den Kick nun woanders. In seiner Freizeit geht er surfen, fährt Motorrad, Kajak und Snowboard. Oder er geht ins Sportstudio und boxt. Ganz legal. Zum FC Bayern geht er nicht mehr regelmäßig, in der Hierarchie der Fankurve beansprucht er keinen Platz mehr.

Das Handy von Toni Meyer klingelt. Sein Sohn teilt ihm mit, dass er krank geworden ist und nicht zum Nachhilfe-Unterricht gehen kann. Toni Meyer wird ihn bei der Lehrerin abmelden. Er redet gern über seinen Sohn, er ist sehr stolz auf ihn. „Er befindet sich gerade in einem schwierigen Alter." Ob sich der Junge schon geschlagen hat? „Nein!" Die Antwort kommt ohne Zögern. „Und darüber bin ich sehr froh." Toni Meyer kennt die Geschichten von Gewalt, Schmerz und seltsamen Süchten. Er muss sie nicht noch einmal hören. Erst recht nicht von seinem eigenen Sohn.

Im Osten nichts Neues

In den Stadien der neuen Bundesländer haben sich dunkle Abenteuerspielplätze gebildet, doch die Gewalt ist kein reines Erbe der DDR

Rechts hinter seinem Schreibtisch liegen die Fotos immer griffbereit. Groß sind sie, wie Plakate, und gestochen scharf. Volkmar Köster lässt sich nicht lange bitten, er führt seinen rechten Zeigefinger diagonal über das Motiv. Eine voll besetzte Tribüne, vermummte Gestalten, grell flackernde Leuchtraketen. Köster, der 1999 den Posten des Geschäftsführers bei Dynamo Dresden übernahm, atmet tief durch. Die Geschichte, die er erzählen will, hat ihm schwer zu schaffen gemacht: Am 18. Februar 2005 spielt Dynamo im Karlsruher Wildparkstadion, in der 2. Liga. Die 67. Spielminute ist angebrochen, da klingelte hunderte Kilometer weiter, in einem Sportlerheim in der Oberlausitz, das Telefon. „Macht die Kiste an, jetzt knallt's", verkündete eine Stimme am anderen Ende. Sekunden später knallte es tatsächlich. Raketen flogen aus dem Dynamo-Fanblock in die Kurve der Karlsruher und auf den Rasen. Ein Spiel wurde lebensgefährlich. Anschließend wollten Dresdner Randalierer den gegnerischen Block stürmen. Mit Mühe brachte die Polizei die Situation unter Kontrolle. Schiedsrichter Fleischer musste die Begegnung für zehn Minuten unterbrechen. Die Spieler kamen mit einem Schock davon.

Volkmar Köster redet sich in Rage, wenn er an diesen schwarzen Freitag zurückdenkt. „Das war geplant, man konnte die Uhr danach stellen. Diese Geistesgestörten müsste man in den Steinbruch schicken." Köster hat aus dem einstigen Chaosklub Dynamo wieder ein seriöses Unternehmen gemacht, das hat ihn viel Kraft gekostet. Er musste Schulden senken, den Gerichtsvollzieher zufriedenstellen und Strukturen schaffen. Damit hatte er sich arrangiert, irgendwie. Aber mit der Gewalt konnte er nicht rechnen. Die Vorfälle in Karlsruhe reihten sich ein in eine lange Liste. Dynamo, der achtmalige DDR-Meister, dekoriert mit 98 Europapokalspielen, lenkt die Aufmerksamkeit immer wieder auf den Osten der Republik. „In Dresden hat der Ausnahmezustand Tradition", schrieb die *Frankfurter Allgemeine Zeitung*. 150 bis 200 Gewalt suchende Fans, von der Polizei wegen ihrer Radikalität als „Kategorie C" geführt, soll es im Umfeld von Dynamo geben. Hinzu kommen hunderte Mitläufer. Bundesweit lösen ihre Auswärtsreisen die höchste Sicherheitsstufe aus.

So auch am 27. Oktober 2006. Während des Regionalligaspiels gegen die Amateure von Hertha BSC kam es im Berliner Jahn-Sportpark zu schweren Ausschreitungen. Dresdner schmissen Gaskartuschen, zerlegten Bierstände und schwangen die erbeuteten Stangen und Rohre gegen Polizisten. Diese wiederum setzten Schlagstöcke und Pfefferspray ein. 23 Beamte wurden verletzt. Wieder schaute die Öffentlichkeit auf Dresden. Die Telefone in der Geschäftsstelle standen nicht mehr still. Kamerateams reisten nach Sachsen. Auf der Suche nach hässlichen Bildern. Theo Zwanziger, Präsident des Deutschen Fußball-Bundes (DFB), drohte mit Punktabzügen und Zwangsabstieg. Der Druck auf die Klubführung wuchs. Erst recht, nachdem der Vorwurf laut wurde, dass Dynamos kaufmännischer Geschäftsführer, Olaf Schäfer, selbst als Hooligan aktiv gewesen sein soll. Der DFB aber drückte ein Auge zu und verhängte wegen der Randale nur eine Strafe von 15.000 Euro.

Doch nicht nur Dresdner Fans kultivieren den tot geglaubten Hooliganismus. Auch im Schatten anderer Traditionsklubs der ehemaligen DDR-Oberliga haben sich Enklaven gebildet, in denen Minderheiten durch Gewalt und Rassismus die friedliche Mehrheit in Misskredit bringen. In Deutschland stammen laut Polizei mehr als die Hälfe aller Gewalt suchenden und gewaltbereiten Fußballfans, also zwischen 5.000 und 6.000, aus den neuen Ländern. Natürlich werden auch im Westen, Norden und Süden Krawalle gemeldet – aber nicht in diesem Maße. „Das macht uns sehr nachdenklich", sagt Hans-Georg Moldenhauer aus Magdeburg. Er ist Präsident des

Nordostdeutschen Fußball-Verbandes (NOFV) und Vizepräsident des DFB: „Dieses Phänomen ist historisch gewachsen."

Ein Blick in die Vereinschronik von Dynamo Dresden gibt Aufschluss. Als Sportvereinigung der Volkspolizei wurde der Klub 1948 gegründet. Beim Gewinn der Meisterschaft 1953 war aus VP Dresden bereits die SG Dynamo geworden. Diese wurde Hals über Kopf nach Ost-Berlin verpflanzt. Der BFC Dynamo war geboren, und Dresden hatte über Nacht keine Erstligamannschaft mehr. 1962 hatte sich Dynamo berappelt, der Wiederaufstieg in die erste Klasse glückte. Das Team etablierte sich als stärkster Gegner seines einstigen Ablegers BFC Dynamo.

Erich Mielke, Chef des Ministeriums für Staatssicherheit (MfS), betrachtete den BFC als sein persönliches Spielzeug. Er duldete keine aufmüpfige Konkurrenz, ließ Dresdner Spieler wegen angeblicher Fluchtpläne verhaften und lebenslang sperren. Dynamo war geschwächt. Doch damit nicht genug. Hanns Leske dokumentiert

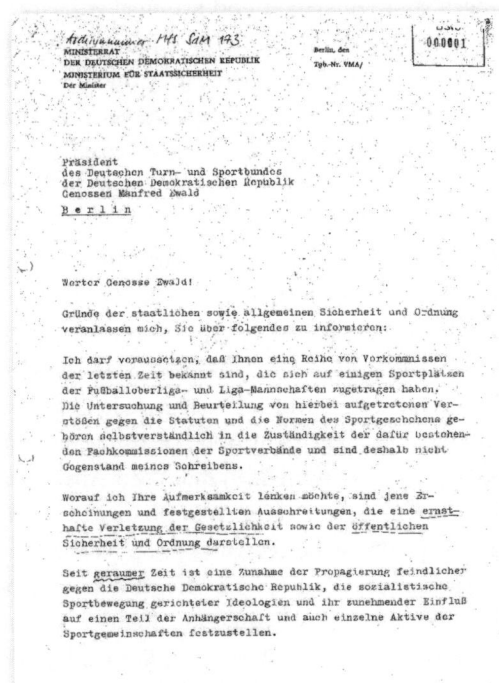

Sorgen der Staatsmacht: Stasi-Chef Mielke dokumentiert seine Furcht vor ungezügelten Fanmassen.

in seinem Buch „Erich Mielke, die Stasi und das runde Leder", dass
viele Talente zum BFC delegiert wurden und dass einige der zehn
in Serie gewonnenen Meisterschaften von 1979 bis 1988 durch den
Einfluss von korrupten Schiedsrichtern zustande kamen. Der BFC
Dynamo illustrierte den Zentralismus und die sportliche Planwirt-
schaft am besten. Er wurde zu einem Symbol für die schlechten
Seiten der DDR.

Die gegnerischen Fans wollten sich das nicht gefallen lassen.
Schon in den 1970er und 1980er Jahren wurde der Fußball im Osten
als Plattform für Gewalt genutzt. Penibel hatte das MfS darüber
Buch geführt. Jeder Fanklub wurde gelistet, jeder Faustschlag, jede
abfällige Geste. Im Stasi-Sprachgebrauch war von „Rowdytum" die
Rede, von „öffentlicher Herabwürdigung" oder dem „Widerstand
gegen staatliche Maßnahmen". Stasi-Chef Mielke fasste seine Sorge
in einem Brief an Manfred Ewald, den Präsidenten des Deutschen
Turn- und Sportbundes (DTSB), einmal so zusammen: „Die Hand-
lungen sportfeindlicher und krimineller Elemente stören nicht nur
die öffentliche Sicherheit und Ordnung. Sie schaden in erheblichem
Maße der politischen Entwicklung und dem Ansehen der sozialisti-
schen Sportbewegung in der Deutschen Demokratischen Republik."

Mielke hatte aufrührerische Massen gefürchtet, die das Stadion als Bühne für politische Proteste hätten nutzen können. In
den Stadien hatte er weniger Macht als anderswo. Die Polizei
ging deshalb hart und kompromisslos gegen Gewalttäter vor. In
dem Buch „Schwarzer Hals, gelbe Zähne" von Veit Pätzug schildert ein Dynamo-Fan einen unfreiwilligen Besuch in einem Berliner Gefängnis aus dem Jahr 1984: „Dann ging es zu Einzelverhören,
alles ausziehen, da wurde denen in jede Ritze geguckt. Dort ist dann
ein Mädel durchgedreht und hat rumgeschrien, die Bullen haben
die vor Ort zusammengetreten." Zu Auswärtsspielen im Europapokal waren ganze Waggons für Stasi-Mitarbeiter reserviert. In der
Saison 1984/85 sicherten rund 5.500 Sicherheitskräfte pro Spieltag
die Stadien der DDR. An die Öffentlichkeit gelangte wenig, der Staat
hatte die Medien im Griff. Sie fälschten die Zahl der Festnahmen
und verharmlosten die Randale. Die Feindbilder Polizei und Politik
wuchsen.

Ebenso wie die Rivalitäten zwischen den Klubs: Die besten
Spieler wurden wie Schachfiguren verschoben. In Leipzig landeten
sie bei Lokomotive, der Stadtrivale BSG Chemie, heute FC Sachsen,
ging leer aus. In Thüringen freute sich Carl Zeiss Jena, der Zorn
beim Konkurrenten Rot-Weiß Erfurt schwoll an. Mit der sportlichen Dominanz des BFC Dynamo schwand indes das Interesse in
Ost-Berlin, die Zuschauerzahlen sanken. Es brach eine Zeit an, in
der sich die wenigen hart gesottenen BFC-Fans solidarisierten – und
radikalisierten. Viele sonnten sich in der Nische der Ungewollten.
Als ihre Feinde bezeichneten sie die Wendehälse. Sie sprachen von
Spießern, die zum Parteitag die DDR-Flagge schwenkten, aber im
Stadion der Staatsmacht den Finger zeigten. Beim BFC wusste jeder
wegen der Nähe zur Stasi, dass es sich um keine Widerstandskämpfer
handeln konnte. Noch heute prangt das Leitmotiv bei den Spielen
auf einem großen Plakat: „Euer Hass macht uns stark."

Am 12. Mai 1984 griffen BFC-Fans in einem Zug „26 kubanische
Werktätige an", wie es das MfS vermerkte. Sie riefen „Kanaken raus!"
und „Juden raus". Im November 1989 überfielen Berliner in Jena
eine Tankstelle, sie plünderten und lieferten sich Kämpfe mit der
Polizei. Später griffen jugendliche BFC-Fans ein Asylbewerberheim
in Greifswald an. Auch am 3. November 1990, beim Spiel gegen
Sachsen Leipzig, kam es zu schweren Krawallen. Die Polizisten
waren überfordert, zogen ihre Waffen – und erschossen den 18 Jahre
alten BFC-Fan Mike Polley. Es war der schockierende Prolog einer
traurigen Zeit. Das geplante Vereinungsländerspiel zwischen BRD
und DDR wurde aus Sicherheitsgründen abgesagt. „Kampfansage
im Osten", titelte der Stern damals.

Anfang der 1990er Jahre war die Polizei überfordert, sie schwebte
in aufgelösten Strukturen und kannte ihre Grenzen nicht. Auch Hooligans aus dem Westen tauchten nun in den rechtsfreien Raum ein
und nutzten die ostdeutschen Stadien als Spielwiese. Am 20. März
1991 fand die Gewaltarie eine Fortsetzung: Beim Viertelfinal-Rück-
spiel im Europapokal der Landesmeister zwischen Dynamo Dresden
und Roter Stern Belgrad randalierten hunderte Dresdner Fans. Sie
wollten sich für das rabiate Vorgehen der Belgrader Polizei während
des Hinspiels rächen. Dynamos letztes Europacupspiel endete im

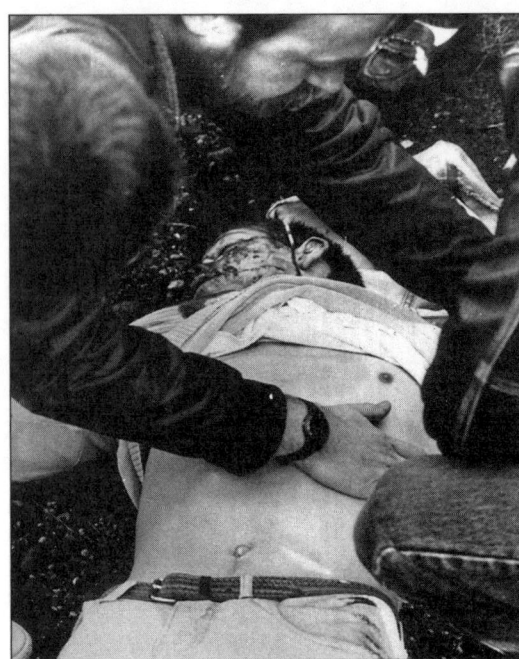

Prolog einer traurigen Zeit: Der Tod des Berliner Fans Mike Polley am 3. November 1990 brennt sich tief ein in die Geschichte des deutschen Fußballs.

Fiasko. Vor laufenden Fernsehkameras fuhren Wasserwerfer ins Rudolf-Harbig-Stadion ein – die Partie musste abgebrochen werden. Der Vorfall löste eine ungekannte Sicherheitsdebatte aus.

Doch die Gewalt im ostdeutschen Fußball ist kein reines Erbe der DDR. Die Vereine waren dem neuen Deutschland nicht gewachsen. Die Verantwortlichen stürzten sich Hals über Kopf in den Kapitalismus, gewaltbereite Fans waren ihnen egal. Sie hofften auf das schnelle Geld – und sie bekamen es. Die besten Spieler wurden verscherbelt, die Einnahmen landeten auf dubiosen Konten. Funktionäre gaben sich die Klinke in die Hand, Spieler drohten mit Streik, Gehälter wurden verspätet oder gar nicht gezahlt. Das Chaos entwickelte sich zur Tradition.

Wie Zirkusartisten auf dem Hochseil balancierten die Vereinsmanager am Abgrund entlang. Sportlich stürzte der BFC Dynamo bis in die fünftklassige Verbandsliga. Dynamo Dresden landete zeitweilig in der Oberliga, und Lokomotive Leipzig gründete sich in der 11. Liga neu. Der 1. FC Magdeburg, Europapokalsieger der

Pokalsieger 1974, ist sportlich nie abgestiegen. Trotzdem fand er sich 2002 in der 4. Liga wieder. Er war Opfer von Reformen, Zwangsabstieg und Zusammenlegungen von Spielklassen geworden. Viele Fans haben das nicht verkraftet. Sie wurden vom Gefühl der ewigen Benachteilung geplagt. So bildeten sich im Schatten des Niedergangs düstere Abenteuerspielplätze.

Am schlimmsten traf es den BFC Dynamo. Er wird mittlerweile als klaffende Wunde des deutschen Fußballs beschrieben. Für viele Ostdeutsche ist der BFC ein Relikt vergangener Zeiten, mit dessen Hilfe sich der Frust über das alte System konservieren lässt. Hier kann jeder seine persönliche Rache an der Geschichte nehmen. „Die Last der Vergangenheit tragen wir noch immer", sagt Mario Weinkauf, der 2004 zum Präsidenten des BFC gewählt wurde. Weinkauf sitzt auf einer grauen Couch in der brüchigen Geschäftsstelle in Hohenschönhausen, im Osten von Berlin gelegen. Er streicht sich über seine Krawatte und blickt gedankenverloren zu Boden. Als Boss des DDR-Rekordmeisters muss er viel zurückschauen, um ein bisschen nach vorn blicken zu dürfen.

Weinkauf badet die Fehler seiner Vorgänger aus. Das Image des verhassten Störenfrieds wurde von vielen Anhängern kultiviert. Die meisten bekannten sich zur rechtsradikalen Szene. Verlierer der Wiedervereinigung, vor allem Jugendliche, die ihre Perspektive verloren hatten, suchten sich ein Ventil für ihren Frust. Sie schwammen in der Masse und verloren sich im Wandel der Zeit. Gegen Stadionverbote und Verhaftungen waren sie immun. Manche behaupteten, im Gefängnis würde es ihnen besser ergehen. In einer Studie des Fanforschers Gunter A. Pilz von der Universität Hannover 2006 bejahten 28 Prozent der ostdeutschen Fans die Frage, ob sie manchmal „Bock auf Zoff" hätten, im Westen waren es 10,8 (s. S. 92). Figuren mit zweifelhafter Vergangenheit übernahmen beim BFC wichtige Positionen. Der Fanbeauftragte Rainer Lüdtke ist ein ehemaliger Hooligan, und auch Peter Meyer, Sponsor und Vorstandsmitglied, wurde 2004 wegen eines Platzsturms in Babelsberg angeklagt. Andere Mitglieder unterstützten den Klub finanziell, wo das Geld genau herkam, war den meisten in der Chefetage egal.

Es folgten Ausschreitungen und rassistische Äußerungen, Flaggen mit Hakenkreuzen und Reichskriegssymbolen. Einmal sprengte die Polizei eine Party, es wurde der „Tag der Germanen" gefeiert. Die Vermarktungsrechte des Vereinswappens sicherten sich Mitglieder der „Hell's Angels". Die Rockerbande ist in Berlin zwar nicht verboten, wird aber von der Polizei mit Straftaten wie Zuhälterei, Drogenhandel und Anstiftung zum Mord in Verbindung gebracht.

Mario Weinkauf, hauptberuflich als Regionalleiter eines Telekommunikations-Unternehmens tätig, wird oft als Chef der Nazi-Kolonne beschimpft, seinen Kindern geht es nicht anders. In seiner Firma gerät er in Erklärungsnot, die Kollegen fragen: Warum tust du dir das an? Einmal kam ein Fremder auf ihn zu und bot ihm 50.000 Euro an. Seine Bedingung: Mario Weinkauf müsse den BFC sterben lassen. „Ich habe oft an Rücktritt gedacht. Auf die Dauer ist das nicht durchzustehen." Er wollte den BFC wieder gesellschaftsfähig machen und ihn von seinen finsteren Gönnern befreien. Gleichzeitig schloss er mehrfach die Augen und nahm das „Spendengeld" an. Blieb ihm etwas anderes übrig? Kein anderer Verein

hat mit diesem Paradoxon zu kämpfen: Jene Anhänger, die dem BFC mit ihrer politischen Gesinnung und ihrer Vorliebe für Gewalt am meisten schaden, haben ihn mit Spenden am Leben erhalten.

So war es auch im Mai 2006. Im Heimspiel gegen den verhassten Stadtrivalen 1. FC Union stürmten Anhänger des BFC das Spielfeld des Sportforums in Hohenschönhausen. Die Partie musste abgebrochen werden. Wieder einmal hatten sich Krawalltouristen aus dem ganzen Land bei einem der brisanten Ostderbys versammelt. Selbst die szenekundigsten Fanbetreuer und Polizisten sind in Momenten wie diesen hilflos. Schon vor dem Hinspiel 2005 war der BFC in die Schlagzeilen geraten. Die Polizei hatte bei einer Razzia in der Diskothek Jeton, im Berliner Friedrichshain, Dutzende BFC-Fans festgenommen. Zu Unrecht, wie viele später behaupteten. Nach den Vorfällen zogen sich wichtige Sponsoren zurück. Der BFC stand wieder einmal am Rande des Ruins.

Düstere Ostalgie: Das Berliner Derby zwischen dem BFC und dem 1. FC Union muss im Mai 2006 nach einem Platzsturm abgebrochen werden.

Ob es einen Ausweg aus diesem Dilemma gibt? „Wenn der BFC sich noch deutlicher von den Problemfans abwenden würde, kämen zwei Drittel weniger Zuschauer", vermutet Ralf Busch, der Leiter des Berliner Fanprojekts. Er und seine Kollegen haben kaum eine Chance, sozialpräventiv auf die Problemfans einzuwirken. Der Altersdurchschnitt ist mit ca. 30 Jahren ungewöhnlich hoch, schon bei der ersten Kontaktaufnahme würden die meisten abblocken. Erschwerend kommt hinzu, dass das 1992 verabschiedete „Nationale Konzept Sport und Sicherheit" (NKSS, s. S. 56), in dem die Richtlinien für sozialpädagogische Fanprojekte festgeschrieben worden sind, nur in den oberen Ligen greift. Viele ostdeutsche Traditionsklubs wie der BFC sind längst in der Bedeutungslosigkeit verschwunden.

In ihren veralteten Stadien, in denen nicht jeder Winkel von modernen Kameras ausgeleuchtet werden kann, ist die Kontrolle begrenzt möglich. Manche Randalierer wünschen sich sogar, dass ihre Teams möglichst lange am Bodensatz des deutschen Fußballs verharren. Dort können sie weitgehend unbemerkt ihre Wut ausleben. Oft sind es dieselben Fans, die bei Auswärtsspielen der deutschen Nationalmannschaft in Osteuropa für Krawall sorgen, in Zabrze, Celje oder Bratislava. Sie lassen sich von der polnischen „Ekstraklasa" inspirieren. Gewaltexzesse finden dort regelmäßig statt. Die Fans von Dynamo Dresden pflegen ihre Freundschaft zu Anhängern von GKS Kattowitz. Auch auf blutigen Exkursionen. Im November 2005 schlugen sich 100 Hooligans aus Polen und Deutschland, vornehmlich aus dem Osten, in einem Waldstück bei Frankfurt/Oder.

„Es wird Jahrzehnte dauern, bis dieser Kreislauf durchbrochen sein wird", glaubt Torsten Rudolph. Der Leiter des Fanprojekts von Dynamo Dresden bittet zum Rundgang durch die Räumlichkeiten in der Löbtauer Straße. Auf 200 Quadratmetern dürfen sich die Fans ausbreiten, sie haben das Haus nach ihren Vorstellungen eingerichtet. An den Wänden prangen schrille Graffitis und eine große Zeichnung des Rudolf-Harbig-Stadions. In der oberen Etage gehen drei Sozialarbeiter ihren Aufgaben nach. Torsten Rudolph weiß, dass er einem vergleichsweise gut ausgestatteten Projekt vorsteht.

Bevor er 2002 den Posten übernahm, beschränkte sich die Projektarbeit auf Service-Elemente, auf die Organisation der Auswärtsfahrten oder den Verkauf von Fanartikeln. Dynamos überarbeitete Vereinschefs hatten an allen Seiten Löcher zu stopfen, für pädagogische Betreuung von Jugendlichen fehlte Geld und Interesse. Sie standen sich selbst im Weg. Permanent forderten sie ein strengeres Durchgreifen der Polizei, an Prävention dachten sie

Fanarbeiter mit Erfahrung: Torsten Rudolph aus Dresden.

nicht. „Wer Wind sät, muss Sturm ernten", hatte auch Dieter Krein gefordert, bis Mai 2005 war er Präsident von Energie Cottbus. Seine Kollegen in Dresden und Aue sprachen sich für Wasserwerfer und schnelle Inhaftierungen aus. Dieser kurzsichtige Kurs sollte sich am 1. September 2002 durch die heftigsten Krawalle seit Jahren ändern.

Im Rudolf-Harbig-Stadion traf Dynamo im Stadtderby auf den Dresdner SC. Bereits vor der Partie wollten 150 Hooligans aus dem Dynamo-Umfeld den Haupteingang stürmen. Die Polizei war überfordert. Die meisten Hundertschaften der sächsischen Bereitschaftspolizei waren an diesem Tag in Leipzig, um eine politische Veranstaltung zu sichern. Die Wasserwerfer befanden sich in Pirna, um die Spuren des Jahrhunderthochwassers zu beseitigen. In der Halbzeitpause griffen 60 Hooligans Sicherheitsordner an, auch Frauen. Nach dem Spiel eskalierte die Lage endgültig. Ein aufgebrachter Mob, mehr als 1.500 Dynamo-Fans, stürzten sich mit hasserfüllten Blicken auf etwa 120 Polizisten.

Viele hielten Knüppel in ihren Händen oder warfen mit Steinen. Die wenigen Fans des DSC hatten längst das Weite gesucht. Ein Bombardement von Eisenstangen, Flaschen, Steinen und Verkehrsschildern ging auf die Polizisten nieder. „Wir haben um unser Leben gekämpft", schildert der szenekundige Beamte Stefan Krahl. 43 Polizisten wurden verletzt, drei schwer. Dass keiner von ihnen seine Waffe zog, wurde als Wunder bezeichnet. Die Lokalzeitungen druckten darauf Fotos der Schläger ab. Tage später richtete die Polizeidirektion Dresden die „Sonderkommission Randale" ein, und auch der Druck auf Dynamo wuchs. Der Verein hatte seine Fanarbeit lange genug vernachlässigt.

Allmählich wuchs das Bewusstsein für Prävention, das in Dortmund, Bochum oder Hamburg bereits mehr als ein Jahrzehnt zuvor stark ausgeprägt war. Die Politik sah das anders. Das Innenministerium Sachsen verweigerte bis 2005 die Unterstützung an der etablierten „Drittelfinanzierung". Demnach würde der DFB für Fanprojekte in den ersten drei Ligen einen fünfstelligen Betrag zahlen, wenn die Kommune und das Land jeweils den gleichen Beitrag leisten. Sachsen hielt sich als eines der wenigen Bundesländer nicht daran. „Gegen Versäumnisse wie jahrelange unprofessionelle Fan-Betreuung ist der Staat machtlos", kommentierte Thomas de Maizière, Sachsens Innenminister bis 2005, lapidar.

Unter dieser Ignoranz und Sorglosigkeit hatte nicht nur Dynamo zu leiden, sondern auch der FC Erzgebirge Aue, der Chemnitzer FC oder der FSV Zwickau. Die Fanprojekte wurden künstlich am Leben gehalten, sie wurden geduldet, nicht gefördert. In Leipzig muss sich heute ein Sozialarbeiter um die rivalisierenden Fangruppen des FC Sachsen und des 1. FC Lokomotive kümmern – eine nahezu unmögliche Mission. Sogar DFB-Präsident Zwanziger warb im Dresdner Parlament für mehr Verständnis. Das Innenministerium lenkte im Februar 2007 endlich ein, nicht aus Sorge, sondern weil der öffentliche Druck zu groß geworden war. Auslöser war das Landespokalspiel zwischen dem Bezirksligisten Lok Leipzig und der zweiten Mannschaft des FC Erzgebirge Aue gewesen.

800 Gewaltbereite hatten sich nach der Partie in der Nähe des baufälligen Bruno-Plache-Stadions auf 300 Polizisten gestürzt. 39 Beamte wurden verletzt. Ein Beobachter der Szene berichtet von Alt-Hooligans, die seit Jahren nicht mehr bei Lok gesichtet worden waren. Schon während des Spiels sollen diese nach jugendlichen Gleichgesinnten gesucht haben. Zudem wurden sie von den Leuchtraketen der normalerweise friedlichen Fans aus Aue überrascht. Gewöhnlich treffen die Leipziger Fanscharen auf Dorfvereine, deren

Offensive der Medien: Dresdner Zeitungen veröffentlichen Fahndungsfotos der Schläger.

Gefolgschaften kaum Gegenwehr leisten. Als dann das Spiel nach strittigen Schiedsrichterentscheidungen 0:3 verloren wurde und das Stadtderby gegen den FC Sachsen in der nächsten Pokalrunde platzte, entstanden Eigendynamik und Solidarisierungseffekte, die es in Deutschland selten gegeben hat – aber geben kann.

Der Sächsische Fußball-Verband sagte für das folgende Wochenende mehr als 60 Amateurspiele ab. Ein Zeichen gegen die Gewalt. Nicht mehr und nicht weniger. Der Traditionsklub Lokomotive aber stürzte in eine Existenz bedrohende Krise. „Was können wir schon gegen die Schläger machen?", fragt Frank Müller, der ehrenamtlich tätige Aufsichtsratschef von Lokomotive Leipzig. „Wir sind doch keine Pädagogen, keine Psychologen, wir sind ganz normale Menschen." Doch Lok hatte sich selbst einiges zu Schulden kommen lassen. Lange hatte Klubchef Steffen Kubald, ein ehemaliger Hooligan, sich von den Schlägern nicht energisch genug distanziert. Auch die Sicherheitsordner erweckten wenig Vertrauen. Von einem Fanprojekt ganz zu schweigen. „Das aber ist Vergangenheit", sagt Steffen Kubald. Kühner Traum oder Realität?

Dynamo bildet inzwischen eine positive Ausnahme in Sachen Fanarbeit, ein sechsstelliger Etat steht dem Projekt selbst in der Regionalliga zur Verfügung. Torsten Rudolph und seine Kollegen richten sich vor allem an die 12- bis 16-Jährigen. Viele Fans kommen

aus den Dresdner Plattenbauvierteln oder aus dem Umland, wo
Neonazis gern ihre Demonstrationen veranstalten. Fast zwei Drittel
der Zuschauer kommen nicht aus Dresden. Die Sozialarbeiter gehen
in die Schulen und bieten ein Anti-Aggressions-Training an.

Ältere Fans sind kaum noch zu erreichen, ihre Distanz zu Sozial-
arbeitern ist meist größer als bei den Anhängern in den alten Bundesländern. „Viele wollen sich nichts sagen lassen. Sie glauben, dass
der Fußball für uns nur ein Job ist", erläutert Projektleiter Torsten
Rudolph. „Aber das ist falsch, wir wollen auf keinen Fall wie Ober-
lehrer wirken. Wir müssen so früh wie möglich mit der Aufklärung
beginnen." Doch es geht auch auf die harte Tour: 274 Stadionverbote hatte der Verein bis zum 1. November 2006 ausgesprochen,
das ist bundesweit Rekord. Die Hardliner pflegen den Mythos der
gefährlichsten Fangruppe. Ähnlich ist es beim BFC Dynamo. Sie
lieben es, gehasst zu werden.

Und ein großer Teil der Medien nimmt das dankbar auf. Ein
Berliner Boulevardjournalist soll einmal gesagt haben, er würde
dem BFC nur Platz in seiner Zeitung einräumen, wenn die Schlag-
worte Hooligans und Stasi im Artikel vorkämen. Ein anderer soll
erwähnt haben, er dürfe nur über den BFC schreiben, wenn sich
sein Ressortleiter im Urlaub befinde. Von der guten Nachwuchs-
arbeit und dem Engagement Weinkaufs schreibt niemand. Obwohl
auch die meisten Spiele der Dresdner heutzutage ohne gewaltsame
Vorfälle über die Bühne gehen, wird jede Partie als brisant eingestuft und mit martialischem Vokabular vor- und nachbereitet. Ein
Radiosender aus Sachsen-Anhalt forderte seine Hörer einmal auf:
„Bitte stellen Sie ihre Mülltonnen in die Häuser, laufen Sie nicht mit
Fanschal in die Innenstadt. Die Anhänger von Dynamo Dresden
kommen." Nach dem Spiel Dynamos bei 1860 München im September 2005 wurde von schlimmen Ausschreitungen an einer Autobahnraststätte berichtet. Tatsächlich war die Situation vergleichsweise harmlos.

Ähnlich verhielt es sich ein halbes Jahr später. Im Anschluss an
das Zweitliga-Spiel in Braunschweig verfasste eine Agentur spät am
Abend eine Meldung, dass 1.500 Dynamo-Fans in Braunschweig
randalieren würden. In Wahrheit war nichts passiert, die Agentur

entschuldigte sich kurz darauf. „Wir werden im Westen als Menschen fressende Bande bezeichnet, die wütet wie die Vandalen", wundert sich ein Dynamo-Ultra. Das stärkt die Abneigung gegenüber den Klubs aus den alten Bundesländern. Im September 2006 im Pokalspiel gegen Hannover 96 entrollten Dynamo-Fans im Rudolf-Harbig-Stadion ein meterlanges Banner: „Wessischweine brauchen heutzutage schnelle Beine."

Im Internetforum von Dynamo formulierte ein Teilnehmer mit dem Namen „Pilotendidi" seine allgemeine Abneigung gegen die Kritiker so: „Warum haun wir denen nicht mal ordentlich eins auf die Fresse? Wir sind doch in der Mehrzahl, verdammt noch mal!! Nur das kann und muss die Lösung sein. Hier wird gelabert, gelabert, gelabert, zum Ergebnis kommt keiner. In diesem speziellen Fall, bin ich für Gewalt, tut mir leid." Es wird heftig und kontrovers diskutiert unter den Fans. Die meisten fühlen sich seit Jahren vorverurteilt. Von der Polizei, von Vereinen und von den Medien. Hans-Georg Moldenhauer, Präsident des Nordostdeutschen Fußball-Verbandes, hat dafür kaum Verständnis: „Ich dachte, das wächst sich irgendwann aus. Aber diese Aversionen werden über Generationen vererbt."

Meistens werden die Schlagzeilen über Gewalttaten im ostdeutschen Fußball geschrieben. Es war ein dumpfes Geräusch, das die Branche in Aufruhr versetzte. Am 1. April 2005 flog ein Feuerwerkskörper, Fabrikat „Horror-Knall", aus einem nahe gelegenen Waldgebiet in den Innenraum des Auer Erzgebirgsstadions. Petrik Sander, der Trainer des FC Energie Cottbus, zu jenem Zeitpunkt in der 2. Liga beheimatet, stürzte an der Seitenlinie des Spielfeldes zu Boden. Wenige Meter neben ihm war der Böller explodiert. Sander hielt sich die Hände vor das schmerzverzerrte Gesicht. Er rollte sich hin und her – wie ein Spieler, der gerade durch eine brutale Grätsche gestoppt wurde.

In anderer Form artikulierte sich Gewalt im Februar 2006 auf dem Bahnhof in Stendal. Fans des FC Hansa Rostock, die sich auf dem Weg nach Braunschweig befanden, hörten von der kurzfristigen Absage der Begegnung, bewarfen Polizisten anschließend mit Steinen und zündeten deren Autos an. Sieben Monate später zwangen randalierende Fans des FSV Zwickau ihren Präsidenten zum Rücktritt. Knallkörper und Leuchtraketen landeten auf dem Spielfeld und auf den Tribünen. Unter Tränen verabschiedete sich Klubchef Volker Seifert: „Ich kann es nicht fassen, dass man von den eigenen Fans abgeschossen wird. So etwas kann ich nicht mittragen."

Auch die Fremdenfeindlichkeit wird in Ostdeutschland offener ausgelebt. Das belegen nicht nur die Ergebnisse der Landtagswahlen in Sachsen 2004 und Mecklenburg-Vorpommern 2006, wo die rechtsextreme NPD jeweils ins Parlament eingezogen ist, auch die Stadien dienen in diesem Fall als Seismograf für Rassismus: Gerald Asamoah, Spieler des FC Schalke 04 und Stürmer der deutschen Nationalmannschaft, wurde des Öfteren im Osten beschimpft, zum letzten Mal beim Pokalspiel im Rostocker Ostseestadion im September 2006. Dem Nigerianer Adebowale Ogungbure erging es schlimmer. Im Trikot des Oberligisten FC Sachsen Leipzig wurde er von Fans des Halleschen FC erst beleidigt und dann am Rande des Spielfeldes tätlich angegriffen. „Diese Leute haben ihren Frust an mir ausgelassen", sagt Ogungbure. Dunkles Deutschland.

Es ist nicht zu erwarten, dass sich die Gewalt im ostdeutschen Fußball bald verflüchtigen wird. Die wachsenden Probleme in der Gesellschaft und die ungenügende Betreuung der Fans geben Grund zur Sorge, dass sich die Probleme nicht nur in Dresden und Berlin manifestieren werden. Der DFB, die Vereine und die Innenministerien haben die undankbare Aufgabe, einen Ausweg zu finden. Sie haben nicht die Macht, aus soziokulturellen Problemzonen blühende Landschaften zu machen – und damit den Frust der Nach-Wende-Verlierer zu bändigen. Die Lösung liegt vielmehr zwischen weitsichtiger Prävention und überlegter Repression. Diese Entwicklung geht allmählich voran. „Auch die Polizei hat einen Lernprozess durchgemacht", gibt Berndt Fleischer von der Polizei Cottbus zu. Das Verantwortungsbewusstsein ist gewachsen – es hat lange gedauert.

Das gibt auch Volkmar Köster in Dresden zu. Dynamos langjähriger Geschäftsführer sagt, dass er sich für die Probleme der Fans interessiere. Er versucht Türen zu öffnen: „Die Kommunikation ist

besser geworden. Wir müssen
zusammenarbeiten, ohne dass
wir gleich heiraten." Er sei sich
nicht sicher, ob das der richtige Weg sei. Doch die Fans sind
der eigentliche Hauptsponsor
des Klubs. Sie haben ihn mit
Spenden am Leben erhalten,
selbst in der 3. Liga kommen
im Schnitt 15.000. Das Zusam-
menspiel funktionierte eine
Zeitlang, doch immer wieder
gibt es beängstigende Unterbre-
chungen. Am 25. Februar 2007,
einen Tag nach dem 0:1 Dres-
dens gegen den VfL Osnabrück,
bedrohten rund 50 vermummte

Kämpfer gegen Chaos: Dynamo-Geschäftsführer
Volkmar Köster.

Fans ihre eigenen Spieler. Sie warfen Knallkörper und forderten
bessere Leistungen. Dynamos Stürmer Marco Vorbeck reagierte
geschockt: „Das habe ich noch nie erlebt. Man überlegt schon, ob
man nicht besser aufhören sollte, hier zu spielen, weil es ja nicht
Sinn der Sache ist, Angst um sein Leben zu haben." Der Vorfall
illustrierte abermals die Macht der Fans in Dresden. Auch Köster
geriet in Bedrängnis, da er die Anhänger mit Äußerungen angeblich dazu animiert haben sollte. Prompt forderten Landespolitiker
seinen Rücktritt.

Volkmar Köster kennt sich aus mit chaotischen Zuständen.
Jahrelang hat er für den Bau eines neuen Stadions gekämpft. Das
alte Harbig-Stadion ist eine Ruine. Die Tartanbahn wird bei Regen
zu einer Schlammgrube. Regelmäßig verwandelt es sich in einen
Sicherheitstrakt. Fast 2.000 Polizisten sicherten im November 2006
das Heimspiel gegen Union Berlin. Von den Kosten hätte das Fanprojekt zehn Jahre überleben können. „Diesen Aufwand können
wir uns in der 3. Liga nicht immer leisten", sagt Uwe Göbel, damals
Einsatzleiter der Dresdner Polizei. Mit einem neuen Stadion würde
vieles sicherer werden.

Noch einmal führt Volkmar Köster seinen rechten Zeigefinger über die großen Fotos mit den vermummten Gestalten und den flackernden Leuchtraketen im Karlsruher Wildparkstadion. Er kennt sich aus mit Jugendarbeit, er war früher Lehrer. „So lange sie den Bogen nicht wieder überspannen, hat der Verein keinerlei Probleme." Falls doch, wird es Geisterspiele und Punktabzüge für Dynamo geben. Der Klub will sich die Strafgelder künftig per Zivilklage von den Randalierern zurückholen. Die Fans von Dynamo Dresden haben viele Krisen erlebt. Sportliche und finanzielle. Es wäre die Ironie des Schicksals, wenn ausgerechnet sie den Verein um seine Existenz bringen würden.

Erholung mit Begleitschutz

Heinrich Schneider ist Schiedsrichter
in der Kreisliga A. Manchmal ist er froh,
wenn er unversehrt das Spielfeld
verlässt – doch aufgeben will er nicht

Heinrich Schneider hätte seine Geschichte schon früher erzählt, es hat ihn bloß niemand danach gefragt. Der große Fußball ist für ihn außer Reichweite. Manchmal geht er ins Olympiastadion, Hertha gucken, ansonsten bleibt ihm nur das Fernsehen. Jedes Spiel schaut er sich an, sofern es ihm seine Zeit erlaubt. Bundesliga, U-20-Länderspiele, Champions League sowieso. Heinrich Schneider hat selbst lange Fußball gespielt, in seinem Heimatort Pirmasens, in den 1960er Jahren. Seit 1994 ist er in Berlin als Schiedsrichter aktiv. Mit 42 hat er angefangen. Das ist spät, aber nicht zu spät.

Schnell ist er aufgestiegen, bis in die Landesliga, trotz seines Alters. Inzwischen pfeift er in der Kreisliga A, in der Frauen-Verbandsliga und in den Jugendklassen. Heinrich Schneider kennt sich aus in der Tiefebene des Fußballs. Es gibt keine Kameras, keine Reporter und keine VIP-Tribünen mit Ehrengästen. „Die vermisse ich auch nicht", sagt Heinrich Schneider. Er vermisst die Polizei und die Sicherheitskräfte. Denn manchmal hat er sie bitter nötig.

Fußball soll Spaß bringen, vor allem an der Basis, das sagen sich in Deutschland mehr als 75.000 Schiedsrichter, 1.400 allein in Berlin. „Für mich ist jedes Spiel Erholung." Heinrich Schneider grinst, als hätte er gerade im Lotto gewonnen. Erholung? Klingt gut, doch mit jeder Erinnerung, die er zum Besten gibt, driftet diese Beschreibung weiter ins Absurde ab. Wie kann die Angst um die eigene Gesundheit erholsam sein? „Es ist einfach so." Und dann beginnt er zu erzählen.

Sommer 1997. Heinrich Schneider hatte sich etabliert in der Berliner Schiedsrichterszene. Ein Spiel in der Kreisliga führte ihn nach Britz, tief im Südosten der Hauptstadt gelegen. Es war eine heißblütige Partie, kurz vor dem Ende kam es zu einer strittigen Situation. Ein türkischer Spieler des Gastgebers stürmte auf Schneider zu, beide Nasen berührten sich. Der Spieler schrie, gestikulierte und ballte seine rechte Hand zu einer Faust: „Ich mach' dich kaputt." Dann bückte er sich, griff unter seinen Schienbeinschoner und zückte ein Messer. Die Spieler der Gastmannschaft eilten herbei. Sie bildeten eine lebende Mauer und schützten den Schiedsrichter.

Assistenten an den Seitenlinien gab es nicht in der Kreisliga. Heinrich Schneider, ein schmächtiger Mann mit Brille, zitterte. Sein Blick wanderte durch die spärlichen Zuschauerreihen. Er war weit weg von zu Hause, er kannte niemanden. Was wäre passiert, wenn er das Spiel abgebrochen hätte, wie es das Regelwerk in diesen Fällen verlangte? Er kann auf die Antwort verzichten, die Zuschauer drohten und pöbelten. Er zeigt dem Spieler die Rote Karte, fünf Minuten später war die Begegnung zu Ende. Wieder drängt sich die Frage auf: Warum ist der Fußball für ihn Erholung?

Ein Jahr ist vergangen seit dem Vorfall in Britz. Heinrich Schneider hat nichts Gravierendes erlebt. Es gab wilde Gesten, Mittelfinger, Spuckattacken, Drohungen und rassistische Schmähungen gegenüber farbigen Spielern. Aber das ist nichts Neues. Ein Landesligaspiel der A-Junioren steht in Karlshorst bevor, eigentlich kein Grund zur Sorge. Wieder kommt es zu Tumulten, wieder soll der Schiedsrichter schuld sein. „Treten Sie bitte zurück", sagt Schneider in Richtung eines aufgebrachten Spielers. Der scheint die Sprache nicht zu verstehen. Er fackelt nicht lange und streckt den Referee mit der Faust nieder. Heinrich Schneider rappelt sich auf. Zeigt die Rote Karte. Die Partie wird unerträglich. Zwei weitere Platzverweise folgen. Nach dem Abpfiff sucht er sich einen Begleitschutz, zwei Spieler springen ein. „Erst als ich in der Bahn saß, habe ich mich wieder sicher gefühlt."

Rund 80.000 Spiele werden an einem Wochenende in Deutschland angepfiffen, die überwiegende Mehrheit endet friedlich – doch bei weitem nicht alle. Es gibt keine statistischen Erhebungen, aber glaubt man Schiedsrichtern und Funktionären, so scheint die Gewalt unter Amateurspielern stark gestiegen zu sein. Keine Woche vergeht ohne Spielabbrüche. Jürgen Böcking, Vorsitzender des Fußballkreises Siegen-Wittgenstein, sagte im Oktober 2006 einen ganzen Spieltag ab. „Ich bin seit mehr als 20 Jahren Spielleiter", erzählt er. „Aber so schlimm war es noch nie." Einige Schiedsrichter wollten aus Angst nicht mehr pfeifen. Sie waren krankenhausreif geschlagen und

Schiedsrichter, kein Sozialarbeiter: Heinrich Schneider aus Berlin.

mit Messern bedroht worden: Einem Kollegen wurde eine Linienrichterfahne in den Unterleib gestoßen.

In Siegen-Wittgenstein gingen die Probleme häufig von ethnischen Vereinen aus. „Das sind für mich Beispiele einer gescheiterten Integration", meint Jürgen Böcking. Vor einigen Jahren hatte es einen albanischen Klub in seinem Kreis gegeben, der häufig für Probleme sorgte. Viele Mannschaften weigerten sich, gegen ihn anzutreten, sie verschenkten die Punkte. So ist der Verein in die Bezirksliga aufgestiegen. Am Bodensee wollte ein Funktionär aus Albanien seine Mannschaft auflösen, weil die Spieler eine Massenschlägerei provoziert hatten. Doch nicht nur die ethnischen Klubs bereiten Jürgen Böcking Sorgen. Gewaltbereitschaft lässt sich nicht an der Herkunft festmachen. Sie ist nicht nur auf dem Rasen zu beobachten, auch in anderen Bereichen der Gesellschaft. Die Zahl der Gewaltvorfälle an Schulen ist ebenfalls gestiegen. 1.573 Delikte von Beleidigung, Mobbing bis zu sexuellen Übergriffen und gefährlicher Körperverletzung sind im Schuljahr 2005/06 beispielsweise an Berliner Schulen gemeldet worden. Das ist im Vergleich zum Vorjahr eine Zunahme von 76 Prozent.

Heinrich Schneider hat in Berlin oft ans Aufhören gedacht, durchringen konnte er sich nicht. Er brauchte den Fußball als Ausgleich. Zwölf Stunden arbeitete er täglich als Fahrer eines Versandhandels. Acht Kinder hatte er mit seiner Frau großgezogen. Einmal stand er kurz vor der Aufgabe, nicht, weil er unbedingt wollte, sondern weil er musste. Heinrich Schneider hatte seit Wochen Schmerzen in der Brust, er litt unter Atemnot. Im Oktober 2000, im Alter von 48 Jahren, wurde ihm eine künstliche Herzklappe eingesetzt. Der Arzt verbot ihm die Strapazen eines Schiedsrichters, sonst würde er sein Leben aufs Spiel setzen. Er verlor seinen Job als Fahrer, doch den Fußball wollte er nicht verlieren.

Im Krankenhaus traf Heinrich Schneider einen jungen Handballtrainer, er half ihm bei der Rehabilitation. Schnell erholte er sich, ein halbes Jahr nach der Operation stand er wieder auf dem Spielfeld. Die Eltern der Nachwuchskicker, die so oft wutschnaubend auf den Rasen stürmten, die Beschimpfungen der Spieler, die Schlägereien auf dem Rasen, das alles war für ihn zweitrangig geworden, denn er hatte sie wieder – seine Erholung. „Diese Geschichten schreibt der Fußball auch", sagt er. Es sind Geschichten, von denen es tausende gibt. Sie bleiben im Verborgenen, aber sie sagen mehr aus als die ewig gleichen Bilder der rosaroten Bundesliga.

Heinrich Schneider genießt die Spiele intensiver als früher, er darf inzwischen auch zu internationalen Turnieren reisen. Nach Italien, Spanien oder Kroatien. In der Nähe von Barcelona pfiff er 2005 ein Halbfinale zwischen einem deutschen und einem russischen Team. Als unmittelbar vor dem Abpfiff der Ausgleich für die Deutschen fiel, stürzten sich drei russische Spieler auf ihn. Mit Mühe konnte eine Schlägerei verhindert werden. „Dich kriegen wir noch", brüllten die Krawallmacher mit hasserfüllten Blicken. Wieder wurde Heinrich Schneider von jener Machtlosigkeit übermannt. Zwei Tage versteckte er sich im Hotelzimmer, allein traute er sich nicht auf die Straße. Abends ging er nur in der Gruppe aus, die Spieler hätten ihm schließlich auflauern und ihre Drohungen wahr machen können. Heinrich Schneider ist nicht prominent, er hat keine Millionen auf dem Konto. Er arbeitet seit Jahren als Gebäudereiniger in der Nähe des Alexanderplatzes. Nacht für Nacht. Zehn Stunden und länger.

Alltag im Amateurfußball: Gewalt ist nicht nur auf den Rängen zu beobachten, sondern auch auf dem Rasen.

Als Schiedsrichter erhält er im Schnitt 15 Euro pro Spiel. Bratwurst, Kaffee und stilles Wasser gehen aufs Haus – und manchmal braucht er eben einen Bodyguard.

Bernd Schultz kennt diese Geschichten, er hat sie nicht selbst erlebt, aber zumindest davon gehört. Seit 2004 ist er Präsident des Berliner Fußball-Verbandes. Er möchte die Lage nicht verharmlosen, sagt er, und dann verharmlost er sie doch: „Die Spielabbrüche an einem Wochenende liegen im Promillebereich. Drei von 1.500 gehen nicht gut aus – höchstens." Außerdem hätten Verbände in anderen Bundesländern viel größere Probleme. Die gesellschaftlichen Probleme, die sich in Fangewalt entladen, spielen auch fernab des großen Fußballs eine wichtige Rolle. Die Amateurspieler suchen sich ein Ventil für ihren Frust, der sich unter der Woche angestaut hat. In Metropolen wie Berlin kommt eine politische Komponente hinzu. Der Ost-West-Konflikt der einst geteilten Stadt wird oft zwischen zwei Toren ausgetragen, auch die hohe Anzahl ethnischer Vereine birgt Konfliktpotenzial. Zudem verfügen die klammen Klubs über keine gefestigten Strukturen. Es fehlen die Kontrollen.

Bernd Schultz hat einen begrenzten Einfluss in der Bekämpfung der Jagdszenen. Er ist als Verwaltungsbeamter der Polizei beschäftigt, auch seine Verbandskollegen haben zeitintensive Jobs. Alle Probleme in den insgesamt 300 Berliner Vereinen können sie gar nicht kennen. Fragwürdig ist außerdem die Rechtsprechung des Sportgerichts – nicht nur in Berlin. Beim obersten Kontrollausschuss des DFB in Frankfurt sind Profis am Werk, langjährige Richter und Staatsanwälte, in den unteren Klassen hingegen entscheiden vielfach Funktionäre, die keine juristische Ausbildung haben. Die Folge ist fehlende Verhältnismäßigkeit in manchen Urteilen. Dem will er auf allen Ebenen entgegenwirken. Er hat Fortbildungen für Funktionäre und Schiedsrichter angeordnet, in seinem Vorstand soll das türkische Mitglied Mehmet Matur die Sprachbarrieren zu ethnischen Klubs abbauen. Dennoch gibt sich Schultz keinen Illusionen hin: „Wir können nicht alle Brände löschen." Er fordert eine klare Linie. Von allen Beteiligten. Vor allem von den Schiedsrichtern.

Wenn das so einfach wäre. Heinrich Schneider hat in Berlin mehr als 1.000 Spiele gepfiffen, manchmal vier an einem Wochenende. Er ist Schiedsrichter, kein Sozialarbeiter. Er überlegt sich dreimal, ob er in die Tasche greift. „Eine Rote Karte kann fatale Folgen haben", sagt er. „Das Risiko geht niemand gern ein. Wir haben schließlich Beruf und Familie." Ein bisschen klingt es so, als wäre er jedes Mal überglücklich, wenn er das Spielfeld gesund verlässt. In seinem Berliner Verein, der VSG Weberwiese, hatte er fünf Patenschaften für junge Schiedsrichter übernommen. Er wollte sie nach seinen Vorstellungen ausbilden und ihnen seine Begeisterung mit auf den Weg geben. Durchgehalten haben nur zwei, die anderen suchten den Spaß vergeblich. Heinrich Schneider war enttäuscht. Trotzdem konnte er ihre Entscheidungen verstehen. Er hätte sie ja um ein Haar selbst getroffen.

**Berliner
Fußball-Verband e.V.**
gegründet 1897
Mitglied im Deutschen Fußball-Bund e. V.

Bankverbindung:
Dresdner Bank AG
BLZ: 100 800 00
Kto-Nr.: 57 2010 200

Steuernummer:
27 / 610 / 50590

BFV e.V. · Humboldtstraße 8 A · 14193 Berlin

An die Vereine des BFV
An die Schiedsrichter des BFV
An die Mitarbeiter des BFV

Hausanschrift:
Humboldtstraße 8 a
D-14193 Berlin (Grunewald)
Telefon (030) 89 69 94 - 0
Telefax (030) 89 69 94 - 22
Berliner-Fussball-Verband@t-online.de
www.Berliner-Fussball.de

Berlin, 3. November 2006

Handlungsempfehlungen gegen Rassismus

Die folgenden Handlungsempfehlungen für Vereine, Schiedsrichter und Verbandsmitarbeiter sollen helfen, rassistischen und menschenverachtenden Äußerungen auf Berliner Fußballplätzen entgegenzutreten. Der Berliner Fußball-Verband e.V. (BFV) weist deutlich darauf hin, dass unter Rassismus Äußerungen gegen jede Nationalität verstanden werden. Er folgt hierbei der von der UEFA gebrauchten Definition:

„Rassistisches Verhalten oder Diskriminierung bedeutet die Verletzung der Grundsätze des Fairplay – die auf der Achtung des Gegners, von Mitspielern, Offiziellen und Zuschauern durch sämtliche an einer Fußballveranstaltung Beteiligten, einschließlich der Zuschauer, beruhen – durch jegliche Form von Diskriminierung auf Grund von Rasse, Hautfarbe, Sprache, Abstammung, nationaler oder ethnischer Herkunft, Zugehörigkeit zu einer Gruppe, Religion, sexueller Orientierung oder Geschlecht bzw. durch die Begünstigung einer solchen Diskriminierung."

Die vorliegenden Empfehlungen sind für die verschiedenen Zielgruppen im Folgenden jeweils auf einer Seite zusammengefasst. Sie sollen bei Störungen helfen, die während eines Spiels auftreten. Für die Vorbereitung von grundsätzlichen und besonderen Maßnahmen für Spiele mit Risikopotenzial bitten wir die Vereine, sich erneut und intensiv mit den BFV-Sicherheitsrichtlinien auseinanderzusetzen. Diese befinden sich in der „Info-Mappe".

Mit dem Umsetzen dieser Empfehlungen und einem guten Vorbereiten auf die Veranstaltungen glauben wir, dass durch schnelles und konsequentes Einschreiten der Rassismus auf unseren Plätzen keine Chance hat!

Berliner Fußball-Verband e.V.

Bernd Schultz
Präsident

Die Partner des Berliner Fußball-Verbandes e.V.:

Ratschläge für Referees: Der Berliner Fußball-Verband betreibt Aufklärung.

Im April 2006 passiert es wieder, dieses Mal im Bezirk Friedrichshain. Drei Spieler der Gästemannschaft aus Mahlsdorf mussten vorzeitig vom Platz. Aggressionen, Drohungen, Beleidigungen schlossen sich an. Ein Zuschauer ging zu weit, es kam zu einem Wortgefecht zwischen ihm und Heinrich Schneider. Der Schiedsrichter rief die Polizei und erstattete Anzeige. Einem Spieler passte das gar nicht. Er war groß gewachsen, hatte breite Schultern und einen rasierten Schädel. Er verfolgte Heinrich Schneider bis zur U-Bahn. Der Waggon war überfüllt. Sie saßen sich gegenüber und der Spieler sagte: „Das hättest du nicht gedacht, oder?" Schneider wusste nicht, wie er reagieren sollte. Sein Körper zitterte. Er blieb eine Weile sitzen, dann stieg er um und fuhr in die andere Richtung. Dieses Verwirrspiel ging über eine Stunde. Endlich gab der Spieler auf. Er verließ die Bahn und schickte Schneider einen letzten Gruß: „Dich krieg' ich noch!"

Ist das tatsächlich die Erholung, die sich Heinrich Schneider von seinem Alltag wünscht? „Sie können es auch Abenteuer nennen", sagt er und schaut auf seine Uhr. Es ist nach 21 Uhr, Heinrich Schneider kommt zu spät zur Arbeit. Er muss drei Etagen eines Bürohauses reinigen. Seine Frau und er haben sich vor einer Weile getrennt. Er fühlt sich oft einsam in seiner Wohnung in Lichtenberg, im Osten von Berlin. Meistens schaut er dann auf seine Auszeichnungen als Schiedsrichter. Er zählt die Tage bis zum Wochenende und freut sich auf das nächste Spiel. Auf seine Erholung.

Feuerwehr auf dem Drahtseil

Seit 25 Jahren bewegt sich die präventive Fanarbeit in Deutschland zwischen Rechtfertigungsdruck und Existenzkampf

Irgendwie passt Thomas Schneider nicht in diesen Bürokomplex. Er trägt ein ausgewaschenes T-Shirt, Jeans und einen Dreitagebart. Die Kollegen der Deutschen Fußball-Liga, die an seiner Tür vorbeihuschen, pflegen einen anderen Stil: Bundfaltenhose, Krawatte, gelgetränkte Frisur. Thomas Schneider ist seit dem 1. August 2006 Fanbeauftragter der DFL. Er vertritt die Interessen der Anhänger in den Profiligen, einen Bereich also, der lange vernachlässigt wurde. Mittlerweile ist die Situation nicht perfekt, aber es ist ein positiver Trend zu erkennen. „Es wird nicht mehr über die Fans geredet, sondern mit ihnen", sagt Schneider.

Die Geschichte der präventiven Fanarbeit ist eine Geschichte von Rechtfertigung und Überlebenskampf. Leicht hatten es die Sozialarbeiter nie, das kann Schneider bestätigen. Als er Anfang der 1980er Jahre Diplompädagogik in Marburg studierte, begann ein Prozess, der sich langsam und zäh entwickeln sollte. Schneider interessierte sich für die Fanszene, mit einem Kassettenrekorder begab er sich in die Kurve des Frankfurter Waldstadions. Seine Diplomarbeit verfasste er über Fanklubs und Rechtsradikalismus. Ein Thema, das bis dahin kaum erforscht wurde.

Während sich Schneider in Hessen mit Hooligans und Skinheads traf, etablierte sich in Bremen das erste Fanprojekt. Eine Gruppe von Wissenschaftlern hatte 1981 den Anfang gemacht. Sie wollten nicht die Hooligans zähmen, sondern die Strömungen in den Fankurven untersuchen. Dennoch setzte das Fanprojekt in Bremen Standards, die noch immer als vorbildlich gelten.

Steinwurf mit Schockwirkung: Am 16. Oktober 1982 kommt der Werder-Fan Adrian Maleika in Hamburg zu Tode.

In den folgenden Jahren verschärfte sich das Gewaltphänomen. Nach dem Pokalspiel des Hamburger SV gegen Werder Bremen am 16. Oktober 1982 geriet der 16-jährige Werder-Fan Adrian Maleika in einen Hinterhalt. Er wurde durch einen Steinwurf eines Hamburger Hooligans getötet. Als Reaktion wurde auch in Hamburg ein sozial-präventives Fanprojekt gegründet. Es wurde umso wichtiger, nachdem Skinheads aus dem HSV-Fanmilieu im Dezember 1985 den türkischen Jugendlichen Ramazan Avci ermordeten. Thomas Schneider wechselte 1988 nach Hamburg und organisierte den Aufbau. Die Jugendarbeit hatte ihn schon immer interessiert. Fortan beschäftigte er sich mit Hooligans und Skinheads. „Versucht man sie zu isolieren oder mit Aufgaben zu integrieren?", fragte er. Schneider suchte nach Alternativen, er plante mit ihnen unter anderem Theaterstücke. Wichtig war ihm die Entmystifizierung. „In der Szene durfte keine Legendenbildung einsetzen." Dafür sensibilisierte er Fans, Funktionäre und Medien.

Allmählich wuchs das Netzwerk der Fanprojekte. Die Mitarbeiter standen meist im linken politischen Spektrum, sie artikulierten ihre Systemkritik ohne Hemmungen. Von Zufriedenheit konnte keine

Rede sein. Der DFB und die Bundesligavereine distanzierten sich in der Regel von den Projekten und verwehrten ihnen die Unterstützung. Ihrer Meinung nach waren gewaltbereite Jugendliche ein Problem der Gesellschaft, nicht des Fußballs, ihre Verantwortung würde am Stadiontor enden.

Ralf Busch, Leiter des Fanprojekts in Berlin und aktueller Sprecher der 1988 gegründeten Bundesarbeitsgemeinschaft der Fanprojekte (BAG), beschreibt seine Erfahrungen bei Hertha BSC so: „Der Verein sträubte sich. Am Anfang war es leichter, den Kontakt zu den Jugendlichen herzustellen." Für die niedrigen Kosten der Projekte wollte niemand aufkommen. So ging das Wichtigste verloren: Konstanz und Effektivität. Das Fanprojekt in Frankfurt wurde 1987 nach einer dreijährigen Modellphase geschlossen. Die Enttäuschung unter den Anhängern war groß. Wiederbelebt wurde es 1990. Immerhin wurden bis 1993 bundesweit zwölf Fanprojekte aufgebaut.

Das erste Zeichen setzten Politik und Funktionäre Anfang der 1990er Jahre. Nicht etwa, weil sie in weiser Voraussicht für die Zukunft planten, sondern weil ihnen die Probleme des Alltags über den Kopf wuchsen. Fast wöchentlich kam es in den Stadien zu Auseinandersetzungen. Im März 1991 randalierten hunderte Dresdner Fans beim Europapokalspiel gegen Roter Stern Belgrad. Vor laufenden Fernsehkameras fuhren Wasserwerfer ins Rudolf-Harbig-Stadion, die Partie musste abgebrochen werden. Der Vorfall löste eine ungekannte Sicherheitsdebatte aus. Die Angst wuchs, dass die deutschen Vereine mit einer langen Europapokal-Sperre bestraft werden könnten.

Die Politik wollte nicht mehr öffentlich kapitulieren. Infolgedessen stellte die Ständige Konferenz der Innenminister in ihrer Sitzung im Mai 1991 fest, „dass ein gemeinsames Handeln aller Beteiligten erforderlich ist, um die Sicherheit bei Sportveranstaltungen zu verbessern". Diese Erkenntnis hätte man bereits ein Jahrzehnt zuvor gewinnen müssen. Aber wenigstens kam nun Bewegung in die Fanarbeit. Unter der Führung von Nordrhein-Westfalen, dem Bundesland mit den meisten Profiklubs, wurde eine Arbeitsgruppe gebildet. Daran beteiligt waren der DFB, der Deutsche Sportbund, der Deutsche Städtetag, die Innenministerkonferenz, die Jugendministerkonferenz, die Sportministerkonferenz, das Bundesministerium des Inneren und das Bundesministerium für Frauen und Jugend. Das Ergebnis der Arbeitsgruppe war das im Dezember 1992 in Düsseldorf veröffentlichte „Nationale Konzept Sport und Sicherheit", kurz: NKSS.

In diesem Konzept wurden Sicherheitsrichtlinien festgeschrieben. Über bauliche Maßnahmen in den Arenen, Stadionverbote, Ordnerdienste – und vereinsunabhängige Fanprojekte. Thomas Schneider, der 1990 zum Sprecher der Bundesarbeitsgemeinschaft Fanprojekte gewählt worden war, hatte mehr als ein Jahr an diesem Konzept mitgearbeitet. Gemeinsam mit einem Kollegen war er für die Planung von örtlichen Fanprojekten und einer bundesweiten Koordinierungsstelle verantwortlich. „Von unseren Vorschlägen wurde kaum etwas gestrichen", berichtet Schneider. Am 3. August 1993, nach einer zehrenden Debatte über die Finanzierung, übernahm er die Leitung der Koordinationsstelle Fanprojekte in Frankfurt. Die KOS ist der Deutschen Sportjugend angegliedert und wird heute durch den DFB und das Bundesministerium Familie, Senioren, Frauen und Jugend finanziert.

Mit der Verabschiedung des NKSS änderte sich die Fanarbeit grundlegend. Die Fanbeauftragten der Vereine, über die die Klubführungen vorher selbst entscheiden konnten, sollten zur Pflicht werden und gleichberechtigt mit den Fanprojekten eine umfassende Betreuung der Anhänger garantieren. Die Kosten der Projekte sollte eine „Drittellösung" ermöglichen, jeweils unter Beteiligung von DFB/DFL, Kommune und Land. Zudem wurden im NKSS massenhaft Details festgehalten: „Fanprojekte sollten über eine angemessene bürotechnische Ausstattung verfügen", hieß es. Auch von Sachmitteln wie einem Kleinbus (Neunsitzer), Luftmatratzen und Schlafsäcken war die Rede. „Wir sind das einzige Land der Welt, das sich so etwas leistet", verkündete Wilhelm Hennes, der damalige Sicherheitschef des DFB. Recht hatte er. Doch bis heute konnte das NKSS nicht mal im Ansatz in die Tat umgesetzt werden.

Das Netzwerk wuchs – der Überlebenskampf fand kein Ende. Durch die unsichere Finanzierung herrschte eine große Mitarbeiter-Fluktuation. Die Kontaktaufnahme zu gewaltbereiten Fans aber braucht Zeit. Die Lage verbesserte sich nach der WM 1998 in Frank-

Entwicklungshelfer für Fanarbeit: KOS-Leiter Michael Gabriel (links) und DFL-Fanbeauftragter Thomas Schneider.

reich. Lange zuvor hatten Sozialarbeiter deutsche Fans bei großen Turnieren betreut, doch erst jetzt erhielten sie den nötigen Respekt. Während der Krawalle in Lens, als der französische Gendarm Daniel Nivel von Deutschen fast zu Tode geprügelt wurde, reagierten die Sozialarbeiter flexibel. Sie beteiligten sich nicht an der Hysterie und arbeiteten mit der Polizei eng zusammen. Das war vorher nicht immer der Fall gewesen, die Beziehung zwischen Fanprojekten und Sicherheitskräften verbesserte sich allmählich. Es hatte zuvor Fälle gegeben, da führten Polizisten bei Fanprojekten Razzien durch, weil sie dort Verbindungen zur organisierten Kriminalität vermuteten.

Der Prozess der Entpolitisierung, der mit dem NKSS begonnen hatte, wurde in Frankreich abgeschlossen. Die Fanprojekte galten fortan nicht mehr als übertrieben systemkritisch. Sie hielten sich mit Äußerungen über sportpolitische Entscheidungen zurück. Sie traten für Fans seltener als Lobbyisten ein. Einerseits verständlich: Die finanzielle Abhängigkeit zum DFB ist durch das NKSS stark gewachsen. Jedes kritische Wort hätte die Beziehung belasten können. Auf der anderen Seite hätten die Fanprojekte die Randale in Frankreich nutzen können, um Druck auf die Geldgeber aufzubauen. Sie hatten gute Arbeit geleistet, gleichwohl waren Ausstattung und Etat in den meisten Fällen nicht deckungsgleich mit den Empfehlungen im NKSS. Unter dem Punkt „2.4.1 Personelle Aus-

stattung" waren für ein Fanprojekt „drei für die besonderen Anfor-
derungen der Tätigkeit geeignete Vollzeitkräfte sowie eine Verwal-
tungskraft" als erforderlich eingestuft worden. Unter dem Punkt
„2.5 Finanzierung" folgten veranschlagte Betriebskosten in Höhe
von 154.000 Euro. In beiden Fällen klafft bis heute zwischen Wunsch
und Realität eine große Lücke.

Michael Gabriel kennt die Rahmenbedingungen. Seit 1996 ist er
in der KOS tätig, seit 2006 als deren Leiter. Er sitzt am Konferenz-
tisch in den Geschäftsräumen in Frankfurt und wirft einen Blick
auf die Liste der Projekte. Nach seiner Einschätzung seien von den
inzwischen 33 Fanprojekten (Stand: 1. Januar 2007) lediglich fünf
wunschgemäß ausgestattet. Die große Mehrheit bewegt sich am
Existenzminimum, die geforderten vier Mitarbeiter sind ein kühner

Fanprojekte in Deutschland
Stand 1.1. 2007

Traum. „Es wäre naiv, darüber enttäuscht zu sein", sagt Michael Gabriel und verweist auf andere Missstände. Die präventive Jugendarbeit in Deutschland hat im Allgemeinen mit Finanzierungs-Problemen zu kämpfen.

Handelt es sich in der Diskussion um Fanprojekte etwa um überzogene Kritik? Ja, könnte man meinen. Kein anderes Land in der Welt verfügt über ein vergleichbares Netzwerk. Die Zustände in Italien, Spanien oder Polen sind weitaus schlimmer. Außerdem haben die deutschen Sozialarbeiter selbst mit klammen Kassen viel dazu beigetragen, dass die Gewalt im Fußball zurückgegangen ist. Nein, könnte man erwidern, im Vergleich zu den absurden Millionenetats der Profivereine wirken die Budgets der Fanprojekte wie ein läppisches Trinkgeld. Außerdem ist die Gewalt zwar zurückgegangen, aber noch längst nicht verschwunden.

In Düsseldorf lebt einer der schärfsten Kritiker der Szene. Dieter Bott hat den Aufbau von Fanprojekten in Frankfurt, Düsseldorf und Duisburg mitgestaltet. In den 1980er Jahren hatte er einige Proteste gegen den DFB organisiert, inzwischen gibt er sein Wissen an Studenten weiter. Bott neigt in seinen Aussagen zur Polemik, er schimpft gegen die Profitgier des Profifußballs. Und er sagt: „Jedes Fanprojekt muss sich rechtfertigen und schwätzt sich schön. Aber haben sie wirklich etwas erreicht?" Bott vermisst den strukturellen Ansatz. Seiner Meinung nach würden sich die meisten Projekte auf Serviceleistungen beschränken und die Präventivarbeit vernachlässigen. „Zudem sollten die Klubs alle Kosten für die Fanprojekte übernehmen." Allerdings würden die Sozialarbeiter dann ihre Unabhängigkeit verlieren, die sie für ihr Wirken als sehr wichtig erachten.

Die Finanzierung ist das leidige Thema, das die Mitarbeiter der Fanprojekte seit Beginn wie ein dunkler Schatten verfolgt. Sobald ein Partner sich von der „Drittellösung" verabschiedet, droht dem Projekt die Schließung. Der DFB und die DFL haben ihren fünfstelligen Beitrag immer pünktlich bezahlt, Probleme bereitet die Politik. Die Bundesländer Baden-Württemberg, Schleswig-Holstein, Thüringen und Sachsen stellten sich dagegen lange quer. Mit Berlin und Hamburg erfüllen nur zwei Länder den geforderten Finanzumfang. Die anderen zahlen immerhin einen Anteil.

Unter dieser Ignoranz hat vor allem Dynamo Dresden zu leiden. Der Klub mit der wohl größten Zahl gewaltbereiter Fans stritt sich lange mit dem sächsischen Innenministerium, bis akzeptable Bedingungen geschaffen wurden. Erzgebirge Aue, der Chemnitzer FC oder der FSV Zwickau hatten es schwerer. In Leipzig musste sich lange ein Sozialarbeiter um die rivalisierenden Fangruppen des FC Sachsen und des 1. FC Lokomotive kümmern. Erst nach den Ausschreitungen von Leipziger Fans im Februar 2007 wurde das Projekt personell aufgestockt. „Im Osten muss viel Aufbauarbeit geleistet werden", sagt Michael Gabriel, Leiter der Koordinationsstelle Fanprojekte. Traditionsklubs mit großen Fangruppen sind in den unteren Ligen versunken, wo es keine Projekte gibt. Die Ausdehnung der Richtlinien des NKSS in die Niederungen wird seit Jahren gefordert.

In Lübeck musste das Projekt 2004 geschlossen werden, das Land verweigert die Zahlungen – die Probleme aber sind nicht verschwunden. In der Saison 2006/07, mehr als 14 Jahre nach der Verabschiedung des „Nationalen Konzepts Sport und Sicherheit", können mit Aachen, Mönchengladbach und Stuttgart drei Erstliga-Standorte noch immer kein sozial-präventives Fanprojekt vorweisen. In der 2. Liga sind es sogar zehn Städte. Einige, die über ein Projekt verfügen, aber nicht über eine adäquate Ausstattung, behelfen sich mit finanziellen Tricks. Ein szenekundiger Polizeibeamter, der Einblick in Fanprojekte erhalten hat, berichtet: „Häufig werden Bilanzen geschönt und Sachmittel angegeben, die niemals benutzt werden. Ansonsten könnten die Kommunen ja den Geldhahn zudrehen." Die Angst vor der Arbeitslosigkeit spielt immer eine Rolle in der Fanprojektarbeit. Deshalb hält sich die öffentliche Kritik an Verband und Politik in Grenzen.

Der Reflex ist stets der gleiche: Sofern sich eine Fanszene beruhigt, sobald das Fanprojekt also Erfolg hat, werden in Ländern und Kommunen Kürzungen diskutiert. „Keine Gewalt, kein Job", so lautet die einfache Formel. Ein Ende dieses Kreislaufes ist nicht in Sicht. Dass die meisten Fanprojekte trotz dieser Defizite sehr gute Arbeit leisten, liegt vor allem an dem Engagement der Mitarbeiter. Man muss nicht lange suchen, um positive Beispiele zu finden.

Botschafter auf Reisen: Die Mitarbeiter der KOS informieren deutsche Fans während der EM 2004.

Botschafter in der Heimat: Auch während der WM 2006 gibt es zahlreiche Anlaufstellen für Anhänger.

Ralf Busch hat sein Büro in Hohenschönhausen, tief im Osten Berlins. Seit 1990 arbeitet er im Fanprojekt, seit 1997 fungiert er als deren Leiter. Er blättert in der Projekt-Chronik, die ersten Jahre waren hart. Hertha BSC hatte ein großes Problem mit rassistischen Fans. Ralf Busch und seine drei Kollegen organisierten Fußballturniere und günstige Auswärtsfahrten. Sie verteilten Fanzeitungen und setzten sich gegen lebenslängliche Stadionverbote ein. „Es dauerte länger als zwei Jahre, bis wir in der Szene einen guten Stand hatten", sagt Busch. Generell halten Fans Abstand, sie möchten sich nicht belehren lassen und denken, Sozialarbeiter würden im Fußball nur einen Job sehen.

In der Folgezeit intensivierte das Fanprojekt Berlin den Kontakt zu den anderen großen Klubs der Hauptstadt, zum BFC Dynamo, zu Tennis Borussia und zum 1. FC Union. „Die Vereine sind nicht unsere Arbeitgeber", unterstreicht Busch. Die Rivalitäten untereinander brachten Schwierigkeiten mit sich. Als 2004 spanische Jugendliche aus Cadiz für ein Austauschprojekt nach Berlin kamen, wollten die Fans von Hertha BSC und Union diese nicht gemeinsam begrüßen. Mit ähnlichen Problemen hatte Joachim Ranau zu kämpfen, der Leiter des Hamburger Fanprojekts. Er suchte die Gespräche mit den Anführern der Szene und fand so einen schnelleren Zugang. Trotzdem sagt er: „Ein Fanprojekt ist keine Sozialpolizei." Ralf Busch wählt in Berlin eine andere Metapher: „Wir sind keine Feuerwehr gegen Gewalt."

Gewalttaten und rassistische Vorfälle sind zurückgegangen. In Berlin, Hamburg und im Westen der Republik. In Nordrhein-Westfalen sind 2006 zehn Fanprojekte vom Familienministerium gefördert worden. Die Unterstützung in Höhe von 362.034 Euro stieg gegenüber dem Vorjahr fast um zehn Prozent. Doch es gibt auch negative Beispiele. „In manchen Projekten wollte es niemandem auffallen, wenn Rassisten fremdenfeindliche Transparente gestaltet haben", sagt ein szenekundiger Beamter, der anonym bleiben möchte. „Einige haben Hooligans gefördert und nicht gehindert." In diesen Fällen wünscht der Polizist sich eine stärkere Kontrolle der Vereine. Dann wiederum wäre die Unabhängigkeit in Gefahr. Thomas Schneider, der Fanbeauftragte der Deutschen Fußball-Liga, und seine Kollegen von der KOS haben viel Arbeit vor sich. „Der Fan gewinnt an Bedeutung", betont Christian Seifert, Geschäftsführer der DFL. Das ist ein Fortschritt – nicht mehr und nicht weniger.

Balltanz in der Festung

Die Sicherheitsstandards der modernen
Arenen haben dafür gesorgt, dass die
Gewalt zumindest in der Bundesliga kein
großes Thema mehr ist. Ein Rundgang
durch das Berliner Olympiastadion

Diesen Klingelton wird man so schnell nicht vergessen: Er hört sich
an wie eine Sirene, durchdringend und unfreundlich. Sascha Binder
hat ihn tausendmal gehört, und trotzdem könne er nachts gut
schlafen, ohne dass der Gedanke an dieses nervende Geräusch seine
Träume zerfetzt. Seit 1998 arbeitet Sascha Binder für Hertha BSC, seit
2003 ist er stellvertretender Veranstaltungsleiter und Sicherheitsbeauftragter des Vereins. Er trägt einen kleinen Stecker mit dem Klub-
wappen auf seinem schwarzen Anzug. An jedem Heimspieltag der
Berliner laufen die wichtigsten Informationen bei ihm zusammen.
Wer ihn bei seiner Arbeit beobachtet, erkennt schnell, wie kom-
plex der Sicherheitsapparat im Olympiastadion ist. „Wir überlassen
hier nichts dem Zufall", sagt Sascha Binder mit fester Stimme. „Wir
müssen auf jede Überraschung eine Antwort haben."

Der Spieltag beginnt für ihn nicht mit dem Anpfiff um 15.30
Uhr, sondern sieben Stunden früher. Die erste Sicherheitsbespre-
chung steht an. Um kurz nach halb neun ist es noch relativ ruhig.
Eine Stunde später trifft das erste Personal ein, Imbissstände
werden vorbereitet, Mitarbeiter der Fernsehanstalten verlegen
Kabel für die Übertragung. Sascha Binder dreht seine erste Runde
um das Stadion. Wie viele Kilometer er am Abend gelaufen sein
wird, kann er nicht abschätzen. Seinen Schreibtisch in der Arena
sieht er so gut wie nie. Wozu auch? Einen großen Teil seiner Arbeit
hat er schon vor Tagen erledigt. Vor jedem Heimspiel verstän-
digt er sich mit den Polizeibehörden und erstellt ein Konzept. Wie

viele Gästefans werden erwartet? Wo werden ihre Busse geparkt?
Welche Besonderheiten sind zu beachten? Mehrfach kontrollieren er und seine Kollegen unter der Woche die baulichen Maßnahmen, sagt er. „Die Prozesse wiederholen sich. Und dennoch ist
jedes Spiel anders."

Für mehr als 1,9 Milliarden Euro wurden in Deutschland seit
Mitte der 1990er Jahre Stadien errichtet oder modernisiert. Teure
Kommunikationsnetze in ihnen sorgen für einen rasanten Infor-
mationsfluss. Im Zuge der Vorbereitungen auf die WM 2006 ist
ein hoher Standard aufgebaut worden, der einer der Hauptgründe
dafür ist, dass die Gewalt zumindest in den oberen Ligen aus den
Stadien verdrängt worden ist. Das 1936 eröffnete Olympiastadion,
Schauplatz der Olympischen Spiele und des WM-Endspiels, wurde
von 2000 bis 2004 von Grund auf saniert. „Die technische Ausstattung ist mit der aus der alten Arena nicht mehr zu vergleichen",
sagt Sascha Binder. Die Probleme mit gewaltbereiten, rassistischen
und antisemitischen Fangruppen wie „Zyklon B" oder den „Frö-
schen" seien zwar nicht vollkommen verschwunden, aber sehr stark
zurückgegangen.

Es ist kurz vor zwölf, die ersten Reisebusse des Gegners Borussia
Mönchengladbach treffen auf dem Parkplatz vor dem Osttor ein.
Wieder klingelt das Handy von Sascha Binder, zweimal wird er den
Akku am Ende des Tages ausgetauscht haben. Von allen Seiten
strömen Informationen auf ihn zu. Er hat einen Stecker im Ohr, das
Mikrofon des Funksystems verbirgt sich, befestigt an einem Kabel,
in seiner linken Hand. Immer wieder führt er sie an das Gesicht,
immer wieder wird er von Ordnern angehalten und gefragt. Sascha
Binder hetzt zur großen Sicherheits-Besprechung in den Pressekon-
ferenz-Raum im Bauch der Arena. Mit 70 Sektionsleitern werden
nun Details über den Tagesablauf besprochen. Das Olympiastadion
ist in zehn Einsatzbereiche unterteilt. Laien erscheint das System
verworren. Die Hierarchie ist dagegen festgelegt: Sicherheitsbeauftragter, Einsatzleiter, Bereichsleiter, Gruppenleiter, Ordner. Je
nach Zuschauerandrang können bis zu 800 Ordner zum Einsatz
kommen. Die meisten werden per Anruf, SMS oder E-Mail beauf-
tragt und vorbereitet.

Wächter des Olympiastadions: Metin Risopp (links) im Gespräch mit Sascha Binder.

Sascha Binder klettert die steilen Stufen des Olympiastadions hinauf bis unter das Dach. Ein schmaler Gang mit grauen Wänden führt auf die Einsatzzentrale zu. In einer engen Kabine wird das Geschehen koordiniert. Neben der großen Fensterfront hängt ein Grundriss des Stadions. Auf dem Tisch liegt neben einigen Zetteln und Funkgeräten eine Art Schachbrett, auf dem die Positionen der Einsatzkräfte mit farbigen Figuren markiert sind. Sascha Binder möchte nicht, dass der Lageplan fotografiert wird. „Wir müssen vorsichtig sein. Diese Informationen könnten in die falschen Hände geraten." Seine drei Kollegen in der Zentrale, Koordinator, Funker und Protokollant, nicken zustimmend. Es ist kurz vor halb zwei. Gleich sollen die Tore für die Zuschauer geöffnet werden. Aber es gibt noch Probleme. Der Innenraum des Stadions ist nicht gesichert. Einige Tore sind noch unverschlossen. Sascha Binder blickt auf die fünf Monitore, auf denen die Kameras zugeschaltet werden können. Mit der Tastatur kann er Blickwinkel und Zoom verändern. „Kontrolle muss sein", sagt er. „Egal ob wir uns mit dem Einlass verspäten." Um 13.33 Uhr funkt er das Signal an die Kollegen: Der Einlass ist freigegeben.

Draußen am Südtor wartet Metin Risopp. Seit 2003 ist er Sicherheitschef der Betreibergesellschaft, die das Olympiastadion an

Hertha BSC vermietet. Er kennt die Arena so gut wie sein Wohn-
zimmer, ohne Zögern zählt er die technischen Eckdaten des Stadions auf. 50 Kameras sind auf dem Areal installiert. Vor der Sanierung waren es weniger, und die Leistungsfähigkeit hielt sich in
Grenzen. 28 Kameras sind an diesem Tag in Betrieb. Die meisten
sind außerhalb der Arena befestigt, an den Einlasstoren oder in den
Tiefgaragen. Im Stadioninnern selbst sind vier Kameras unter dem
Dach angebracht. Sie sind um 360 Grad drehbar und können jedes
Gesicht trotz einer Entfernung von mehr als 120 Metern gestochen
scharf aufzeichnen. „Plakate oder Kleidung mit verbotenen Symbolen sind leicht erkennbar", erläutert Metin Risopp. „Das war
früher so nicht möglich."

Festgeschrieben wurden die Sicherheitsstandards 1992 im „Nationalen Konzept Sport und Sicherheit". Nach und nach wurden diese
in den deutschen Stadien etabliert. Wegen der hohen Kosten ist eine
Ausdehnung auf die unteren Ligen, wo viele Vereine mit gewaltbereiten Fans und Rassisten zu kämpfen haben, schwer möglich. In
Berlin haben die Ordner eine Anleitung mit den rechten Symbolen
erhalten, die auf keinen Fall auf den Tribünen landen dürfen.

Metin Risopp durchquert die Kontrolle zum Innenraum. Er
breitet seine Arme aus. „Ein Vorteil dieses Stadions sind die großen
Flächen", erläutert er. „In einem möglichen Fluchtfall können wir
die Menschen sehr schnell evakuieren." Bei einem Stromausfall
springt der zweite Stromkreislauf nach 0,1 Sekunden an. Metin
Risopp verbringt viel Zeit im Olympiastadion, nicht nur während
der Spiele von Hertha BSC. Er ist auch bei Pop-Konzerten von U2
oder Robbie Williams für die Sicherheit verantwortlich. Gern erinnert er sich an die WM 2006. Das Elfmeterschießen im Viertelfinale
Deutschland gegen Argentinien hat er hinter dem Tor von Nati-
onalkeeper Jens Lehmann verfolgt. „Das war das absolute High-
light", sagt er. Doch es war nicht alles perfekt während der WM. Im
Vorrundenspiel Brasilien gegen Kroatien gelangte ein Fan auf den
Rasen des Stadions. Obwohl die Zahl der Ordner achtmal so hoch
war wie bei einem gewöhnlichen Bundesligaspiel. „Das darf unter
keinen Umständen passieren." Intern hatte es anschließend heftige
Diskussionen gegeben.

Um zehn vor drei macht sich Herthas Sicherheitsbeauftragter Sascha Binder auf den Weg zu den Einlasskontrollen am Osttor. Skeptisch blickt er auf die ankommenden Fans. Am Rand in einer kleinen Kabine verfolgt Dirk Jentsch die Besucherzahlen, er nennt sich Systemadministrator. Vor ihm steht ein Monitor, auf dem ein Grundriss des Olympiastadions und einige Diagramme zu sehen sind. Jede Eintrittskarte ist mit einem sogenannten Barcode und jedes Saisonticket mit einem Chip versehen. Sie ermöglichen eine elektronische Zählung der Besucher, ohne dass jemand wie früher eine Strichliste führen muss. Seit dem Pokalendspiel im April 2006 wird diese Methode im Olympiastadion angewandt, auch in anderen Stadien hat sie sich etabliert.

Die Schattenseite des technischen Aufschwungs: Vor und während der WM löste das Modell Protest bei den Datenschützern aus. „Weil das Sammeln, Auswerten und Vernetzen gespeicherter Informationen so einfach wird, gerät die Privatsphäre der Menschen ins Abseits", schrieb *Die Zeit*. In den Dateien der WM-Organisatoren schlummerten Daten von Millionen Menschen. Profitorientierte Datenhändler hätten dies leicht nutzen können, so lautete die Kritik. Schließlich hatten die Ticketkäufer Adresse, Nationalität, Passnummer und oft sogar die Bankverbindung angeben müssen. Bürgerrechtler befürchteten den Missbrauch der WM durch Sponsoren und die Überwachungsindustrie, um neue Schnüffeltechniken auszuprobieren. Die Kontrolle der Datenschützer war begrenzt, ihre Kompetenzen zersplittert und die Paragraphen dehnbar. Diese Debatte dürfte sich vor jedem großen Turnier in ähnlicher Form wiederholen.

In der Bundesliga werden die Chips vorwiegend für die Zählung genutzt. Noch. Sascha Binder schaut auf den Monitor, er wirkt ein bisschen beunruhigt. 35 Minuten vor dem Anpfiff sind erst 17.000 Zuschauer im Stadion. „Das könnte ein Problem werden." Alle Schwachstellen konnte die Sanierung des Olympiastadions nicht beseitigen. Die zwei Einlassbereiche am Osttor und am Südtor mit ihren insgesamt 146 Einlassschleusen sind für eine Arena dieser Größe zu wenig. Ein Musterstadion hat vier Einlassbereiche. Einen an jeder Seite. „Leider ist eine Erweiterung so leicht nicht möglich", schildert Sascha Binder. Das Stadion steht unter Denkmalschutz. Der Andrang der Fans staut sich oftmals unmittelbar vor Spielbeginn. Das löst Unzufriedenheit unter den Anhängern aus. Am 23. April 2005 hatte die Partie gegen Schalke 15 Minuten später angepfiffen werden müssen, zu viele Zuschauer waren zu spät gekommen. Eine komplette Trennung der Fangruppen ist mit zwei Einlassbereichen kaum möglich. Als Reaktion überarbeiteten die Verantwortlichen von Hertha BSC und die der Betreibergesellschaft das System. Die fehlende Infrastruktur wird mit einem größeren Aufgebot an Ordnern kompensiert. Manchmal von 380 Kräften.

Wieder klingelt das Handy. Die Kameras haben auf dem Parkplatz vor dem Osttor einen Schwarzmarkthändler entdeckt. Sascha Binder schickt eine „mobile Einheit", um den Täter zur Rede zu stellen. Die letzten 20 Minuten vor dem Anpfiff verbringt er wieder in der Einsatzzentrale unter dem Dach. Mit einem Fernglas beobachtet er den Block der Gästefans. Einige Gladbacher Anhänger bewegen sich mit einem 40 Meter langen Transparent aus der ersten Reihe nach oben. Sie wollen ihre Mitstreiter aus der Kurve drängen und so gegen die schlechten Leistungen ihrer Mannschaft protestieren. Zum ersten Mal an diesem Tag lässt die Stimme von Sascha Binder auf Ärger deuten: „Das war nicht abgesprochen", raunt er in sein Mikrofon. „Sagt den Leuten, dass sie das unterlassen sollen. Sonst müssen sie das Stadion verlassen." Die Warnung wirkt. Nach Sekunden.

Pünktlich um 15.30 Uhr wird das Spiel angepfiffen. Sascha Binder nimmt auf einem Stuhl Platz. Zum ersten Mal an diesem Arbeitstag. Die Ränge des Olympiastadions sind nur zur Hälfte belegt. Unten auf dem Rasen erspielt sich Hertha BSC die erste Torchance. Sascha Binder lehnt sich zurück, für ihn beginnt nun die entspannte Zeit des Tages.

Zwei Türen weiter liegt die Zentrale der Polizei. Wolfgang Schultz leitet seit über 20 Jahren Einsätze bei Fußballspielen in Berlin. Bis zu 500 Beamte können bei brisanten Spielen im Olympiastadion und im Umfeld zum Einsatz kommen. Beispielsweise, wenn Energie Cottbus oder Schalke 04 als Gegner antreten. Schultz wird auch über Vorfälle an den nahe gelegenen Bahnhöfen informiert. In der Polizeizentrale des Stadions selbst beobachten sechs Beamte die Szenerie

Alles im Blick: In der Sicherheitszentrale unter dem Stadiondach laufen die Informationen zusammen.

auf den Monitoren. Bei einer Straftat können sie in Absprache mit dem Veranstalter Hertha BSC sofort handeln. „Bei diesen Sicherheitsvorkehrungen werden es sich Fans dreimal überlegen, ob sie Ärger machen", sagt Wolfgang Schultz. Seine Stimme klingt wenig nach Kompromissbereitschaft.

Ständig hält er Kontakt zur stadioneigenen Polizeiwache. Sie verbirgt sich unter der Erdoberfläche, gut hundert Meter vom Südtor entfernt. Claus Petzoldt leitet hier die Festgenommenen-Sammelstelle. Die Wache verfügt über fünf Einzel- und zwei Sammelzellen. 35 Leute können gleichzeitig aufgenommen werden. Der unfreiwillige Besuch in den Zellen hält sich für gewöhnlich in Grenzen. Meistens landen Zuschauer wegen Landfriedensbruch oder Körperverletzung hier. Die Beamten prüfen dann die Sachlage. Auch ein Arzt, ein Psychologe, ein Konfliktmanager, ein Staatsanwalt, zwei Kriminalbeamte und zwei Hertha-Mitarbeiter sind in der Wache anzutreffen. Sie können nach wenigen Minuten ein bundesweites Stadionverbot aussprechen. „Wir müssen uns in alle Richtungen absichern", bekräftigt Claus Petzoldt. „Zum Glück werden diese Maßnahmen nicht an jedem Wochenende gebraucht." Der größte Betrieb herrschte am 9. Juli 2006. Während des WM-Finales wurden 56 Personen vernommen, nicht alle landeten in der Zelle. Im November 2004 im Spiel gegen Hansa Rostock waren es 39. Verglichen mit den 1990er Jahren sind das geringe Zahlen.

Das Spiel an diesem Tag verläuft ruhig, Hertha BSC gewinnt 2:1. Ein paar Gästefans werden wegen Trunkenheit in die Wache geführt. „Nichts Besonderes", sagt Sascha Binder. Wie sich seine Arbeit mit der Entwicklung biometrischer Verfahren wohl verändern wird? Die Hersteller der Kamerasysteme sehen kein Ende der Entwicklung voraus. In mehreren Bundesländern wurden vor der WM von als gewaltbereit eingestuften Fans sogar Speichelproben für DNA-Kontrollen und genetische Fingerabdrücke genommen. Die Methode stellte sich als kostspielig und zeitaufwändig heraus. Irgendwann sollen Polizisten Fingerabdrücke mit tragbaren Scannern speichern können. Auch die Erkennung durch Iris und Gesichtszüge wurde von Wissenschaftlern ins Gespräch gebracht. Diese Technologien werden seit geraumer Zeit auf Flughäfen und an Grenzübergängen getestet. Ob sie mittelfristig in Fußballstadien Anwendung finden und Personen mit Stadionverboten schneller entdecken, kann auch Sascha Binder nicht beantworten.

Langsam leert sich auch das große Atrium im Innern des Olympiastadions, wo bis zu 3.000 VIP-Gäste Platz finden. Sascha Binder hat einen langen Tag hinter sich. „Manchmal glauben wir vor den Spielen, dass es Ärger geben könnte – und dann passiert gar nichts." Doch es kann auch das Gegenteil eintreten. Ob er sich an den perfekten Spieltag erinnern kann? „Es gab mehrere." Es ist fast 21.30 Uhr. Sascha Binder kann sein Handy ausschalten. Der Alarm ist verstummt, die Arbeit zu Ende. Nach 13 Stunden – ein Spiel dauert eben doch länger als 90 Minuten.

„Die Polizei wird von den Klubs über den Tisch gezogen"

Ein szenekundiger Beamter über Korruption in der Polizei, Tricks der Vereine und Wandlungen in der Hooligan-Szene

Rund 140 Szenekundige Beamte, auch SKB genannt, beobachten in Deutschland die Fanszenen von der Bundesliga bis zu den Regionalligen. Im Durchschnitt sind es zwei Polizisten im Umfeld eines Vereins. Die SKB sammeln durch ihre Kontakte wichtige Informationen für die Zentrale Informationsstelle Sporteinsätze in Düsseldorf. Diese Informationen sind die Basis für das Netzwerk der ZIS. Anhand der Auswertungen entwirft die Polizei Woche für Woche ihre Strategien. Ein Beamter, der anonym bleiben möchte, schildert seine Erfahrungen.

Szenekundige Beamte begleiten Fußballfans zu den Spielen ihrer Mannschaft. Das klingt nach einem durchaus erträglichen Beruf. Täuscht der Eindruck?

Viele Kollegen im Polizeirevier, aber auch Freunde und Bekannte glauben, wir hätten einen Traumjob. Aber da liegen sie falsch. Wir leben hier nicht auf einer schönen Insel. Die Schwierigkeiten, mit denen wir uns Tag für Tag beschäftigen müssen, liegen im Verborgenen. Szenekundige Beamte befinden sich auf einem schmalen Grat. Wir bekleiden einen Nischenposten. Wir müssen Straftaten verfolgen. Aber dabei bleibt es natürlich nicht. Denn wir müssen sie auch verhindern.

Wie kamen Sie als Polizist zum Fußball?

Ich habe schon als kleiner Junge den Fußball verfolgt. Mein Vorteil war, dass ich in dem Stadtteil aufgewachsen bin, in dem das Stadion stand. Ich habe mich für alle Begleiterscheinungen dieses Vereins interessiert. So habe ich sehr früh viel über die Fanszene gelernt. Und auch über die Hooligans. Später, während meiner Arbeit als Polizist, wurde irgendwann in unserem Revier eine Stelle als SKB frei. Da habe ich nicht lange überlegt und zugeschlagen. Das ist nun schon ein paar Jahre her.

Ihre Jugend hat Sie für den Job des Hooligan-Experten geprägt. Aber reicht das, um ein guter SKB zu werden?

Eine gewisse Vorbildung durch die Jugend ist von Vorteil. Aber die Antworten auf die heiklen Fragen dieses Berufes erhält man erst mit den Jahren. Wir leben von unseren Erfahrungen. Das Wirken eines SKB kann man nicht in der Polizeischule lernen. Manche Psychologen und Wissenschaftler reden klug daher und glauben, unseren Job zu kennen. Die zielen aber kilometerweit an der Wirklichkeit vorbei. Man merkt sofort, dass diese Leute ihr Leben an Schreibtischen verbringen – aber nicht in Fankurven.

Wann hatten Sie zum ersten Mal das Gefühl, einen guten Einblick in die Szene zu haben?

Nach zwei bis zweieinhalb Jahren. Am Anfang habe ich bewusst den Kontakt zu den friedlichen Fans gesucht. Die haben die Ohren überall und wissen, was passiert. Sie sind eine Art Seismograf der Szene. Nach und nach konnte ich so Kontakte zu den gewaltbereiten und Gewalt suchenden Fans knüpfen. Das war ein langer Prozess. Inzwischen habe ich alle Informationen auf meinem Computer. Trotzdem lerne ich jeden Tag dazu. Immer wieder wird man überrascht.

Zum Beispiel?

Können Sie sich vorstellen, dass es auch in den VIP-Räumen regelmäßig zu Straftaten kommt? Mittlerweile gehen da tausende Leute rein.

Wie wichtig ist Kommunikation in Ihrem Beruf?

Kommunikation ist das wichtigste. Ich bin der Ansprechpartner für alle, die im Umfeld des Fußballs eine Rolle spielen: für

„Kommunikation ist das Wichtigste": Ein Polizist blickt während der WM 2006 auf eine Fanparty.

den Verein, das Fanprojekt, aber vor allem für die Fans, ganz egal, welche Absichten sie haben. Ich rede viel mit den Hooligans, ob es sich nun um einen Arbeitslosen handelt oder um einen Anwalt im schicken Anzug. Der Arbeitslose ist mir sogar lieber, denn der Anwalt müsste es besser wissen.

Welche Ziele verfolgen Sie in den Gesprächen?

Ich versuche, mir einen persönlichen Zugang zu verschaffen. Als offener, kommunikativer und sensibler Gesprächspartner. Ich muss mich in sie hineinversetzen können. Nur so kann ich das Vertrauen gewinnen und Aktionen der Fans erahnen. Ich kann nicht nur hochnäsig über Fans reden, ich muss mit ihnen reden. Wenn die Hooligans anfangen, von Schlägereien zu schwärmen, sage ich ihnen: „Wenn ihr euch nicht strafbar machen wollt, redet lieber im Konjunktiv. Was wäre wenn?" Wir müssen verhindern, dass sie kriminalisiert werden. Wir müssen ihnen Brücken bauen und Aufklärungsarbeit leisten. Viele Polizisten meiden einen Dialog, sie setzen vieles bei den Fans voraus. Das ist falsch. Ich habe Teenager kennengelernt, die nicht lesen konnten. Denen musste ich die Stadionordnung erklären.

Meiden einige Fans den Kontakt zu Ihnen?

Ein paar sind überhaupt nicht zu erreichen. Sie verweigern jedes Gespräch. Andere wiederum melden sich von selbst, rufen mich an oder schreiben mir eine E-Mail. Ich habe mir einen Namen gemacht. Ich werde nicht gemocht, ich bin auch mit keinem der Fans befreundet. Aber die meisten respektieren mich. Ich komme auf sie zu, ich versuche ihnen mit meinen Kontakten zu helfen oder organisiere einen Busparkplatz für sie.

Treffen Sie sich auch in Ihrer Freizeit mit Fans oder Hooligans?

Ich wurde schon zu Hochzeiten, Geburtstagen und Weihnachtsfeiern von Hooligans eingeladen. Das war kein Zeichen der Zuneigung, sondern ein einfacher Test. Ich habe nicht gekniffen, sondern die Einladungen angenommen. Natürlich muss man da vorsichtig sein. Ich habe mich kurz gezeigt. Aber nach ein, zwei Bier war ich wieder verschwunden.

Welchen Tests müssen Sie sich noch unterziehen?

In Gesprächen mit Fans, die mir gegenüber skeptisch sind, geht es ständig um das Austarieren von Kräften. Die Jungs sind nicht blöd. Oft werde ich nach Ergebnissen aus den unteren Ligen gefragt. Wie hat die Mannschaft X gegen die Mannschaft Y in der Landesliga gespielt? Wenn ich dann irgendetwas antworte, obwohl es das Spiel nie gegeben hat, beschädigt das meine Position. Ich suche oft Plätze auf, wo sich viele Fans herumtreiben, Fanturniere zum Beispiel. Sportliches Wissen ist fast genauso wichtig wie Kommunikation.

Was zeichnet einen guten SKB aus?

Kritische Nähe. Wir müssen die Szene kennen. Wenn Rechtsextremisten Fans für ihre Gruppierungen gewinnen wollen, müssen wir einschreiten. Gleichzeitig dürfen wir nicht zu sehr hineintauchen. Viele SKB nehmen das zu persönlich. Sie denken, sie sind die Helden, und lassen sich feiern. Es darf nicht sein, dass ein SKB an der Saison-Abschlussfahrt der 1. Mannschaft nach Mallorca teilnimmt. Ich habe nichts gegen einen gemeinsamen Kaffee oder den Besuch der 100-Jahrfeier des Klubs. Das war's aber auch schon. Andere

Zuwendungen gehen mir zu weit. Ich lasse mich nicht durch Einkaufsgutscheine gefügig machen.

Wie schwer wiegt die Korruption in Ihren Kreisen?
Korruption beginnt ganz oben. Es gibt Stadien, in denen der Alkoholausschank vor wenigen Jahren noch verboten war. Das Verbot wurde aufgehoben. Die Einnahmen wollten sich die Vereine nicht entgehen lassen. Was glauben Sie, wer daran mitverdient hat?

Offen spricht das niemand aus?
Der Druck der Polizeiführung hat zugenommen und wird weiter zunehmen. Die hohen Herren wollen nicht, dass man in das System schaut und Schwachstellen aufdeckt. Das ist bei den Verbänden nicht anders. Wer will schon zugeben, dass etwas schlecht läuft? Was mich besonders ärgert, ist, dass manche Dinge bewusst an die Wand gefahren werden. Ein Jugendamt in einer mittelgroßen Stadt zum Beispiel hat zehn Mitarbeiter. Wird dort gute Arbeit geleistet und geht die Zahl der Straftaten zurück, werden Stellen gestrichen. Das ist in der freien Wirtschaft und bei der Polizei nicht anders.

Manche Wissenschaftler und Funktionäre behaupten, der Hooliganismus sei ein Modell für das Museum. Halten Sie das für eine Verharmlosung?
Ich kann das nicht unterstreichen. Bei uns ist die Anzahl der Stadionverbote in den vergangenen Jahren gestiegen. Der Trend geht aber seit einigen Jahren dahin, dass Hooligans immer mehr an sogenannte dritte Orte ausweichen. Auf Wald, Wiesen oder andere abgelegene Plätze. Man weiß Bescheid, wenn die erste Garde nicht auf ihren Plätzen ist oder das Stadion vor dem Abpfiff verlässt. Manche sieht man dann Tage später in der Stadt mit blauen Augen und Beulen im Gesicht.

Sie können diese Treffen in der Abgeschiedenheit nicht verhindern?
Die Hooligans sind nicht dumm, sie lassen sich nicht erwischen. Da dringt selten etwas nach außen. Ihre Vorgänger aus den 1980er

Jahren haben noch den Kick im gegnerischen Stadtteil gesucht. Sie haben es geliebt, von den Fans des Gegners und der Polizei gejagt zu werden. Heute halten die Hooligans ihre Treffen geheim. Aus Angst vor Repression. Aber auch, weil sie dem Verein im Stadion nicht schaden wollen.

Wie gefährlich ist Ihr Beruf?
Wenn man die Szene kennt, halten sich die Gefahren in Grenzen. Viele Hooligans überbieten sich in den Internetforen gegenseitig mit ihren Gewalt-Ankündigungen, bei den meisten Einsätzen passiert rein gar nichts. Aber einigen Alt-Hooligans möchte ich lieber nicht im Dunkeln begegnen.

Tragen Sie während Ihrer Arbeit eine Uniform?
Nein. Wenn ich in einem Imbiss in Zivil neben Fans stehe, bekomme ich mehr Zufallsgespräche mit. Sie werden nicht durch mein Äußeres gewarnt. Bei einer heiklen Gefahrenabwehr wäre es jedoch besser, eine Uniform zu tragen. Es gibt Vor- und Nachteile.

Wie hat sich ihre Arbeit im Laufe der Zeit verändert?
Die Szene wandelt sich, das macht die Arbeit nicht leichter. Wenn einer der Anführer für ein halbes Jahr in den Knast geht, hat das große Auswirkungen auf die gesamte Hierarchie. Es ist sehr spannend, diese Entwicklung zu beobachten. Vor einer bekannten Hooligan-Kneipe sieht man z.B. hin und wieder eine Gruppe von Jugendlichen. Sie trauen sich noch nicht hinein. Einige Monate später haben sie sich Respekt erarbeitet, jetzt stehen sie schon im Eingang. Wieder vergeht eine gewisse Zeit. Und irgendwann sind sie mittendrin.

Welchen Einfluss haben die modernen Stadien?
Man glaubt es kaum, aber in den neuen Stadien ist die Beobachtung manchmal problematischer. Es gibt keine Zäune mehr, keine Blocktrennung nach dem alten Modell. Sofern das Stadion nicht ausverkauft ist, können die Zuschauer überall hinlaufen. Der

Verein freut sich natürlich. So sind die Imbiss-Buden und die Fan-artikel-Stände leichter zu erreichen. Ich habe meinen festen Platz im Stadion und beobachte die Lage. Ich kenne meine Pappenheimer. Früher war das allerdings einfacher.

Sind Sie mit Ihrer Ausstattung zufrieden?

Ich kann nicht klagen, aber es könnte besser sein. Eine einheitliche dienstliche Ausstattung sollte in Deutschland gegeben sein. Manche SKB sind nicht handlungsfähig, ihnen fehlen Digitalkameras, DVD-Player und sogar Dienstwagen.

Warum sind die Unterschiede so groß?

Das ist ein grundsätzliches Problem. Ich glaube, dass 80 Prozent der Polizeiführer die Lage unterschätzen. Sie verkennen etwas: Die Profiklubs sind keine gemeinnützigen Vereine mehr, sondern pure Wirtschaftsunternehmen – ausgerichtet am Profit.

Welche Konsequenzen hat das für Ihre Arbeit?

Polizei und Ordnungsamt werden oft von den Klubs über den Tisch gezogen. Ein Beispiel bieten die Stadionordner: Mittlerweile haben die meisten Vereine ihre Sicherheitsdienste ausgelagert und an andere Firmen weitergegeben. Oder sie werden in Tochtergesellschaften des Vereins geparkt. Die haben sich rechtlich in alle Richtungen abgesichert. Da ist nichts zu rütteln. So geht uns natürlich die Transparenz verloren.

Und die Qualität der Sicherheitsdienste?

Jeder Ordner braucht einen sogenannten Sachkundenachweis, der kostet mehrere hundert Euro. Die Kurse dauern mindestens eine Woche. Manche Sicherheitsdienste bilden die Ordner selbst aus und schicken die dann zur Prüfung in der Industrie- und Handelskammer. Mehr als 50 Prozent fallen durch. Viele Firmen sparen sogar ganz an der Ausbildung. Die Ordner wissen dann nicht einmal, wo der Feuerlöscher steht, geschweige denn, wie ein Stadion im Brandfall schnell zu evakuieren wäre. Es wird verschleiert ohne Ende, und die Gewerbeaufsicht ist überfordert.

Viele Ordner sehen den Hooligans optisch ähnlich, sie tragen in Nazi-Kreisen beliebte Kleidermarken und provozieren Gewalt. Gibt es keine Kontrollen dieser Ordner?

Früher haben die SKB diese Leute selbst geschult – oder eben aussortiert. Das hat angeblich zu viele Steuergelder verschlungen. Jetzt haben wir keinen Zugang mehr. Die Folgen dürften Ihnen bekannt sein. In manchen Klubs, gerade in den unteren Ligen, sehen die Ordner nicht anders aus als die Hooligans. Überwacht werden sie nicht. Dafür fehlen Geld und Zeit. Für mich und viele meiner Kollegen ist das vollkommen inakzeptabel und auch ein bisschen demotivierend. Dabei müsste man die Sicherheitsdienste viel öfter kontrollieren.

Es scheint, als habe die Polizei doch nicht alles im Griff.

Es ist eine Mischung aus Naivität und Unwissenheit. Ein anderes Beispiel: Vor der Eröffnung eines neuen Stadions gibt es eine sogenannte Bauabnahme, in der die Sicherheitsvorkehrungen kontrolliert werden. Selbstverständlich ist während der Abnahme alles einwandfrei. Aber schauen Sie mal ein paar Wochen später in das gleiche Stadion. Direkt unter dem Dach, wo am Tag der Bauabnahme noch genügend Raum für Fluchtwege gewesen war, sind plötzlich Zuschauersitze montiert. Doch die Baubehörde lässt sich nie wieder blicken.

Können Sie Fehler nennen, die die Polizei im Rahmen des Fußballs begangen hat?

Es ist schon oft vorgekommen, dass dutzende Fans ohne Gerichtsverwertbarkeit festgenommen wurden. Die mussten dann natürlich wieder freigelassen werden. Fans, Ultras und Hooligans sind nicht erst seit gestern in Rechtsfragen sehr gut bewandert. Solche Aktionen kann man sich sparen. Sie kosten viel Energie und viel Geld. Warum soll eine Feier mit 300 Hooligans gewaltsam gestürmt werden, wenn sich alle ruhig verhalten?

Auf der anderen Seite hat es Vorfälle gegeben, in denen die Polizei überfordert war und zu spät oder gar nicht reagiert hat.

Jeder Fall muss einzeln bewertet werden. Sollte ein Verein seine Sicherheitsauflagen nicht erfüllt haben, würde ich mir als Einsatzleiter auch dreimal überlegen, ob ich meine Jungs verheizen will und sie in den Block zu 100 betrunkenen Randalierern schicke. Viele vergessen, dass manche Polizisten jahrelang hin- und hergekarrt werden. Vom Castor-Transport zur Nazi-Demo, vom George-Bush-Besuch zum Fußballspiel. Ihnen bleibt kaum Zeit zum Nachdenken. Auch sie dürfen Fehler machen. Polizisten sind auch nur Menschen.

Viele Fans, vor allem Teile der Ultraszene, bezeichnen die Polizei als ihr größtes Feindbild. Der Konflikt entzündet sich an den angeblich übertriebenen Sicherheitsvorkehrungen. Können Sie die Kritik dieser Fans nachvollziehen?

Es hat nie eine polizei-interne Anordnung gegeben, dass wir härter einschreiten sollen. Wenn wir jemanden in Gewahrsam nehmen, bedeutet das einen riesigen bürokratischen Aufwand. Alles muss dokumentiert werden. Glauben Sie mir: Kein Polizist mag diese Schreibarbeit.

Werden die Stadionverbote zu leichtfertig verteilt?

Bei uns nicht. Ich kann ohnehin nur eine Empfehlung an den Verein weiterleiten. Der entscheidet, wer ein Verbot erhält. Umso so jünger die auffälligen Fans sind, umso kürzer wird das Verbot. Je älter sie sind, und vielleicht sogar Mehrfachtäter, umso länger wird das Verbot.

Wie reagieren die Eltern, wenn ihre jugendlichen Kinder gewalttätig auffallen?

Die meisten Eltern sind froh, wenn ihre Kinder ein Stadionverbot erhalten. Das ist meine Erfahrung. Dann wissen sie, dass es künftig wieder ruhiger zugeht. Andere rufen bei mir an und versuchen mich zu beeinflussen. Viele sind verständnisvoll, andere leider weniger.

Gewaltbereite und Gewalt suchende Fans werden in der Datei Gewalttäter Sport gespeichert, die von der ZIS in Düsseldorf verwaltet wird.

Freiheitsentziehungen

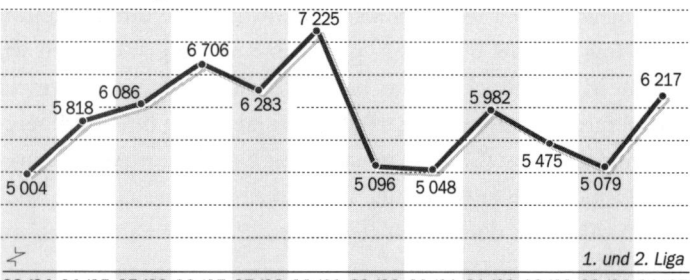

| 93/94 | 94/95 | 95/96 | 96/97 | 97/98 | 98/99 | 99/00 | 00/01 | 01/02 | 02/03 | 03/04 | 04/05 |

1. und 2. Liga

Einsatzstunden der Polizei

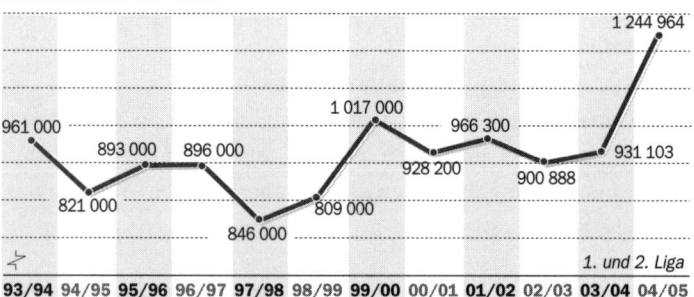

| 93/94 | 94/95 | 95/96 | 96/97 | 97/98 | 98/99 | 99/00 | 00/01 | 01/02 | 02/03 | 03/04 | 04/05 |

1. und 2. Liga

Die Fans stehen dieser Datei sehr kritisch gegenüber. Teilen Sie diese Haltung?

Diese Datei gehört auf den Acker. Sie ist sehr verwässert worden.

Wie funktioniert die Kommunikation zwischen den Polizeibehörden?

Im Großen und Ganzen ist die Informationsweitergabe zwischen den etablierten Standorten sehr gut. Es gab aber auch Dienststellen, die ich angerufen habe, um Stadionverbote von Fans aus anderen Städten auszudehnen. Nicht alle sind mitgezogen. Aber das ist selten. Wichtig ist, dass dieses Netzwerk bis in die unteren Ligen ausgedehnt wird. Dort passieren nämlich die wirklich hässlichen Geschichten.

Körperverletzungen

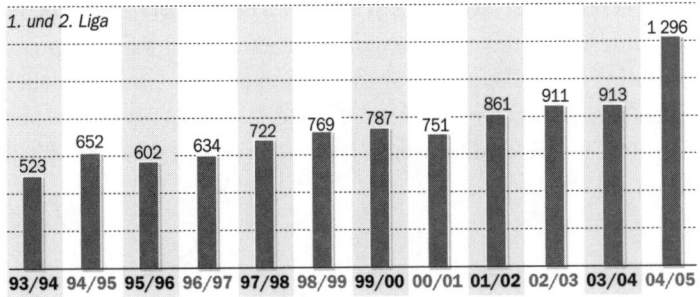

1. und 2. Liga

| 93/94 | 94/95 | 95/96 | 96/97 | 97/98 | 98/99 | 99/00 | 00/01 | 01/02 | 02/03 | 03/04 | 04/05 |

523 · 652 · 602 · 634 · 722 · 769 · 787 · 751 · 861 · 911 · 913 · 1 296

Verletzte Personen bei Ligaspielen

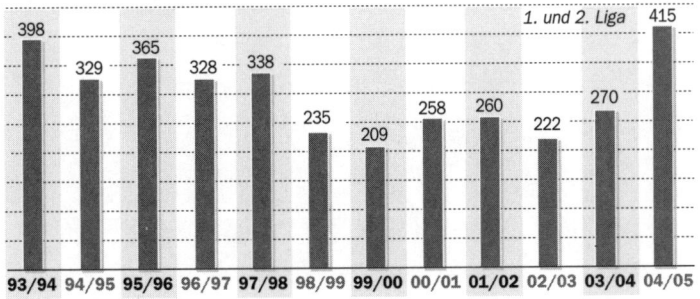

1. und 2. Liga

| 93/94 | 94/95 | 95/96 | 96/97 | 97/98 | 98/99 | 99/00 | 00/01 | 01/02 | 02/03 | 03/04 | 04/05 |

398 · 329 · 365 · 328 · 338 · 235 · 209 · 258 · 260 · 222 · 270 · 415

Wie sieht der Status der SKB innerhalb des Polizeiapparates aus?

Der Neidfaktor ist groß. Viele Polizeiführer glauben, dass wir Reisetouristen sind. Die sagen: „Die SKB fahren von Spiel zu Spiel und schlafen in guten Hotels." Aber das ist Unsinn. An diesem Job hängt viel mehr. Deshalb suchen viele SKB einen anderen Job. Die Verantwortung ist groß. Wenn etwas passiert, fällt das auch auf uns zurück. Und dann die Bürokratie, mit der wir uns rumschlagen müssen. Die Akten, die Formulare, die Meldeauflagen – klingt das etwa nach einem Traumjob?

Wie zufrieden sind Sie mit Ihrer Arbeit?

Seit ich in dieser Stadt als SKB arbeite, ist die Zahl der Straftaten von Fans gesunken.

Können Sie sich in Ihrer Freizeit vom Fußball lösen?

Ich verkehre privat selten mit Kollegen, nach Feierabend möchte über andere Themen sprechen als Fußball. Ich schaue mir privat auch keine Fußballspiele mehr im Stadion an. Ich würde von allen Leuten angesprochen werden. Das würde keinen Spaß machen. Wenn ich etwas vermisse, dann ist es ein unbeschwertes Fußballspiel.

System der Leidenschaft

Die Ultras unterstützen ihre Vereine bedingungslos. Doch ihre Beziehung zur Polizei ist stark belastet. Führt dieses Reizklima zu einer neuen Gewaltwelle?

Der Tag, an dem Tobias Schumann über sein Leben als Ultra berichten möchte, ist kein guter für ihn. Er stemmt sich gegen die schwere Glastür der Geschäftsstelle von Eintracht Frankfurt. Sein Gesicht ist blass, seine Augen wirken übermüdet. Es ist August 2006, die Sonne strahlt unnachgiebig. Tobias Schumann möchte das Gespräch im Stadion führen, mit Blick auf die Ränge und den sattgrünen Rasen. Wer weiß, wann er wieder hier sein darf. Es hat Ärger gegeben. Tobias Schumann hat ein Stadionverbot erhalten. Bis zum 30. Juli 2012. Für den Frankfurter Ultra ist das die Höchststrafe, viele seiner Freunde hat es auch getroffen. „Ich verstehe die Welt nicht mehr", sagt er und klopft sich mit der flachen Hand auf den Oberschenkel. Er sei unschuldig. „So viel ist sicher." Er kann noch nicht wissen, was alles auf ihn einprasseln wird in den kommenden Monaten. Deshalb möchte er seinen richtigen Namen nicht zur Veröffentlichung freigeben. „Das hat rechtliche Gründe."

Es geschah am 12. August 2006, vor dem ersten Saisonspiel beim FC Schalke 04. Tobias Schumann fuhr mit anderen Ultras in einem Bus nach Gelsenkirchen. Die Stimmung war gut, der Alkoholkonsum hoch, niemand rechnete mit Trubel. Als sie die Stadt erreichten, sollte sich das ändern. Der Bus kam zum Stehen, plötzlich stürmten zwölf Fans hinaus. Ihr Ziel: eine Kneipe der Schalke-Anhänger. Es kam zu Ausschreitungen. Sie randalierten und provozierten eine Schlägerei. Nicht alle aus dem Bus waren daran beteiligt. Die meisten der 40 Passagiere blieben sitzen. „Ich auch", sagt Tobias Schumann. Doch das spielte keine Rolle. Der Sicherheitsbeauftragte von Schalke 04 bestrafte alle Insassen mit einem

bundesweiten Stadionverbot, weil die Polizei Ermittlungen ein-
geleitet hatte. Stempel drauf. Fertig. Eine Anhörung? Fehlanzeige.
Die Unschuldsvermutung? Außer Kraft gesetzt. Dieser Vorfall löste
großen Streit aus: zwischen Fans und Polizei. Zwischen Fans und
Verein. Und zwischen Fans und anderen Fans. Der Konflikt steht in
Deutschland symbolisch für das Reizklima in der Ultra-Szene. Und
er lässt erahnen, warum eine Frage zunehmend diskutiert wird: Sind
Ultras die Hooligans der Zukunft?

Ein Streifzug durch die Historie dieser Subkultur macht deutlich,
warum die Ultra-Bewegung so sehr polarisiert. Ihre Wurzeln liegen
in Italien, in den 1960er Jahren hatten sich Jugendliche in Gruppen
zusammengeschlossen, um ihre Mannschaften organisiert zu unter-
stützen. Der Legende nach soll eine italienische Zeitung den Begriff
Ultra benutzt haben, um Anhänger des AC Turin zu beschreiben.
Sie hatten einen Schiedsrichter aus Wut bis zum Flughafen verfolgt.
Ultra war ein Synonym für Radikalität. Langsam breitete sich die
Bewegung aus. Anfang der 1990er Jahre hielten bengalische Feuer,
Konfettiregen und aufwändige Choreografien auch in Deutschland
Einzug. Die ersten kleineren Gruppen bildeten sich in Köln, Lever-
kusen, Nürnberg und München.

Als die Ultra-Bewegung Mitte der 1990er Jahre auch Frankfurt erreichte, hatte Tobias Schumann gerade die Grundschule
verlassen. Er besuchte die ersten Spiele im Frankfurter Waldstadion, er war fasziniert und wusste, dass dieser Ort einen wichtigen
Platz in seinem Leben einnehmen wird. Die Fans schauten nun
nicht mehr ehrfürchtig nach England, wo eine gnadenlose Repres-
sions-Maschine eine lebhafte Fankultur zu zerstören drohte, sie
blickten nach Italien. „Damals war die Stimmung in Deutschland
auf dem Nullpunkt", erinnert sich Tobias Schumann. „Mit Ausnahme von Grölen, Bratwurstessen und Biertrinken gab es nicht
viel." Fanzeitschriften aus Rom, Mailand oder Turin kursierten
unter den Anhängern. Die „Binding Szene", benannt nach dem
gleichnamigen Bier, wurde 1995 gegründet. Sie war die erste rele-
vante Ultra-Gruppe in Frankfurt. Zwei Jahre später schlossen sich
die meisten kleineren Gruppen und Fanklubs zu den Ultras Frankfurt zusammen.

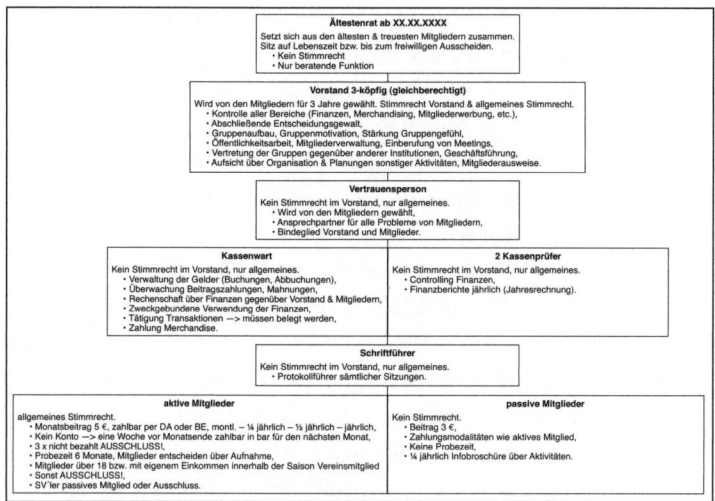

Ältestenrat ab XX.XX.XXXX
Setzt sich aus den ältesten & treusten Mitgliedern zusammen.
Sitz auf Lebenszeit bzw. bis zum freiwilligen Ausscheiden.
• Kein Stimmrecht
• Nur beratende Funktion

Vorstand 3-köpfig (gleichberechtigt)
Wird von den Mitgliedern für 3 Jahre gewählt. Stimmrecht Vorstand & allgemeines Stimmrecht.
• Kontrolle aller Bereiche (Finanzen, Merchandising, Mitgliederwerbung, etc.),
• Abschließende Entscheidungsgewalt,
• Gruppenaufbau, Gruppenmotivation, Stärkung Gruppengefühl,
• Öffentlichkeitsarbeit, Mitgliederverwaltung, Einberufung von Meetings,
• Vertretung der Gruppen gegenüber anderer Institutionen, Geschäftsführung,
• Aufsicht über Organisation & Planungen sonstiger Aktivitäten, Mitgliederausweise.

Vertrauensperson
Kein Stimmrecht im Vorstand, nur allgemeines.
• Wird von den Mitgliedern gewählt,
• Ansprechpartner für alle Probleme von Mitgliedern,
• Bindeglied Vorstand und Mitglieder.

Kassenwart
Kein Stimmrecht im Vorstand, nur allgemeines.
• Verwaltung der Gelder (Buchungen, Abbuchungen),
• Überwachung Beitragszahlungen, Mahnungen,
• Rechenschaft über Finanzen gegenüber Vorstand & Mitgliedern,
• Zweckgebundene Verwendung der Finanzen,
• Tätigung Transaktionen —> müssen belegt werden,
• Zahlung Merchandise.

2 Kassenprüfer
Kein Stimmrecht im Vorstand, nur allgemeines.
• Controlling Finanzen,
• Finanzberichte jährlich (Jahresrechnung).

Schriftführer
Kein Stimmrecht im Vorstand, nur allgemeines.
• Protokollführer sämtlicher Sitzungen.

aktive Mitglieder
allgemeines Stimmrecht.
• Monatsbeitrag 5 €, zahlbar per DA oder BE, montl. – ¼ jährlich – ½ jährlich – jährlich,
• Kein Konto —> eine Woche vor Monatsende zahlbar in bar für den nächsten Monat,
• 3 x nicht bezahlt AUSSCHLUSS!,
• Probezeit 6 Monate, Mitglieder entscheiden über Aufnahme,
• Mitglieder ab 18 bzw. mit eigenem Einkommen innerhalb der Saison Vereinsmitglied
• Sonst AUSSCHLUSS!,
• SV'ler passives Mitglied oder Ausschluss.

passive Mitglieder
Kein Stimmrecht.
• Beitrag 3 €,
• Zahlungsmodalitäten wie aktives Mitglied,
• Keine Probezeit,
• ¼ jährlich Infobroschüre über Aktivitäten.

Organisation bis ins letzte Detail: Die Ultra-Gruppen werden hierarchisch geführt.

Die Strukturen wurden professioneller. Nahezu jeder Verein in den ersten drei Ligen wird inzwischen von Ultras unterstützt. In den rund 50 Gruppen sind mehr als 1.500 Fans aktiv, die Zahl der Mitläufer ist um ein Vielfaches höher und kaum zu schätzen. In Frankfurt geht Tobias Schumann von 150 Aktiven und 1.500 Sympathisanten aus, die Szene ist eine der größten in Deutschland – und sie ist stilbildend. Selbst der zwischenzeitliche Abstieg des Klubs hatte ihnen nichts anhaben können. Im Gegenteil, er war identitätsstiftend: Die Gruppe wuchs zusammen, weniger interessierte Fans blieben fern. Längst verfügen die Gruppen über eine Internetseite, ein Manifest, eine Zeitschrift und ein Angebot an Merchandising-Artikeln. Ultra-Gruppen sind wie Unternehmen aufgebaut. Sie nehmen Geld ein und geben Geld aus. Nicht des Profits wegen, sondern weil ihr System der Leidenschaft sehr kostspielig ist. Die Organigramme sind basisdemokratische Modelle. Die Leitung übernimmt die sogenannte Direktive, eine Art Vorstand von 10 bis 15 Personen. Der Capo, der Anpeitscher in der Kurve, muss nicht automatisch der Anführer sein. Diejenigen, die sich am meisten engagieren, haben in der Regel die größte Macht. Die Ultras haben einen Ältestenrat, einen Kassenprüfer und einen

Sprecher. Die Mitgliedsbeiträge für ein Jahr betragen etwa 30 bis 50 Euro. „Danach werden Karteileichen beseitigt", erzählt Tobias Schumann. Seit 1998 ist er Mitglied der Ultras Frankfurt. 2000 übernahm er wichtige Aufgaben.

Mit der Professionalisierung wuchs auch die Sensibilität. Die Spieler sind den Fans durch ihre hohen Gehälter seit langem enteilt, für die Ultras zählt vornehmlich das Wohl des Vereins. Als Reaktion auf die Kommerzialisierung und die wachsenden Sicherheitsmaßnahmen im Fußball entwickelte sich nicht nur eine Zuneigungskultur, sondern auch eine Protestkultur. Tobias Schumann schildert seine Perspektive: „Ich bin Fan von einem Verein, nicht von einem Wirtschaftsunternehmen. Das ist meine Liebe und keine Geschäftsbeziehung." Die Ultras sind zu einem verlässlichen Barometer für ligapolitische Probleme gewachsen. Sie setzen sich für die traditionellen Werte der Fankultur ein. Wehren sich gegen die Erhöhung von Ticketpreisen, die Versitzplatzung in den Stadien und die Zersplitterung der Spieltage. Eine einheitliche Stimme erhalten sie durch die Fanaktivisten.

Matthias Bettag ist einer von ihnen. Der gebürtige Bremer sitzt in seiner Wohnung in Berlin und blickt hinaus auf die Spree. Schon als Teenager war er politisch aktiv. Als es 2001 in der Hauptstadt zu Ausschreitungen von Hertha-Fans gekommen war, beteiligte er sich an einer Diskussion im Internet. Zufällig stieß er auf BAFF, das Bündnis aktiver Fußball-Fans. Er schrieb eine E-Mail an die Organisatoren, Tage später trat er als Statist in einer Protestaktion gegen den Bezahlsender Premiere an. Es folgte eine Podiumsdiskussion, bald darauf war Matthias Bettag Sprecher des Bündnisses. „Wir wollen uns nicht anbiedern", sagt er. BAFF, das 1993 als Bündnis antifaschistischer Fußballfans gegründet worden war und inzwischen 200 Einzelmitglieder und viele Partnerinitiativen hat, war stets kritisch gegenüber den Mächtigen der Branche. Aktionen wie „Sitzen ist für'n Arsch" in den 1990ern oder die antirassistische Ausstellung „Tatort Stadion" waren wegweisend. Beim Deutschen Fußball-Bund (DFB) aber ging man auf Distanz. Ein Gradmesser für die lange Zeit gestörte Beziehung zwischen den Fans auf der einen Seite und dem DFB und den Sicherheitsbehörden auf der anderen Seite.

Jede Fankultur in der Geschichte fühlte sich verfolgt, auch die Ultras pflegen ihren Hang zur Rebellion. Er verschärfte sich vor der WM in Deutschland. Nicht mehr die Kommerzialisierung war nun das beherrschende Thema – sondern die Welle der Repression, die über das Land rollte. Politiker wie der damalige Bundesinnenminister Otto Schily sorgten durch ihre undiplomatische Rhetorik nicht gerade für eine Harmonisierung in der Debatte: „Wir werden es in keiner Weise dulden, die WM von Krawallmachern kaputtma-

Vertreter für Fanrechte: BAFF-Sprecher Matthias Bettag.

chen zu lassen", bellte er in jedes Mikrofon. Die Forderungen: mehr Polizei, mehr Verbote, mehr Kontrollen. Die Medien nahmen das dankbar auf. Es entstand der Eindruck, als würde es sich bei der WM um ein Wettrüsten handeln, mit einer Begleitmusik namens Fußball.

So manifestierten sich unter den Ultras die bekannten Feindbilder Polizei und DFB. Matthias Bettag war nicht verwundert: „Desto martialischer die eine Seite auftritt, umso härter reagiert die andere Seite." Werden die Ultras als Problem angesehen, wenn sie sich als lautlose Kunden verweigern? Philipp Markhardt, Sprecher der Ultras des Hamburger SV und der Initiative Pro Fans, hat eine klare Antwort: „Wir lassen uns nicht melken." Im Herbst 2006 gründeten BAFF, Pro Fans und verschiedene Fanklubs den „Fanrechtefonds". Das über Spenden finanzierte Organ soll zu Unrecht beschuldigten Fans bei den Gerichtsprozessen unter die Arme greifen.

Zurück in der Frankfurter Arena. Tobias Schumann kann sich schnell in Rage reden: „Es gibt Leute, die haben ein Stadionverbot erhalten, weil sie einen Aufkleber an die falsche Stelle geklebt haben." Er übertreibt, um das Dilemma zu verdeutlichen. Sicherlich, viele haben ihr Verbot zu Recht erhalten, aber nicht alle. Im August 2006 in der Kneipe in Gelsenkirchen ging es nicht um verbotene Aufkleber. Es hat richtig geknallt. Dass nicht nur die Schläger ein Stadionverbot erhielten, sondern alle Businsassen, wird Tobias Schumann nie verstehen. Er versuchte alles, um die Verbote rückgängig zu machen, sein eigenes und die seiner unbeteiligten Freunde. Vom Verein unterstützt fühlte er sich dabei anfangs nicht. Die zuvor guten Beziehungen wurden getrübt. Es kam zu Wortgefechten zwischen der Klubführung, den beiden Fanbeauftragten und den Ultras. Heribert Bruchhagen, der Vorsitzende der Eintracht, suchte Abstand. „Das waren keine Kleinigkeiten in Gelsenkirchen. Man muss höllisch aufpassen, dass man Opfer und Täter nicht verwechselt", sagte er. Die Gräben wuchsen.

Im Heimspiel gegen den 1. FC Nürnberg entrollten die Ultras, die ohne ein Verbot davongekommen waren, ein riesiges Transparent, darauf stand geschrieben: „Vom Vorstand verraten, von der Polizei schikaniert, so wird hier moderner Fußball serviert." Von Annäherung keine Spur. Die Vereinsführung reagierte verärgert, die Ultras beharrten auf ihrem Standpunkt. Für das Heimspiel gegen Arminia Bielefeld kündigten sie einen Boykott an: Sie wollten dem Fanblock auf der Westseite eine Halbzeit lang fern bleiben. Die Fanbeauftragten der Eintracht appellierten an die Anhänger, sich von den Ultras zu distanzierten. Einige taten es. Die Bildung von Fraktionen ist durchaus typisch für Ultra-Gruppierungen, manche sind dadurch vom Zerfall bedroht.

„Doch im Grunde hat uns das Ganze noch mehr zusammengeschweißt", sagt Tobias Schumann. Der Protest ging wie geplant über die Bühne. Zum ersten Mal seit neun Jahren traten die Ultras nicht mehr als Gruppe im Stadion auf, zum ersten Mal fehlte ihre Fahne am Oberrang. Andere Gruppen aus Deutschland und Italien sicherten ihre Unterstützung zu. Beide Parteien machten Eingeständnisse und bewegten sich aufeinander zu. Der Klub sicherte juristische Unterstützung zu. Im Heimspiel gegen Dortmund blieben die Ultras länger im Block. Die ungerechtfertigten Stadionverbote waren jedoch drei Monate nach dem Vorfall in Gelsenkirchen noch immer nicht aufgehoben worden.

Ein Beispiel von vielen, sagt Tobias Schumann. Er nennt ein anderes. Am 22. Mai 2005 hatte Eintracht Frankfurt den Aufstieg in die Bundesliga erspielt. Im Vergnügungsviertel Alt-Sachsenhausen

wich die Freude in wenigen Minuten der Aggression. Nach einer
Kneipenprügelei machte die Polizei ernst – und reagierte über-
zogen, das meinen zumindest die Fans. Ein Großaufgebot trieb die
Anhänger durch die Straßen, setzte Tränengas und Hunde ein. „Wir
wurden behandelt wie 30.000 randalierende Engländer", schimpft
Tobias Schumann. Am Tag danach brach in den lokalen Medien die
Kritik über die Polizei herein. Die Vermutung: Frankfurt wurde als
Testzone für die WM genutzt. Der langjährige Einsatzleiter Jürgen
Moog streitet das ab: „Fans verkennen Ursache und Wirkung. Wir
wollen schützen und machen dabei sehr viele Zugeständnisse. Davon
spricht leider niemand." Einige Wochen später, während des Con-
federations Cup, der Generalprobe für die WM, demonstrierten in
Frankfurt mehr als 2.000 Fans gegen das Vorgehen der Polizei.

Tobias Schumann hat eine Art Jura-Studium im Zeitraffer absol-
viert. „Ultras müssen sich in rechtlichen Fragen sehr gut auskennen."
Die Gruppe hat sich einen Anwalt gesucht, das Leben der Fans kann
anstrengend sein, und manchmal führt es sie eben vor Gericht. Ende
2006 hatten mehr als 150 Frankfurter ein Stadionverbot. Nicht mal
fünf Prozent wurden von der Eintracht selbst verhängt, die übrigen
hatten andere Klubs ausgesprochen. „Wie kann jemand bei Schalke
beurteilen, ob ein Frankfurter zur Gewalt neigt?", fragt Tobias Schumann. Der Inhaber des Hausrechts, also der veranstaltende Verein,
kann ein Verbot aussprechen. Der Beschuldigte darf sich äußern –
schriftlich.

Das soll eine Maßnahme der Prävention sein, sagen sie beim
Deutschen Fußball-Bund (DFB). Selbst wenn sich ein Verdacht als
falsch erweist und die Staatsanwaltschaft das Verfahren einstellt,
wird das Verbot in der Regel nicht sofort aufgehoben. Bis Ende
2006 wurden in Deutschland mehr als 3.000 Stadionverbote ausgesprochen. Auch das hat das Gewaltphänomen in den Stadien einge-
dämmt. Viele wurden aber auch zu Unrecht verteilt. Die Tendenz
ist steigend, obwohl die Straftaten in den oberen Ligen zurückgegangen sind. „Wie präventiv ist es, einen 17-Jährigen für sechs Jahre
aus dem Stadion zu verbannen, weil er im falschen Bus gesessen
hat?" Tobias Schumann liefert die Antwort selbst: „Gar nicht. Die
landen eher auf der Straße."

Diplomat und Aufklärer: Michael Endler,
Leiter der ZIS.

Michael Endler muss sich in Düsseldorf seit Jahren mit diesen Vorwürfen auseinandersetzen. Sein Büro liegt am Ende eines langen Gangs im Landeskriminalamt Nordrhein-Westfalen. Er ist Diplomat durch und durch, und man spürt, dass er diese Fragen schon hunderte Male beantworten musste. Endler ist Leiter der Zentralen Informationsstelle Sporteinsätze (ZIS). Seit 1992 gehen die wichtigsten Informationen über auffällige Fans bei der ZIS ein. Sammeln, Auswerten, Weiterleiten, so umreißt er das Aufgabenprofil. Was sich trivial anhört, sorgt bei den Ultras für Skepsis. Seit 1994 verwaltet die ZIS in der Datei „Gewalttäter Sport" die gewaltbereiten und die Gewalt suchenden Fans. In der Polizeisprache ist von den Kategorien B und C die Rede.

Diese Katalogisierung birgt einen Widerspruch. Macht es Sinn, komplexe Fankulturen, die ineinander übergehen, in drei Sparten zu zwängen? Michael Endler verteidigt die Datei. Wurde ihre Existenz in den ersten Jahren geheim gehalten? „Nein, das ist ein Mythos", antwortet er in rheinischer Mundart. „Es hat sich bis zu den Krawallen bei der WM ´98 bloß niemand dafür interessiert." 10.480 Personen aus den ersten drei Ligen waren in der Saison 2004/05 in der Datei gespeichert, 7.336 in der Kategorie B und 3.144 in der Kategorie C. In der Saison 2003/04 waren es 9.503, in der Spielzeit davor 10.090. Viele von ihnen wissen gar nicht, dass sie gelistet sind. Sie erfahren es spätestens, wenn ihnen die Ausreise zu einem Spiel im Ausland verweigert wird. Ist der Hooliganismus also doch kein Auslaufmodell? Oder ist die Datei mit Unbeteiligten verwässert worden? „Wir sammeln hier keine Datenfriedhöfe. Andere haben das Problem kleingeredet. Wir sprachen nie von einem Auslaufmodell."

Einen großen Teil des Berufsalltages von Michael Endler nimmt die Aufklärung in Anspruch. Jeden Tag rufen Fans in Düsseldorf an

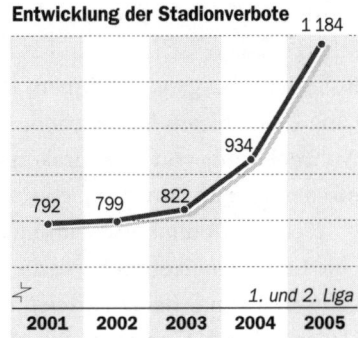

Entwicklung der Stadionverbote

1 184

934

792   799   822

1. und 2. Liga

2001 2002 2003 2004 2005

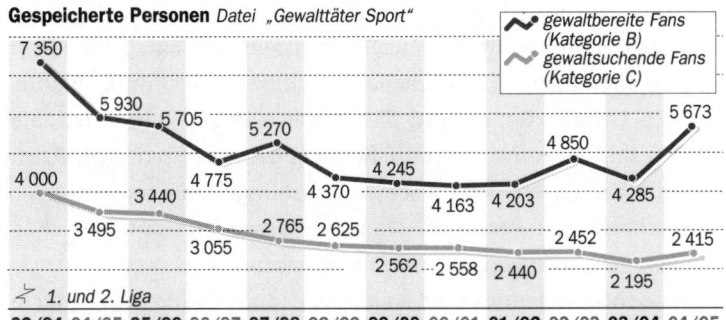

Gespeicherte Personen *Datei „Gewalttäter Sport"*

gewaltbereite Fans
(Kategorie B)
gewaltsuchende Fans
(Kategorie C)

7 350

5 930
5 705
5 270
5 673

4 850
4 245
4 000   4 775   4 370
4 163   4 203   4 285
3 440

3 495   2 765   2 625   2 452   2 415
3 055
2 562   2 558   2 440
2 195

1. und 2. Liga

93/94 94/95 **95/96** 96/97 **97/98** 98/99 **99/00** 00/01 **01/02** 02/03 **03/04** 04/05

und schimpfen. Dabei sind die fünf Beamten in der unterbesetzten ZIS weder für die Vergabe der Stadionverbote verantwortlich noch für deren Aufhebung. „Viele denken, bei uns liegen dicke Aktenberge herum und wir entscheiden aus dem Bauch heraus, wer ins Stadion gehen darf." Die Polizeibehörden vor Ort können Anhänger in der Datei speichern und ein Stadionverbot anregen, der Verein entscheidet am Ende. Michael Endler weist die Vorwürfe zurück, doch verharmlosen will er nicht: „Wenn Straftäter uns als Feindbild sehen, dann haben sie das richtige Feindbild."

Ein szenekundiger Beamter stimmt mit ein: „Intern hat es niemals eine Anweisung gegeben, dass wir härter eingreifen sollen." Man müsse sich auch in die Lage der Polizisten hineinversetzen, sagt er, der Druck sei enorm und das Arbeitspensum hoch. „Glauben Sie mir. Nicht alle Fans sind Klosterschüler. In manchen Fällen

würde ich meine Kollegen auch nicht in den Blöcken verheizen." Er
schätzt, dass zwischen 20 und 25 Prozent der Ultras irgendwann die
Rolle der Hooligans annehmen, also die Gewalt suchen und fordern.
Umgekehrt bieten Ultras ehemaligen Schlägern Zuflucht. Ist ihre
Wahrnehmung von einer drakonischen Sicherheitswelle, verknüpft
mit der eigenen Unschuld, etwa zu einseitig?

Es ist nicht die Entscheidung zwischen Recht und Unrecht, die
eine Lösung im Konflikt zwischen Fans und Sicherheitskräften her-
beiführen kann. Beide Parteien beharren auf ihren Standpunkten.
Das weiß auch Gunter A. Pilz, Professor an der Universität Hannover. Seit Jahrzehnten erforscht er Fankulturen und deren Hang
zur Gewalt. Im Oktober 2006 veröffentlichte er mit Kollegen im
Auftrag des Bundesinstituts für Sportwissenschaft eine Studie über
die „Wandlungen des Zuschauerverhaltens im Profifußball". Bei
einigen Ultra-Gruppen sind die Thesen von Pilz umstritten. Sie
werfen ihm Populismus und fehlende Nähe zur Szene vor. Auch
deshalb beteiligten sich an seinen Erhebungen nur 230 von 1.500
angeschriebenen Personen. Dennoch lassen die umfangreichen
Recherchen einen verlässlichen Trend erkennen.

Die entscheidende Frage vermag aber auch Gunter A. Pilz nicht
zu beantworten. Können sich Ultras wie in Italien auch in Deutschland radikalisieren und die Politik in den Vereinen beeinflussen?
„Das hängt von den Freiräumen ab, die man ihnen gewährt", sagt
Pilz. „Warum ist ein bengalisches Feuer im Stadion so schlimm?
Die Polizei darf nicht nur mit dem Knüppel antworten. Sie muss
ein freundliches Klima schaffen." Es ist oberflächlich, die Merkmale
der Hooligans eins zu eins den Ultras überzustülpen. Für Hooligans ist Gewalt eine lustvolle Kompensation des Alltags. Für Ultras
ist sie hingegen Mittel zum Zweck, eine mögliche Reaktion auf die
Einschränkung der Polizei. Die Aggression der Hooligans ist bere-
chenbar – die der Ultras ist es nicht.

Pilz bezeichnet die Mischform beider Subkulturen als „Hooltras",
dafür erntet er in der Fanszene viel Kritik. In seiner Studie will er
den Begriff mit Zahlen stützen: Die Aussage „Es gibt Ultragruppen,
die mit der Hooliganszene überlappen" bestätigten 43,4 Prozent
der Befragten. 45 Prozent bezeichneten sich als „tendenziell gewalt-

**„In unserer Gruppe gibt es rechts-
orientierte Mitglieder!"** *Mitglieder der
Ultraszene, in Prozent der Befragten*

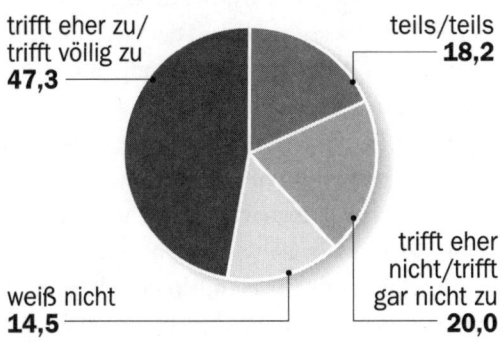

trifft eher zu/
trifft völlig zu
47,3

teils/teils
18,2

trifft eher
nicht/trifft
gar nicht zu
20,0

weiß nicht
14,5

„Wie schätzt du dich selber ein?"
*Mitglieder der Ultraszene,
in Prozent der Befragten*

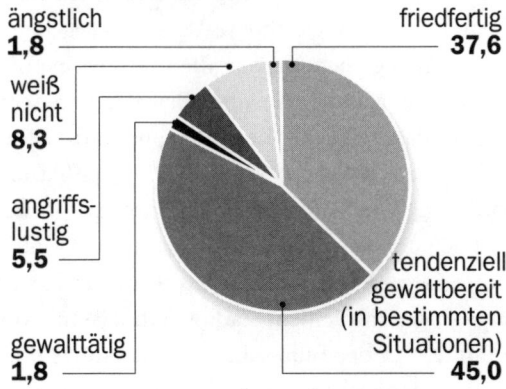

ängstlich
1,8

friedfertig
37,6

weiß
nicht
8,3

angriffs-
lustig
5,5

tendenziell
gewaltbereit
(in bestimmten
Situationen)
45,0

gewalttätig
1,8

bereit". 47,3 Prozent unterstrichen den Satz: „In unserer Gruppe
gibt es rechtsorientierte Mitglieder." Im Osten Deutschlands sind
die Gruppen empfänglicher für das rechte Gedankengut. Ihre
Gruppennamen lassen das erahnen: „Inferno", „Bomber" oder
„Brigade". Die Grenzen zwischen Ultras, Rassisten und Hooligans
sind fließend.

Tobias Schumann von den Ultras Frankfurt hat die Studie nicht gelesen, und das wird er auch nicht. Er möchte für seinen Verein sprechen: „Frankfurt steht für Weltoffenheit. Sollten wir in der Kurve jemanden mit einer Reichskriegsflagge sehen, würden wir ihn rausschicken." Und wie sieht es mit der Gewaltbereitschaft aus? Er zögert nicht lange. „Wenn uns jemand angreift, würden wir die Kurve verteidigen. Das würden hier selbst die 70 Jahre alten Rentner machen." Auch das ist typisch für Ultras: Sie wollen keine Schwächen offenbaren, sie sehen ihren Block als zweite Heimat. Abweichen von ihren selbst auferlegten Regeln wollen sie selten. Dieser Keim von Dogmatismus begleitet sie seit Beginn. Doch Dogmatismus kann schnell in radikales Handeln umschlagen.

Subkulturen modernisieren sich, indem sie von der Stammkultur etwas aufnehmen und umdeuten. In Deutschland steckt die Ultra-Bewegung noch in der Pubertät. Sie sitzt auf einer Mauer. Wo sie hinfällt, ist ungewiss und von äußeren Faktoren abhängig. In Italien sind die Ultras auf der falschen Seite gelandet (s. S. 169). Rechtsextremistische Parteien rekrutieren ihre Mitglieder in den Kurven. Auch in Deutschland hat es vergleichbare Versuche gegeben. Meistens waren sie ohne Erfolg. Sicherheitskräfte und Vereine müssen dennoch darauf achten, wie sich die Ultra-Bewegung weiterentwickelt. Das heißt nicht, dass schärfere Kontrolle und härtere Strafen automatisch Harmonie schaffen. Wichtig ist das Konfliktmanagement und die Förderung von Selbstregulierungsprozessen. Die Stärkung von vernünftigen und gewaltfreien Fans kann einen großen Einfluss auf eine ganze Szene haben. Für Tobias Schumann zählen zurzeit andere Dinge. Er hat mit seinem Stadionverbot genug Ärger gehabt. Statt die Eintracht in der Bundesliga zu unterstützen, besuchte er die Spiele der 2. Mannschaft in der Oberliga. Er ist sicher, dass sein Verbot bald aufgehoben wird. Und dann hat er nur noch eine Bitte: „Wir wollen endlich in Ruhe gelassen werden."

Wo die Mitte rechts ist

Der Rassismus im Fußball verdeutlicht
die Fremdenfeindlichkeit einer ganzen
Gesellschaft – und bedient sich einer
subtilen Symbolik

Gerald Asamoah denkt gern an den 9. Juli 2006 zurück. Er stand mit den Kollegen der deutschen Nationalmannschaft auf der Bühne am Brandenburger Tor. Tausende Fans feierten in Berlin den dritten Platz bei der WM 2006. Wieder versank das Volk in einen kollektiven Rausch, wieder erklang das Loblied auf „schwarz-rot-geil". Eine Nation klopfte sich auf die Schulter für eine Entdeckung namens Patriotismus. Sie war selbst ein bisschen überrascht von ihrer neuen Fähigkeit, so ausgiebig und enthemmt jubeln zu können. Die Deutschen freuten sich über Tore, Siege und Heldengeschichten. Aber vor allem freuten sie sich über sich selbst. Die Weltmeisterschaft wurde als Geburtsstunde gedeutet für ungezügelte Weltoffenheit und Toleranz. Sie war ein beeindruckendes Ereignis, keine Frage, doch man kann sie auch anders beschreiben: Die WM war eine große Illusion.

Gerald Asamoah würde das so direkt nie bestätigen, aber seine Erfahrungen unterstützen diese These. Der farbige Stürmer des FC Schalke 04 wurde in seiner Karriere oft von Rassisten beschimpft. Als er im Alter von 18 Jahren mit seinem alten Team Hannover 96 nach Cottbus reiste, flogen Bananen auf den Rasen. Er wurde angesehen wie ein Außerirdischer, er wurde beschimpft und niedergemacht. Doch das ist über zehn Jahre her, das Land war noch nicht von einer WM-Glocke umgeben. Gerald Asamoah glaubte, die Menschen hätten inzwischen dazugelernt. Er hatte sich getäuscht. Im September 2006 – die Bilder der WM liefen im Fernsehen noch rauf und runter – führte ihn ein Pokalspiel ins Rostocker Ostseestadion. Der Gegner waren die Amateure des FC Hansa, und dennoch wird Gerald Asamoah diesen Tag so schnell nicht vergessen.

Er wurde massiv beschimpft und musste Affenlaute über sich ergehen lassen. „Es hat unfassbar wehgetan." Er dachte an die Huldigungen während der WM. „Das war doch gerade erst jetzt. Dieser krasse Unterschied. Ich habe gedacht: Das kann doch jetzt nicht sein. Ist alles wieder kaputt?", fragte er im *Kicker*. Was war los mit der gereiften Nation? Wo waren Weltoffenheit und Toleranz geblieben? Hatte der WM-Wirkstoff in Rostock seine Wirkung verfehlt? Mitnichten. Die Verblendung war schlichtweg beendet.

Der Soziologe Gerd Dembowski erforscht den Rassismus im Fußball seit Jahren. Für ihn waren die Schmähungen in Rostock keine Überraschung. Im Gegenteil. Sie fügten sich nahtlos ein in ein düsteres Gesamtbild: „Die WM hat die rassistische Realität verzerrt", sagt er. Gerd Dembowski hat selbst lange Fußball gespielt. Er hat in Fanprojekten gearbeitet, und er war Sprecher des antirassistischen Bündnisses aktiver Fußballfans (BAFF). Mittlerweile engagiert er sich im Projekt Flutlicht, das der europäischen Initiative FARE angegliedert ist, Football Against Racism in Europe. Er hat im Sommer genau hingeschaut und festgestellt, dass auch die so hoch gelobte WM von Rassismus begleitet wurde. Sein Protokoll ist lang.

Rechtsextremistische Parteien und Gruppierungen nutzten das Turnier als Propagandamaschine. „Es hat zahlreiche Rekrutierungsversuche gegeben", berichtet Dembowski. Allerdings wurden sie von einem rosaroten WM-Schleier überdeckt. Das Titelbild des später verbotenen WM-Planers der NPD zeigte die Rückennummer 25, die zu dieser Zeit dem dunkelhäutigen Spieler Patrick Owomoyela gehörte. Darauf stand geschrieben: „Weiß. Nicht nur eine Trikotfarbe! Für eine echte NATIONAL-Mannschaft." Während des Turniers verteilte die NPD auf der Fanmeile Aufkleber mit dem Schriftzug „Ein Herz für Deutschland". Der „Schutzbund Deutschland" startete eine Aktion gegen Gerald Asamoah: „Nein Gerald, du bist nicht Deutschland – du bist BRD."

Eine von Hooligans bevorzugte Kleidermarke vertrieb ein schwarzes T-Shirt, auf dem in altdeutscher, aggressiv wirkender

Schriftart ein Bezug zur WM hergestellt wurde. Ein anderes Unternehmen bedruckte ein Hemd mit einer schwarz-weiß-roten Deutschlandkarte. Mit dem Zusatz: „1939 wurde Polen in 28 Tagen besiegt – 2006 reichen 90 Minuten." Am Spieltag selbst wurde in Dortmund eine Gruppe gesichtet, die auf ihrer Kleidung den Schriftzug trug: „No Go Area – Ostdeutschland." Ein anderer Spruch verkündete: „Welcome to the Battlefield – Tatort Deutschland." Im Juli 2006 konfiszierte die Polizei eine CD mit dem Titel

„Die Welt zu Gast bei uns". In einem Lied hieß es: „Deutschland, dein Trikot ist schwarz und weiß. Doch leider auch die Farbe deiner Spieler." Im Umfeld vieler Stadien wurden Fanschals mit Versatzstücken der Reichskriegsflagge verkauft, mit Aufschriften wie „Ehre – Treue – Vaterland." Dembowksi sagt: „Die Liste kann beliebig fortgesetzt werden."

Für den Soziologen bestätigen diese Botschaften einen Trend, der seit Ende der 1990er Jahre auszumachen ist: „Der Rassismus in den Stadien ist subtiler geworden." Die Sicherheitsstandards haben dazu beigetragen, dass kaum noch Schmähungen in der Bundesliga zu hören sind. Dass der Rassismus nicht verschwunden ist, sondern sich lediglich gewandelt hat, belegen auch Zahlen der Zentralen Informationsstelle Sporteinsätze in Düsseldorf (ZIS). Danach wurden im Profifußball zahlreiche Überschneidungen zwischen der Fanszene und der rechtsradikalen Szene festgestellt. Im Jahresbericht 2003/04 ist allein von 24 Standorten die Rede, zwölf davon in der 1. Liga.

An die Öffentlichkeit dringen die Probleme selten. Man muss schon genauer hinschauen. Zum Beispiel ins Internet: Viele Webseiten von Fanklubs verherrlichen Rassismus. Auch Hooligans nutzen die neuen Medien. Auf vielen Seiten bringen fanferne Gruppen ihre Botschaften unter. „Die größte Problematik geht von den Foren und Gästebüchern aus, in die offensichtlich unkontrolliert zum Teil höchst problematisches und auch verbotenes Material eingespeist werden kann", sagt der verantwortliche Fanforscher Gunter A. Pilz. Diese verborgene Plattform der Propaganda wächst, da der Raum in den Stadien zunehmend eingeschränkt wird.

Rassistische Fans haben Auswege gesucht – und gefunden. Sie bedienen sich einer gewissen Symbolik. Sie treten in der Regel nicht mehr im martialischen Skinheadlook auf, eingehüllt in Reichskriegsflaggen und mit Hakenkreuzen verzierten Bomberjacken. Sie wählen ihre Kleidung mit Bedacht aus. Sie nutzen Marken, die sich in der rechten Szene etabliert haben: „Thor Steinar" aus Königs Wusterhausen bei Berlin ist ein Beispiel. Der Gott Thor verkörpert eine reinigende Kraft, berichtet Gerd Dembowski. Der von Neonazis als Zeichen des Hasses gegen die christliche Religion benutzt werden kann. Andere Beispiele sind „Helly Hansen" wegen der Anfangsbuchstaben HH, was auf „Heil Hitler" deuten kann. Oder „Lonsdale", in dessen Mitte sich NSDA verbirgt, ein Verweis auf die Nazipartei NSDAP. Natürlich ist nicht jeder Fan rechtsradikal, der eine dieser Marken trägt. Viele Firmen distanzieren sich und starten Imagekampagnen. „Lonsdale" initiierte 2003 die Aktion „Lonsdale loves all colours".

Neben dem Modeaspekt spielen Codierungen eine wichtige Rolle. Hemden und Jacken sind nicht selten mit den Zahlen 18 oder 88 bedruckt. Sie stehen für die Buchstaben im Alphabet. AH lässt Adolf Hitler erkennen. Den vorläufigen Höhepunkt dieser „rechten Symbolkultur", wie sie Gerd Dembowski nennt, zeigten Fans des Chemnitzer FC im April 2006 in der Regionalliga beim FC St. Pauli.

Sie schwenkten rote Fahnen mit weißen Kreisen – die gängige Hakenkreuzfahne ohne eben dieses. Angesichts der vorherigen Angriffe auf türkische Geschäfte in Hamburg dauerte es nicht lange, um diese Botschaften zu entschlüsseln. Diese geräuschlose Form des Rassismus hat sich laut Gerd Dembowski nicht nur in den Stadien ausgebreitet: „Es handelt sich um einen schwelenden Prozess, der unter der Oberfläche liegt, aber immer wieder nach oben dringt. Wenn man sich heute Naziaufmärsche ansieht, kommt man auch nicht sofort auf die Idee, dass es Rechte sind. Die Leute tarnen sich besser."

Der Rassismus in der Bundesliga hat seine Lautstärke verloren. Er hat sich verlagert. An öffentliche Plätze, in Sonderzüge, auf Bahnhöfe – und in die unteren Ligen. Fernab von Kamerasystemen und Großaufgeboten der

Verdeckte Botschaft: Die 88 steht für HH, „Heil Hitler".

Polizei suchen sich Rechtsradikale ihre Spielwiesen. Das bekannteste Beispiel ist der Nigerianer Adebowale Ogungbure. Der Spieler des FC Sachsen Leipzig wurde mehrfach beschimpft und im Frühjahr 2006 bei einem Spiel in Halle an der Saale von gegnerischen Fans geschlagen und gewürgt. Wochen zuvor hatten sich Fans von Lok Leipzig während des A-Jugend-Spiels gegen Sachsen Leipzig zu einem Hakenkreuz formiert. Schwarze Spieler müssen mehr leisten, um von den Anhängern gleichermaßen akzeptiert zu werden.

Die Verhältnisse im deutschen Fußball illustrieren die gesellschaftlichen Tendenzen deutlich. Bei der Bundestagswahl 2005 stimmten in Sachsen 4,9 Prozent für die NPD, in Mecklenburg-Vorpommern, Thüringen und Brandenburg waren es über drei. Der Verfassungsschutzbericht 2004 verzeichnete bundesweit 12.051 rechtsextrem motivierte Straftaten wie Propaganda, Volksverhetzung und körperliche Gewalt. Im Jahr darauf war die Zahl bereits um 25 Prozent gestiegen. Das Institut für interdisziplinäre Konflikt- und Gewaltforschung der Universität Bielefeld befragt seit 2002 jedes Jahr etwa 2.000 Deutsche zu Phänomenen wie Fremdenfeindlichkeit oder Antisemitismus. Als Institutsleiter Wilhelm Heitmeyer im Dezember 2006 die neuen Ergebnisse vorstellte, traten erschreckende Zahlen zu Tage.

Demnach ist nahezu jeder zweite Deutsche fremdenfeindlich eingestellt. In Ostdeutschland ist die Abneigung ausgeprägter. 60,2 Prozent stehen den 45,9 Prozent im Westen gegenüber. Am stärksten betroffen ist Mecklenburg-Vorpommern, wo 63,7 Prozent der Einwohner eine solche Haltung an den Tag legen. Es folgen Thüringen mit 61,1 und Sachsen-Anhalt mit 60,1 Prozent. Diese Werte sind seit 2002 stetig gewachsen. Sie zeigen die sozialen Probleme im Osten auf, die Frustrationen und Ressentiments, die dem rechten Flügel zu Gute kommen. In Regionen mit hoher Arbeitslosigkeit und Abwanderung sind Orientierungslosigkeit und Fremdenfeindlichkeit größer. Mit höherem Bildungsgrad nimmt sie ab, auch das ist erwiesen. Der ehemalige Regierungssprecher Uwe-Karsten Heye sprach vor der WM von „No-Go-Areas", jenen Gegenden, die Dunkelhäutige besser nicht betreten sollten. Er wurde heftig kritisiert – dabei war es die pure Wahrheit.

In der Abgeschiedenheit bas-
teln Neonazis an ihrer Zukunft:
„Der Volkssport dient als Werkzeug für Volksverhetzer. Im
Osten Deutschlands von Vor-
pommern bis nach Sachsen gibt
es Gegenden, wo die Mitte rechts
ist", schrieb das Fußballmagazin
Rund. Demnach verhält es sich
im Fußball wie in anderen Bereichen der Gesellschaft. Die rechten
Parteien erobern Nischen, die der
Staat längst aufgegeben hat. Wenn
aus Kostengründen ein Jugend-

„Der Fußball als Brennglas": Gerd Dembowski,
Soziologe aus Berlin.

zentrum geschlossen werden muss, eröffnen die Nazis ein neues.
Wenn Senioren über ihre kleine Rente schimpfen, sind die Kameradschaften ebenfalls zur Stelle und helfen zum Beispiel beim Einkaufen.

Auf den Fußballplätzen ist das Rekrutieren oft noch einfacher.
Sozial frustrierte Jugendliche sind empfänglicher für den Ruck nach
rechts. So kann es durchaus passieren, dass sich Kameradschaften
oder NPD-Ortsgruppen als Hauptsponsoren anbieten. „Viele
hecheln nach Anerkennung. Das wissen die Rechtsextremisten und
missbrauchen den Fußball als Köder", sagt Martin Gerster, Mitglied des Sportausschusses im Bundestag und Sprecher der Arbeitsgruppe Rechtsextremismus.

Sind die ostdeutschen Stadien ein Spiegelbild dieser Entwicklung? Gerd Dembowski schüttelt den Kopf, er wählt andere Meta-
phern. Er bezeichnet den Fußball als Brennglas. „Rassismus kann
im Stadion wie unter einer Lupe an Schärfe gewinnen." Eine kleine
Gruppe von Rechtsextremisten erzeugt auf einer Tribüne einen
anderen Hall als auf der Straße. Die Hemmungen fallen in der
Anonymität der Masse. Es werden Meinungen geäußert, die im
Arbeitsalltag unterdrückt werden. Im Fanblock können die Parolen
unter Emotionen schnell auf neutrale Zuschauer überspringen. Das
hängt von der Stimmgewalt ab, von den Vereinen, von der Zivilcourage des Publikums – und von der Zuschauerzahl. In einer aus-

verkauften Arena ist es unwahrscheinlich, dass eine Gruppe von 30 Neonazis die Stimmung dominiert.

In schwächer besuchten Stadien mit eingeschränkten Kontrollen, die abwärts der Regionalligen die Regel sind, kann die Lage schnell aus dem Ruder laufen. So verhält es sich auch bei Länderspielen der deutschen Mannschaft in Osteuropa. Am 3. September 2005, fast genau zum 66. Jahrestag des deutschen Überfalls auf Polen, sangen deutsche Fans während des Spiels gegen die Slowakei in Bratislava „Ruhm und Ehre der Waffen-SS", „Wir sind wieder einmarschiert" oder „Wenn bei Danzig die Polenflotte im Meer versinkt". Ein Jahr später, an der gleichen Stelle, traten wieder rechtsradikale Fans auf. Ähnlich war es in Zabrze 1996 und in Celje 2005. Gerd Dembowski: „Der Fußball hat sich in seiner Geschichte eine Ventilfunktion erarbeitet, er ist zu einem wichtigen Seismografen für gesellschaftliche Strömungen geworden."

Wie war das noch mit der WM 2006 und der neuen Toleranz? Wilhelm Heitmeyer, der Gewaltforscher der Universität Bielefeld, hat dafür fünf Worte übrig: „Gefährlicher Unsinn, ein Stück Volksverdummung." In seiner Studie wird überzeugend nachgewiesen, dass wachsender Nationalstolz schneller zur Abwertung von fremden Minderheiten führt. In einer Umfrage nach der WM sagten viele der Befragten aus, dass sie nationalistischer eingestellt seien als zuvor. Die enge Beziehung zwischen Nationalismus und Fremdenfeindlichkeit konnte auch die fünfwöchige Dauerparty nicht durchbrechen. Obwohl die bunten Bilder etwas anderes vermuten ließen.

Das Ende der Peinlichkeiten

Die offensive Antirassismus-Politik des DFB-Präsidenten Theo Zwanziger offenbart die Versäumnisse seiner Vorgänger

Theo Zwanziger trägt seine Sätze mit Bedacht vor, ruhig, diplomatisch, und doch auf den Punkt formuliert. Manchmal hebt er seine Stimme und rutscht aufgewühlt über seinen Stuhl. Es ist die Körpersprache, die erkennen lässt, wie sehr den Präsidenten des Deutschen Fußball-Bundes (DFB) ein Thema belastet. Rassismus im Fußball ist so ein Beispiel. Zwanziger: „Mein Vater ist wenige Tage vor dem Ende des Zweiten Weltkrieges gefallen. Ich habe mich intensiv mit diesem Abschnitt der Geschichte befasst. Ich erkenne für mich persönlich, dass ich da, wo ich Einfluss habe, privat oder in meinem Beruf, die Aufgabe habe, für ein anderes Bewusstsein gegen Rassismus zu werben. So habe ich meine Kinder erzogen und so werde ich auch mit meinen Enkelkindern umgehen."

Die Wahl von Zwanziger zum alleinigen Präsidenten im September 2006 gilt als Wendepunkt in der Sicherheitspolitik des DFB. Man kann sich über seine eingeleiteten Maßnahmen streiten, eines aber ist unbestritten: Zwanziger hat den Kampf gegen Rassismus, Antisemitismus und die körperliche Gewalt der Fans in die Öffentlichkeit gerückt. Gleichzeitig offenbart seine Offensive die großen Versäumnisse seiner Vorgänger. Die DFB-Führung hatte lang Zeit eine Verschleierungstaktik gepflegt, nicht nur in den Fragen der Sicherheit.

Die Probleme wurden von den Funktionären kleingeredet. Nach Krawallen zeigten sie sich für eine Weile bestürzt, dann stimmten sie ein in den Chor von Politikern und Boulevard, predigten populistischen Ratschläge, ohne näher auf die Hintergründe einzugehen, und nach wenigen Wochen gingen sie zur Normalität über. Als wäre nichts geschehen. Oft waren es kritische Medien, die in der Aufarbeitung die Richtung bestimmten – nicht nur in Sicherheitsfragen. So geschehen nach dem Rücktritt von Rudi Völler als Trainer der Nationalmannschaft im Sommer 2004. Die DFB-Spitze wirkte in der Suche nach einem Nachfolger schlicht überfordert. Ähnliches war während des Manipulationsskandals um den ehemaligen Schiedsrichter Robert Hoyzer zu beobachten. Der DFB reagierte zumeist auf Recherchen von Journalisten – auf eigene Schwerpunkte musste die Öffentlichkeit lange warten.

Diese Peinlichkeiten wollte Theo Zwanziger seinem Verband in der Sicherheitsdebatte wohl ersparen. Als es im Sommer und Herbst 2006 vermehrt zu rassistischen und antisemitischen Schmähungen und zu Ausschreitungen gekommen war, sprach er sich für die Einrichtung eines Arbeitskreises aus, einer sogenannten Task Force. Unterdessen wurde innerhalb von wenigen Tagen eine große Antirassismus-Kampagne vorbereitet. In der Geschäftsstelle der Deutschen Fußball-Liga (DFL) war man darüber wenig begeistert, schließlich konnten die 750.000 „Roten Karten", die in den Stadien der Profiklubs an alle Zuschauer verteilt wurden, nicht über Nacht produziert werden. Zwanziger war das egal, er beteiligte sich bei einem Fanforum Ende Januar 2007, half bei der Organisation für einen Kongress im darauffolgenden Juni und er warb im sächsischen Landtag für eine größere finanzielle Unterstützung gegenüber den sozialpräventiven Fanprojekten. Als es im Februar 2007 in Leipzig zu massiven Ausschreitungen kam, verschärfte er den Ton und drohte Problemklubs mit Verbandsausschluss. Es schien, als wollte Zwanziger all das nachholen, wozu seine Vorgänger in fast zwei Jahrzehnten nicht gekommen waren. Hinter jeder Aktion stand die Frage: Warum erst jetzt?

Lange wollte der DFB die dunklen Schatten des Fußballs nicht wahrhaben. Das ewige Argument: Die Gesellschaft sei verantwortlich für Gewalt, Rassismus, Antisemitismus oder Homophobie – nicht der Fußball. Der DFB distanzierte sich in den 1980er Jahren von den sozial-präventiven Fanprojekten. Kritiker wie der Fanforscher Gunter A. Pilz wurden als Nestbeschmutzer beschimpft.

Symbol gegen Rassismus: 750.000 Rote Karten werden im Herbst 2006 in den Stadien verteilt.

Symbolfiguren gegen Gewalt: DFB-Präsident Theo Zwanziger (links) begrüßt den ehemaligen französischen Polizisten Daniel Nivel (Mitte) und dessen Frau. Mit dabei: DFB-Ehrenpräsident Egidius Braun und Generalsekretär Horst R. Schmidt (rechts).

Unter Egidius Braun, von 1992 bis 2001 Präsident des DFB, sollte
sich diese Einstellung nur geringfügig ändern. Er wirkte nach Krawallen zwar stets betroffen, nachhaltige Lösungen konnte allerdings
auch er nicht liefern. Der langjährige Richter Alfred Sengle sieht das
anders. Acht Jahre war er Sicherheitschef des DFB, am 31. Dezember
2006 ging er in den Ruhestand. „Der Verband ist sich seiner Verantwortung immer bewusst gewesen. Er hat gesellschaftliche Belange
nie am Geld scheitern lassen."

Unter dem Nachfolger von Egidius Braun wurde die Entwicklung
weiter blockiert: Während andere Verbände in Europa Aktionswo-
chen gegen Rassismus organisierten, verschwendete Gerhard Mayer-
Vorfelder seine Energie für einen peinlichen Streit mit dem antirassistischen Bündnis aktiver Fußballfans (BAFF). In der erfolgreichen
Ausstellung „Tatort Stadion" hatte BAFF 2001 die verharmlosende
Haltung Mayer-Vorfelders mit Zitaten dokumentiert. Er selbst
fühlte sich zu Unrecht angegriffen. Sein Vorwurf: Das Bündnis habe
„Zitate aus dem Zusammenhang gerissen". Die Medien nutzten das,
um gegen den DFB-Chef in die Offensive zu gehen. In der Folgezeit
gebrauchte Mayer-Vorfelder seine Macht, um die Fanaktivisten von
der DFB-Ebene zu isolieren. Es hat Konferenzen gegeben, die ohne
Mitglieder von BAFF stattfinden mussten. Beide Parteien trafen bis
zum Abgang von Mayer-Vorfelder nur zweimal in einem größeren
Rahmen zusammen. Auf Einladungen des verstorbenen Bundes-
präsidenten Johannes Rau und des früheren Innenministers Otto
Schily. Ansonsten herrschte eisiges Schweigen.

Es ist bezeichnend, dass Theo Zwanziger jene Aktivisten wenige
Tage nach dem Ausscheiden Mayer-Vorfelders aus dem DFB-Prä-
sidium zu einem versöhnlichen Gespräch einlud. „Ich weiß, dass
ich auch von den Faninitiativen lernen kann", gesteht Zwanziger.
„Ich habe es immer ein Stück bedauert, dass wir in den Jahren davor
nicht mit allen Faninitiativen gleichermaßen im Gespräch waren.
Es war ein großer Wunsch von mir, diese Spannungen so schnell
wie möglich zu bereinigen. Damit nicht wieder jemand ausgegrenzt
wird." Vergleichbare Worte hatte kein Präsident des DFB zuvor verloren. „Endlich passiert wieder etwas", sagt Matthias Bettag, Sprecher von BAFF.

Es bleibt abzuwarten, ob Zwanziger seinen Worten dauerhaft Taten folgen lässt. Aber allmählich scheinen sich die hohen Herren in Frankfurt für die Perspektive der Anhänger zu interessieren. Im Sommer 2006 nahmen die ersten hauptamtlichen Fanbeauftragten im DFB und in der DFL ihre Arbeit auf. Dass dies mindestens zehn Jahre zu spät geschehen ist, weiß wohl auch Theo Zwanziger: „Wir hatten geglaubt, dass auch die Fans der Nationalmannschaft durch die Fanbeauftragten der Vereine ausreichend betreut werden würden. Wir haben dabei übersehen, das räume ich gerne ein, dass wir für die Fans weitere Angebote machen müssen."

Dafür ist nun Gerald von Gorrissen zuständig. Bereits mit 20 Jahren war er zum Fanbeauftragten von Preußen Münster ernannt worden, acht Jahre später hat er das gleiche Ressort beim DFB übernommen. Von Gorrissen soll die gestörten Beziehungen zwischen DFB und Fans befrieden. „Ich möchte Feindbilder abbauen", sagt er. „Die Fans dürfen nicht als Risiko wahrgenommen werden." Er will den Kontakt zur Basis stärken und Meinungen einholen. „Sonst könnte wieder der Eindruck entstehen, als würde der Verband überall den Deckel draufhalten." Gerald von Gorrissen hat eine schwere Aufgabe vor sich. Er muss beweisen, dass der DFB die Position des Fanbeauftragten nicht aus Alibizwecken geschaffen hat. Präventionsarbeit steckt beim DFB noch in den Kinderschuhen.

Meistens handelte es sich bisher um singuläre Kampagnen gegen Gewalt. Die Kraft des Fußballs als Integrationsmaschine wurde hervorgehoben, die negativen Begleiterscheinungen aber sprach niemand an. Die Liste der Antirassismus-Aktionen füllte zwar zwölf DIN-A-4-Seiten, mit Ausnahme der Kampagne „Mein Freund ist Ausländer" ist aber nicht viel haften geblieben. Die Maßnahmen entlarven den Aktionismus umso mehr. Jedes Benefizspiel wurde aufgeführt und jeder Werbespot. Erst am 30. September 2000 wurde eine Antirassismus-Passage in die DFB-Satzung aufgenommen. Dabei hatte es Schmähungen wie gegen den ghanaischen Stürmer Anthony Yeboah schon Jahrzehnte zuvor gegeben.

Gül Keskinler, die erste DFB-Integrationsbeauftragte, die dem Präsidium beratend zur Seite steht, siedelte 1970 aus der Türkei nach

Deutschland über und besitzt seit 1996 die deutsche Staatsbürger-
schaft. Keskinler brachte sich in vielen Projekten ein, unter anderem
beim Integrationsgipfel von Bundeskanzlerin Merkel. Sie beschreibt
ihr neues Amt so: „Diese Aufgabe ist nicht nur für mich eine große
Chance, sondern auch für den DFB und die gesellschaftliche Entwicklung, die wir anstoßen wollen."

Scheinbar ist der DFB doch fähig, sich von innen heraus zu
erneuern, wenn auch spät und unter dem Einfluss der öffentlichen
Meinung. Diesen Eindruck will auch Helmut Spahn bestätigen, der
erste hauptamtliche Sicherheitschef des Verbandes. Er leitete bereits
das Sicherheitsressort des Organisationskomitees für die WM 2006.
Als leitender Polizeibeamter hatte er es in Hessen schon mit Geisel-
nehmern zu tun. Wie sein Vorgänger Alfred Sengle gilt Spahn als
Autoritätsperson. „Der DFB hat nicht erst seit 2006 eine professionelle Sicherheitsabteilung", sagt er.

Spahn muss dazu beitragen, dass der am 1. April 2006 verabschiedete Strafenkatalog des Weltverbandes FIFA gegen Rassismus
umgesetzt wird. Es wird vermutlich Jahre dauern, um die drasti-
scheren Maßnahmen wie Geldstrafen, Punktabzüge, Geisterspiele
oder sogar Zwangsabstiege gleichsam im Profi- und Amateurfußball
anzuwenden.Hohe Geldstrafen würden in der Kreisklasse den Bankrott bedeuten, Spiele ohne Zuschauer hingegen sind an der Tages-
ordnung. Die Strafgelder werden nun in Präventionsmaßnahmen
investiert. Früher sollen Einnahmen aus Kampagnen zum Teil in
Trainerlehrgänge und Auslandsreisen geflossen sein. Zudem hat der
DFB Anfang 2007 ein effektiveres Meldesystem eingeführt.

Ob dieses Verantwortungsbewusstsein auch in den Klubs Einzug
halten wird? Viele Profivereine leisten sich noch immer keinen hauptamtlichen Fanbeauftragten. Der FC Bayern hatte geglaubt, diese Position mit dem ehemaligen Torhüter Raimund Aumann besetzen zu
können. Irgendwann stellte der Klub ihm einen erfahrenen Fan zur
Seite. Noch immer leugnen die meisten Klubfunktionäre die Probleme in ihren Fankurven. Christopher Zenker, Mitglied der antirassistischen Faninitiative „Wir sind Ade" des FC Sachsen Leipzig schildert seine Eindrücke: „Meiner Meinung nach unternehmen die Klubs
so lange nichts, bis es für sie rufschädigend wird. Es fehlt das richtige

FIFA-Disziplinarreglement, Artikel 58: Rassismus

1. Wer öffentlich die Menschenwürde einer anderen Person durch herabwürdigende, diskriminierende oder verunglimpfende Äußerungen in Bezug auf Rasse, Hautfarbe, Sprache, Religion oder Herkunft verletzt oder sich auf andere Weise rassistisch und/oder menschenverachtend verhält, wird für mindestens fünf Spiele auf allen Ebenen gesperrt. Zusätzlich werden ein Stadionverbot und eine Geldstrafe von mindestens CHF 20.000 verhängt. Bei einem Offiziellen, der sich dieses Vergehens schuldig macht, beträgt die Geldstrafe mindestens CHF 30.000.

2. Wenn Anhänger einer Mannschaft während eines Spiels Transparente mit rassistischen Aufschriften entrollen oder sich auf andere Weise rassistisch und/oder menschenverachtend verhalten, verhängt die zuständige Instanz gegen den entsprechenden Verband oder Klub eine Geldstrafe von mindestens CHF 30.000 sowie die Auflage, das nächste offizielle Spiel unter Ausschluss der Öffentlichkeit auszutragen.
   Können Zuschauer keiner Verbandsmannschaft oder keinem Klub zugeordnet werden, ist in jedem Fall der organisierende Verband oder der Heimklub entsprechend zu sanktionieren.

3. Zuschauer, die sich eines Vergehens gemäß Abs. 1 und/oder 2 dieses Artikels schuldig gemacht haben, werden mit mindestens zwei Jahren Stadionverbot belegt.

4. Verhalten sich Spieler, Offizielle von Verbänden oder Klubs sowie Zuschauer in irgendeiner Form rassistisch oder menschenverachtend gemäß Abs. 1 und/oder 2 dieses Artikels, so werden der betreffenden Mannschaft, sofern zuordenbar, bei einem ersten Vergehen automatisch drei Punkte abgezogen. Bei einem zweiten Vergehen werden automatisch sechs Punkte abgezogen; bei einem weiteren Vergehen erfolgt die Relegation. In Spielen ohne Punktevergabe wird die entsprechende Mannschaft, sofern zuordenbar, disqualifiziert.

5. Eine Sanktion auf Grund dieser Bestimmung kann gemildert werden, oder es kann von einer Verhängung einer Sanktion abgesehen werden, wenn ein Spieler, die betroffene Mannschaft, der Klub oder der Verband nachweist, dass ihn für den betreffenden Vorfall kein oder nur ein geringes Verschulden trifft, oder sofern es anderweitige wichtige Gründe rechtfertigen. Eine Strafmilderung oder der Verzicht auf eine Sanktion ist insbesondere dann möglich, wenn Vorfälle provoziert worden sind, um gegenüber einem Spieler, einer Mannschaft, einem Klub oder einem Verband eine Sanktionierung gemäß dieser Bestimmung zu erwirken. Das Entlastungsverfahren richtet sich nach diesem Reglement oder bei Vorfällen, die nicht nach diesem Reglement zu beurteilen sind, nach der jeweiligen Disziplinarordnung des Verbandes oder der Konföderation.

6. Die Konföderationen und Verbände sind verpflichtet, diese Bestimmung in ihr Disziplinarreglement aufzunehmen und die Sanktion zu vollziehen. Bei Verletzung dieser Bestimmung wird der betroffene Verband für zwei Jahre vom gesamten internationalen Spielebetrieb ausgeschlossen.

Offensive des Weltverbandes: Am 1. April 2006 verabschiedet die FIFA einen strengeren Strafenkatalog gegen Rassismus.

Gespür. Meistens kommen die Anregungen für Initiativen von der Basis, also von uns Fans." Doch es gibt auch positive Beispiele: Beim FC Schalke 04 oder beim FC St. Pauli engagiert man sich seit Jahren gegen Rassismus. Auch in Aachen, Bielefeld oder Cottbus bewegt sich etwas. Die Tendenz ist positiv. Bis dahin musste viel passieren.

Mehr Verantwortung könnten indes die Spieler übernehmen. Sie werden selten in öffentlichkeitswirksame Botschaften eingebunden. Während sich in England renommierte Kicker kompetent über das Thema in Schulen oder anderen Jugendeinrichtungen äußern, hat man deutsche Leitfiguren wie Michael Ballack oder Oliver Kahn bislang nicht dazu bewegen können.

Theo Zwanziger verteidigt die Profis: „Es kann doch nicht sein, dass die Nationalspieler die Verantwortungsträger im Kampf gegen Rassismus sind. Die Spieler sollen alles richtig machen. Sie sollen gut Fußball spielen, sie sollen die Nationalhymne richtig singen und nach dem Spiel gut gekämmt und strahlend vor die Öffentlichkeit treten. Und am Ende sollen 20-Jährige Botschaften übermitteln, die manche 60-Jährige noch nicht verstanden haben?"

Ganz scheint der alte Reflex noch nicht besiegt zu sein: Schuld ist die Gesellschaft, nie der Fußball! Oder? „Im Fußball kommt das auch vor", antwortet Zwanziger. „Aber zu sagen, dieser Sport sei der Mediziner für alle Krankheiten der Gesellschaft, ist absolut überzogen. Wir heilen viele Wunden, aber wir können nicht alle heilen." Das hat auch niemand behauptet.

Er will doch nur spielen

Beschimpft, bespuckt, geschlagen:
Wie der Nigerianer Adebowale
Ogungbure zu einer Symbolfigur im
Kampf gegen Rassismus wurde

Jede Erinnerung ist ein kleiner Stich ins Herz. Adebowale Ogungbure würde das wahrscheinlich nicht zugeben, doch seine Körpersprache verrät ihn. Die leise Stimme, der leere Blick, die schlaff herunterhängenden Schultern. Ogungbure, 1981 in Nigeria geboren, ist Profifußballer beim FC Sachsen Leipzig. Als er seine Leidenschaft vor ein paar Jahren in Europa zum Beruf machen konnte, war das für ihn das größte Glück. Inzwischen ist er sich da nicht mehr so sicher. Es geht in seinem Alltag nicht mehr um Siege oder Niederlagen, um Tore oder Fouls, es geht um mehr. Adebowale Ogungbure ist zu einer Symbolfigur im Kampf gegen Rassismus geworden. Er hat die alltäglichen Sorgen eines farbigen Spielers an die Öffentlichkeit gebracht. Er wurde mit Bananen beworfen, als „Bimbo" beschimpft, als „Drecksnigger" verunglimpft, er hat Affenlaute über sich ergehen lassen müssen. Von Zuschauern und Gegenspielern – jahrelang. Und einmal wurde alles noch sehr viel schlimmer.

Der 25. März 2006 begann als Tag wie jeder andere. Sachsen Leipzig spielte in der Oberliga beim Halleschen FC. Ogungbure machte ein solides Spiel. Die Schmähungen von den Rängen nahm er wahr, anmerken ließ er sich nichts. Er hatte sich mit der Zeit eine unsichtbare Schutzweste zugelegt. Nicht hinhören, war sein Motto, und nicht daran denken. Aber irgendwann verliert auch die stärkste Weste ihren Schutz. In Halle blieb es nicht bei bösen Worten. Nach dem Abpfiff stürmten Zuschauer den Rasen. Die Beschimpfungen waren ohrenbetäubend. Sie bespuckten, schlugen und würgten Ogungbure. Seine Mitspieler wollen ihm helfen, doch sie kommen zu spät. Ogungbure will sich die Feinseligkeiten nicht gefallen lassen.Verzweifelt hob er den Arm zum Hitlergruß. Ein Zeichen des Protests. Von diesem Moment an ist nichts mehr, wie es einmal war. Auch die Ordner und Funktionäre des Halleschen FC schienen überfordert zu sein, sie schauten tatenlos zu. Die Verantwortung wollten sie auch Tage später nicht übernehmen. Die lokale Presse verharmloste die Tumulte ebenfalls und kritisierte vornehmlich den Hitlergruß von Ogungbure.

Es sind einige Monate vergangen seit jenem Tag. Adebowale Ogungbure sitzt nach getaner Arbeit in der fünften Etage des Leipziger Zentralstadions, auch „Business-Lounge" genannt. Hier speisen die VIP-Gäste. Nicht die besonders wichtigen Fans, sondern die besonders wohlhabenden. Ogungbure scheint sich in diesem Kreis nicht behaglich zu fühlen, er hat seine Baseballmütze tief ins Gesicht gezogen. Schnell verspeist er eine Portion Pasta, dann geht es weiter in ein Café in der Innenstadt.

Adebowale Ogungbure, von Freunden „Ade" genannt, sinkt tief in den Sessel. Sein T-Shirt reicht fast bis zu den Knien, auf seinem Oberkörper baumelt ein goldenes Kreuz. Er möchte noch nicht über den Schatten reden, nicht über Halle und Rassismus, das hat er oft genug getan. Er will zunächst über das Licht berichten. Beispielsweise über seine Anfänge als Kicker in Lagos. Aus allen Ecken des Viertels kamen die Kinder jeden Tag an dieselbe Stelle. Adebowale Ogungbure umkurvte Felsbrocken auf holprigen Feldern. Er schoss den Ball dem Himmel entgegen, immer und immer wieder. Bis die Dunkelheit das Spiel unterbrach. Für wenige Stunden.

Wenn sie in einem Spiel zurücklagen, trafen sie sich in der Mitte des Platzes und sprachen sich Mut zu. „Lasst uns spielen wie die Deutschen!" Sie meinten das voller Ehrfurcht. In Deutschland wartete sein Traum auf Erfüllung. Er zieht ein paar Fotos aus seiner Jackentasche. Darauf liegen seine Arme auf den Schultern seiner Mitspieler, stolz sieht er aus, glücklich. Das Leben, das von ihm abgelichtet wurde, scheint sich um einen Ball zu drehen. „Ich wollte immer nach Europa und als Fußballer mein Geld verdienen." Tausende wollen das, vielleicht Millionen. Nicht nur in Lagos, nicht nur in Nigeria, in ganz Afrika. Für sie sind die europäischen Pro-

Das Paradies hat dunkle Ränder: Adebowale Ogungbure aus Nigeria hat sie kennengelernt.

filigen eine Glitzerwelt. Mehr noch, sie sind das Paradies. Was sie nicht wissen können, nicht wissen wollen: Das Paradies hat dunkle Ränder. „Rassismus war damals kein Thema", erinnert Ogungbure. „Uns ging es um das Spiel."

Die meisten Talente aus Afrika setzen während ihres ganzen Lebens nie einen Fuß auf europäischen Boden. Viele nehmen Drogen und laufen irgendwann mit Waffen herum. Adebowale Ogungbure schaffte es aus Lagos nach Benin. Dort entdeckte ihn ein Spielervermittler, der ihm die Tür zu einer besseren Welt öffnen wollte, nun ja, zumindest zu einer luxuriöseren. Ogungbure erhielt Angebote aus Amsterdam und Singapur. Im Jahr 2000 entschied er sich für den 1. FC Nürnberg. Er bestritt drei Bundesligaspiele, den Durchbruch schaffte er nicht. Er wechselte nach Reutlingen in die 2. Liga, später zu Energie Cottbus. Probleme mit Fremdenfeind-

lichkeit hatte er nicht. Manchmal schauten ihn Leute schief an oder
wechselten die Straßenseite. Hin und wieder machten die Türsteher
vor den Diskotheken dumme Bemerkungen. Einmal wartete er an
einer Ampel. Die Frau im Wagen neben ihm schaute mit großen
Augen. Als wollte sie sagen: „Warum kann sich der Schwarze so ein
Auto leisten?"

Seinen Wechsel nach Leipzig schildert er als eine Art Betriebs-
unfall. Er hatte bei einem ungarischen Klub unterschrieben. Der
Wechsel platzte. Wegen einer drohenden Sperre durfte er vorerst
bei keinem Profiverein unterschreiben. So landete er 2005 beim
FC Sachsen. Er mag die Stadt, die Mitspieler, den Verein – aber er
fürchtet die 4. Liga. Die Stadien sind alt, es gibt kaum Kontrollen,
Rassisten haben leichtes Spiel. Die Stimme von Adebowale Ogungbure gerät ins Stocken, seine rechte Hand umklammert das Was-
serglas. Halle an der Saale, diese Stadt wird er nie wieder vergessen.
Die wüsten Beleidigungen, die Angriffe der Fans und sein spontaner
Hitlergruß haben Spuren hinterlassen.

Nach dem Spiel im März 2006 wurden Ermittlungen eingeleitet – gegen Ogungbure. Er hatte in der Öffentlichkeit ein verfas-
sungsfeindliches Symbol gezeigt. Das Verfahren wurde bald eingestellt. Der Nordostdeutsche Fußball-Verband (NOFV) verurteilte
den Halleschen FC zu einer Geldstrafe von 600 Euro. Nicht weil
dessen Fans die Grenzen der Menschlichkeit gesprengt hatten, sondern weil sie Feuerwerkskörper abgebrannt hatten. Die Attacken
konnten nicht verhandelt werden, weil der Schiedsrichter sie nicht
notiert hatte. Die Funktionäre des NOFV waren in der Aufarbeitung überfordert, sie gaben ein peinliches Bild ab. Ogungbure kann
das nicht verstehen, er hat die deutsche Bürokratie kennengelernt.
Er weiß, dass er eine Strafe zahlen muss, wenn er zu schnell fährt.
Aber er weiß nicht, warum diejenigen, die ihn angegriffen haben,
nicht bestraft wurden. „Wirst du etwa angespuckt?", fragt Ogungbure. Sein Schicksal hatte vor der WM eine hitzige Diskussion ausgelöst. Sein Vater in Lagos sah die Bilder in der *BBC*, er erlitt einen
Herzanfall und musste ins Krankenhaus.

Der Fußball stand für Adebowale Ogungbure plötzlich nicht
mehr an erster Stelle. Ein Reporter der *New York Times* rief an,

Solidarität und schwarze Farbe: Die Spieler des FC Sachsen bekennen sich zu Ogungbure (Mitte).

Journalisten aus halb Europa reisten zum Trainingsgelände des FC Sachsen. Sie beobachteten einen aufgewühlten Mann, der die Bälle früher wie ein Künstler gestreichelt hatte, und sie nun rustikal über den Rasen drosch, einen Mann, der vor Spielen nicht mehr schlafen konnte, aus Angst vor dem nächsten Angriff, und dessen Heimweh nun ins Unermessliche wuchs. Er erhielt Unterstützung von seinen Mitspielern. Sie schwärzten ihre Gesichter und ließen sich für ein Plakat fotografieren. Darauf stand geschrieben: „Wir sind Ade."

Die Aktion wuchs. Rund 2.000 Menschen bekundeten auf der Internetseite www.wir-sind-ade.de ihre Solidarität. Aus ganz Europa erhielt Ogungbure aufmunternde Anrufe. Aus der Ukraine, Italien, Frankreich, England oder Griechenland. Da spielen viele seiner Freunde, mit denen er einst über die staubigen Straßen von Lagos gerannt war. Sie tauschten ihre Erfahrungen aus. Dunkelhäutige Spieler werden nicht nur in Deutschland von Rassisten verfolgt. „Warum müssen die uns das Leben so schwer machen?", fragt Ogungbure und starrt an die Wand. „Ich will doch nur gut Fußball spielen."

Der Zuspruch von Kollegen und Fans gab ihm Kraft, ein Stück Normalität kehrte zurück in sein Leben. Sie sollte nicht lange währen. Als er am 22. April, einen Monat nach den Tumulten in Halle, aus dem Tunnel des Leipziger Zentralstadions auf den Rasen lief, blickte er zunächst auf den Block der Gästefans. Anhänger der 2. Mannschaft von Energie Cottbus hatten die üblichen roten Trikots gegen weiße T-Shirts getauscht. Sie rollten ein Plakat aus, ihre Botschaft: „Ihr seid Ade, wir sind weiß." Da war sie wieder, diese Hilflosigkeit, vor der sich Ogungbure gefürchtet hatte. Er wollte nur noch weg. Raus aus dem Stadion, raus aus der Stadt, Leipzig auf Nimmerwiedersehen! Der Trainer und die Mitspieler konnten ihn zum Spielen überreden. Die Cottbuser mit den weißen T-Shirts verließen das Stadion in der Halbzeit. Doch sie ließen etwas zurück, das Ogungbure noch lange verfolgte. Eine innere Zerrissenheit. Der letzte Rest Freude am Spiel ging verloren.

Adebowale Ogungbure wirkt äußerlich gefasst. Er weiß nicht, wie viele Interviews er schon gegeben hat. So paradox es klingen mag: Durch die rassistischen Vorfälle hat er eine Bekanntheit erreicht, die ihm kein Schuss, keine Grätsche und kein Tor in der 4. Liga hätten ermöglichen können. „Du kannst mir glauben", sagt er und klopft mit den Fingerspitzen auf den Tisch, „auf diese Weise möchte ich nicht berühmt werden." Ogungbure ist zu einem Botschafter für den Kampf gegen Rassismus geworden. Er wurde Schirmherr einer Ausstellung über Migration im Fußball. Er diskutierte mit Politikern im Europaparlament in Brüssel und mit Mitgliedern des Fußballweltverbandes FIFA in Hamburg. Er regt sich über die Klischees auf, die im Fernsehen über Afrika verbreitet werden. Er will mit farbigen Spielerkollegen Geld sammeln und in Nigeria ein Haus für Jugendliche bauen. „Wir dürfen Rassisten kein Forum bieten", sagt er. Ein Politikersatz. Es klingt unerträglich, aber Adebowale Ogungbure hat sich fast an die Beschimpfungen gewöhnt. Er hat einen Brief erhalten, außen mit Blumen verziert, innen stand geschrieben: „Es wird Zeit, dass du wieder nach Afrika gehst." Vor jedem Spiel wirft er einen skeptischen Blick auf die Ränge.

Einmal hat er es nicht mehr ertragen. Andriy Zapishnyi, ein Spieler des VFC Plauen, soll ihn auf dem Platz pausenlos beleidigt haben. Adebowale Ogungbure rastete aus und schlug seinem

Gegner ins Gesicht. Später bereute er die Tat. Er erhielt eine Sperre
von vier Spielen. Zapishnyi musste 300 Euro bezahlen. „Ist das eine
gerechte Strafe?" Manche haben ihn schon als Diva bezeichnet. Er
schweigt, er hat genug Ärger gehabt.

Wieder ist Wochenende. Ein paar hundert Unentwegte haben
sich im riesigen Leipziger Zentralstadion eingefunden. Adebowale
Ogungbure spielt nicht von Anfang an, er läuft sich an der Eck-
fahne warm. Hinter ihm stehen die Gästefans, 50, vielleicht 60. Es
sind einige Skinheads dabei, sie tragen Bomberjacken und Springerstiefel. Ogungbure würdigt sie keines Blickes. Er hat sie wahrgenommen, aber er will sich nichts anmerken lassen. Rechts von ihm
haben Fans des FC Sachsen ein 80 Meter langes Transparent an der
Stadionwand befestigt. In acht verschiedenen Sprachen steht darauf
geschrieben: „Zeig Rassismus die Rote Karte." Nach dem Spiel geht
Ogungbure in die Kabine, Schweißperlen tropfen von seiner Stirn.
Es gab keine Beschimpfungen, es war ein schöner Tag. Neben dem
Eingang steht Rolf Heller, der Präsident des FC Sachsen: „Wir sind
der falsche Adressat für Ihre Rassismus-Fragen", sagt er. „Unsere
Fans sind keine Rassisten." Es ist die typische Haltung eines Fußball-
Funktionärs. Probleme haben immer die anderen.

Adebowale Ogungbure schreibt vor dem Stadion ein paar Auto-
gramme. Ob er Leipzig verlassen will? „Wenn ein gutes Angebot
kommt: warum nicht?" Es ist nicht so, dass er sich die Vereine aus-
suchen könnte. Er hat keine Millionen auf dem Konto, und die
Rechnungen zahlen sich nicht von selbst: Miete, Strom, Telefon,
Auto. Die Krankenhauskosten seines Vaters, die Schule seines Bru-
ders, auch dafür muss er aufkommen. Der Fußball ist nicht mehr der
Spaßvertreib von früher, er ist zur Lebensversicherung der Familie
geworden. Zweimal im Jahr fliegt Adebowale Ogungbure nach
Lagos. Dann bringt er Trikots und Fußballschuhe für die Kinder
mit, dann trifft er seine Freunde und kickt mit ihnen auf der Straße.
Bis die Dunkelheit wieder zum Spielverderber wird.

Vor jeder Rückkehr nach Deutschland fällt Ogungbure die Trennung schwer. Aber er hat eine Verpflichtung in Leipzig. „Ich muss
meinen Job erfüllen", sagt er. Hat Deutschland für ihn seinen Reiz
verloren, nach allem, was vorgefallen ist? „Nein, ich bereue den

Schritt hierher nicht. Leipzig ist eine tolle Stadt, Deutschland ein tolerantes Land. Leider gibt es Ausnahmen." Da spricht nicht der farbige Spieler aus der 4. Liga, da spricht der Botschafter im Kampf gegen Rassismus. Er hat einen Sohn, der in Nürnberg lebt, den möchte er nicht allein zurücklassen. Und dann erinnert er sich an einen Spruch seiner Mutter: „Wo dein Bett steht, ist deine Heimat." Adebowale Ogungbure glaubt daran. Auch wenn er sich manchmal dazu zwingen muss.

„Wir haben uns gefühlt wie die Affen im Zoo"

Der jüdische Funktionär Tuvia Schlesinger und der türkische Spieler Fatih Aslan über Rassismus und Antisemitismus in der Tiefebene des Fußballs

Rassismus und Antisemitismus im Fußball sind keine neuen Erscheinungen, wie auch Tuvia Schlesinger und Fatih Aslan zu berichten wissen. Schlesinger war lange als Fußballer aktiv. Seit 1970 ist er ehrenamtlich als Funktionär bei Makkabi Berlin tätig, einem Verein mit jüdischen Wurzeln. 2005 wurde er zum Präsidenten des Klubs ernannt. Der 54-Jährige arbeitet als Polizei-Hauptkommissar in Berlin-Mitte. Fatih Aslan, aufgewachsen in Berlin, ist türkischer Abstammung. Er spielte für verschiedene Klubs, inzwischen kickt er für den Oberligisten Türkiyemspor. Der BWL-Student sitzt zudem im Aufsichtsrat des Kreuzberger Vereins, da er Missstände beheben will. Beide schildern ihre leidigen Erfahrungen fernab von Zuschauermassen und Kameralicht.

In monoethnischen Vereinen schließen sich Sportler aus bestimmten Nationalitäten zusammen. Schotten sie sich ab aus Angst vor der Ablehnung?

Tuvia Schlesinger: Bei uns war es nie so. Wir bezeichnen uns nicht als Verein mit Immigranten-Hintergrund, wir sind ein deutscher Verein. Wir haben bloß einen anderen religiösen Hintergrund. 1898 wurde der Vorläufer von Makkabi in Berlin als der erste jüdische Sportverein der Welt gegründet. Inzwischen sind zwischen 50 und 70 Prozent der Spieler in den Mannschaften jüdischen Glaubens. In anderen Abteilungen wie Tennis oder Tischtennis ist der Anteil höher. Der Glaube ist aber kein Kriterium. Wer bei uns spielen möchte, kann bei uns spielen.

Fatih Aslan: Ich wehre mich dagegen, dass alle Immigranten-Vereine der Abschottung dienen. Wir haben wegen dieser Pauschalisierung sogar schon einmal überlegt, unseren Vereinsnamen zu ändern. Aber wird man deutscher, indem der Name deutscher klingt? Nein, das wäre falsch. Wir heißen weiter Türkiyemspor und zeigen, dass wir gegenüber allen Nationalitäten und Religionen offen sind.

Ist der Fußball als Integrationshilfe nur eine Illusion?

Schlesinger: In den Vereinen selbst funktioniert der Fußball sehr wohl als Integrationshilfe. Wir hatten in den 1990er Jahren eine große Zuwandererwelle aus Osteuropa. Nicht nur bei Makkabi oder Türkiyemspor kann man mit Hilfe des Sports Kontakte gewinnen. Das Problem liegt in der Gesellschaft, in der die Vereine eingebettet sind. Hier fehlen Akzeptanz und Toleranz.

Aslan: Es kann sein, dass manche Immigranten sich in einer Umgebung nicht wohl fühlen und deshalb den Klub wechseln. Wenn ein Türke in einem Verein im Osten auf Gegenwehr stößt, bleibt er dem Sport vielleicht ganz fern. Diese Erfahrungen habe ich zur Genüge gemacht.

Was haben Sie erlebt?

Aslan: Als ich 16 Jahre alt war, habe ich für die A-Jugend von Tasmania Berlin gespielt. Also für einen sogenannten deutschen Verein. Wir haben in der Regionalliga im Osten gespielt, in Rostock oder in Chemnitz. Da habe ich zum ersten Mal diese Parolen gehört. „Scheiß Kanaken" oder „Ausländer raus". Es war eine Zeit, in der ich intensiv über die Wiedervereinigung nachgedacht habe.

Sie waren in den Wendejahren noch nicht mal im Grundschulalter gewesen.

Aslan: Meine Eltern kamen in den 1970er Jahren aus der Türkei nach Deutschland. Ich wurde in Berlin geboren und ich bin in Berlin aufgewachsen. Und plötzlich wurde ich im Osten als Aus-

„Als würden sich die Menschen in diesen Hass hineinsteigern": rassistische Parolen in Dresden.

länder beschimpft. Dabei hatte ich immer das Gefühl, dass wir nach der Wende die Gesellschaft waren, die eine andere aufnimmt. Ich dachte: Moment mal, ihr seid doch später dazugekommen. Seltsam war auch, dass selbst unsere deutschen Spieler beschimpft wurden. Sie seien doch keine richtigen Deutschen, sie sollten sich doch lieber in der Moschee verstecken.

Wie hat sich die Lage nach Ihrem Wechsel zu Türkiyemspor verändert?

ASLAN: Es wurde viel schlimmer. Bei Spielen im Osten, in Neuruppin, Eisenhüttenstadt oder Rathenow, hatten wir das Gefühl, die Leute würden nur ins Stadion strömen, um einmal lebende Türken zu bestaunen. Wir kamen uns vor wie die Affen im Zoo. Ich habe es so empfunden, als würden sich die Leute gern in diesen Hass hineinsteigern.

Wie meinen Sie das?

ASLAN: Ich erinnere mich an ein Spiel 2004 in Neuruppin. Zwei Wochen vor der Partie waren zwei unserer Spieler bei einem Autounfall ums Leben gekommen. Wir haben gefragt, ob wir eine Gedenkminute einlegen können. Als der Stadionsprecher darauf einging, setzte im Publikum Jubel ein: „Tschüss Ali, zwei weniger, jawohl." Und wir mussten mit diesen Emotionen klarkommen. Wut, Hass, Trauer. Es ging so vieles in mir vor. Aber wir haben es geschafft, die Nerven zu behalten.

SCHLESINGER: Ich kann das nachvollziehen. Nach den antisemitischen Schmähungen gegenüber unserer 2. Mannschaft in Altglienicke im September 2006 habe ich vor allem Hilflosigkeit gespürt. 60 Zuschauer waren im Stadion gewesen, vielleicht auch 70. 10 bis 15 haben pausenlos gepöbelt. Nach 78 Minuten ist unsere Mannschaft vom Platz gegangen. Ich wusste danach nicht, wie ich mit dieser Gesellschaft noch umgehen soll. Ich habe mich einfach nur leer gefühlt (s. S.130).

Wie erklären Sie sich die Zunahme der Diskriminierungen in den unteren Ligen?

SCHLESINGER: Diese Ereignisse sind ein Spiegelbild der gesellschaftlichen Entwicklung, die wir in Deutschland seit einigen Jahren durchmachen.

ASLAN: Das stimmt. Als Türke hat man es nicht nur auf dem Rasen schwer. Egal, ob man hier geboren wurde oder nicht. Es gibt das Vorurteil, dass Türken kein Deutsch sprechen können. Man muss den Leuten immer wieder beweisen, dass diese Klischees unsinnig sind. Wenn man mit ihnen einige Sätze gewechselt hat, wundern sie sich, dass man doch Deutsch sprechen kann. Für meinen ersten Aufsatz in der Oberschule habe ich die Note zwei bekommen. Darunter hat die Lehrerin geschrieben: „Ihr deutscher Sprachgebrauch ist bemerkenswert." Das hätte sie bei einem Deutschen nicht geschrieben.

SCHLESINGER: Das Problem ist, dass dieses Unterschwellige zunehmend an die Oberfläche tritt. Durch bestimmte Wahlergebnisse werden Sätze, die zuvor hinter vorgehaltener Hand ausgesprochen wurden, plötzlich laut und offen gesagt. Parteien wie die NPD, die in Sachsen und Mecklenburg-Vorpommern in den Parlamenten sitzen, scheinen diesen Leuten die Berechtigung zu geben, mit ihrem Hass nicht mehr hinter dem Berg zu halten. Aber warum gehen die

Leute zu den braunen Parteien? Das hat mit Entwicklungen zu tun, mit der Jugend, mit dem Elternhaus.

ASLAN: Ich sehe die Gründe auch im sozialen Bereich. Aber die Funktionäre in unseren Fußballverbänden leiden nicht unter Perspektivlosigkeit. Dennoch bekomme ich auch eine latente Fremdenfeindlichkeit in Sportgerichtsverhandlungen zu spüren. Ein Beispiel: Wenn ein Spieler eines anderen Vereins wegen einer Tätlichkeit eine Sperre von zwei Spielen erhält und ein türkischer Spieler wegen groben Foulspiels drei Spiele Sperre erhält, dann steht das in keinem Verhältnis.

Die Verbandsfunktionäre benachteiligen Sie bewusst?

Aslan: Anders kann ich mir das nicht erklären. Dafür gibt es viele Beispiele. Aber wie sollen wir das beweisen? Wenn wir damit ankommen, dann sagen die im Verband: „Ihr spinnt doch. Das ist eine Frechheit, dass ihr uns das unterstellt." Und alle reden wieder über die jammernden Türken.

Müssen Sie als türkischer Spieler mehr leisten, um in der Fußballszene akzeptiert zu werden?

SCHLESINGER: Sie haben es bestimmt schwerer, die Spiele zu gewinnen.

ASLAN: Im Fußball bricht die Abneigung offen aus. Oft haben wir nicht nur Zuschauer, sondern auch Schiedsrichter gegen uns. Im normalen Leben ist die Abneigung latent vorhanden. Wenn die Mutter der Freundin skeptisch ist und den türkischen Jungen erst gar nicht kennenlernen möchte. Auch wenn es um Arbeitsplätze geht, müssen Immigranten laut einer Studie besser sein als die Deutschen. Wie im Fußball. Wir dürfen keine Schwächen zeigen, wir müssen eine reine Weste behalten.

SCHLESINGER: Das kann ich bestätigen. Einer unserer deutschen A-Jugend-Spieler wurde als Verräter beschimpft, weil er in einem jüdischen Team spielt. Oder wenn eine Frau mitten im Spiel aufspringt und den Schiedsrichter anbrüllt: „Du bist doch von den reichen Juden gekauft worden." Ich weiß auch, dass ein Gegner in der Verbandsliga gegen Makkabi die doppelte Siegprämie angesetzt hatte. Wie soll man das verstehen? Wenn es nicht um Aufstieg oder Abstieg geht? Na klar, die wollen es den Juden zeigen. Das sind die Nuancen, die zeigen, welche Feindseligkeiten in der Gesellschaft vorhanden sind.

Haben Sie überlegt, den Fußball aufzugeben?

SCHLESINGER: Mehrfach. Meine Mutter hatte gemerkt, dass ich nicht so gut drauf bin wie sonst. Sie hörte von den Schmähungen und sagte: „Um Gottes Willen. Geht das schon wieder los? Das war bei uns damals genauso gewesen." Statt aus der Geschichte zu lernen, wiederholt man die Geschichte. Ich mache diese ehrenamtliche Tätigkeit aus Spaß. Wenn der Spaß verloren geht und das Ganze zu einer Belastung wird, wenn der Beruf darunter leidet, die Konzentration, der Schlaf, dann muss man über Rücktritt nachdenken. Aber noch will ich nicht aufgeben.

Die Aufarbeitung der Fußballverbände ist höchst unbefriedigend.

ASLAN: Das ist entscheidend. Bei einem Auswärtsspiel 2005 gegen den BFC Dynamo wurden unsere Spieler beschimpft. Einige Zuschauer sind sogar auf das Spielfeld gelaufen. Der Nordostdeutsche Fußballverband bestrafte den BFC mit 500 Euro im Wiederholungsfall. Wenn das in unserem Stadion passiert wäre, hätten wir noch heute nicht in unserem Stadion spielen dürfen.

SCHLESINGER: Das glaube ich Ihnen gern.

ASLAN: Mit solch einem Urteil appelliert man an diese Menschen, so weiterzumachen. Wenn es um Türkiyemspor geht, wird gezielt weggeschaut und weggehört. Diskriminierungen passieren bei uns in jedem zweiten Auswärtsspiel.

SCHLESINGER: Aber es geht auch deutschen Vereinen mit farbigen Spielern so. Bei einem Spiel unserer A-Jugend hat es in Tempelhof wieder antisemitische Äußerungen gegeben. Der Schiedsrichter hat die schimpfenden Spieler vom Platz gestellt. Nach dem Spiel haben diese Spieler unseren Jungs an der U-Bahn aufgelauert. Sie haben geschimpft, gespuckt, geschlagen. Das passiert wöchentlich.

Begegnung der Betroffenen: Makkabi-Funktionär Tuvia Schlesinger (links) und Türkiyemspor-Spieler Fatih Aslan.

Sie wirken aufgebracht.

SCHLESINGER: Es kann nicht sein, dass unser Verband in Berlin darauf nicht reagiert. Es werden Sanktionen ausgesprochen, die keine Sanktionen sind. Irgendwann muss Schluss sein mit diesen Freundlichkeiten.

Sind Sie deshalb an die Öffentlichkeit gegangen?

SCHLESINGER: Es ist wieder schick geworden, sich antisemitisch zu äußern. Wir haben uns selbst instrumentalisiert, um diese Verhältnisse ans Tageslicht zu bringen. Von einem Rechtsanwalt ist unser Vorgehen als nationale und internationale Medienkampagne beschrieben worden. Wir nehmen die Nachteile in Kauf, dass man gestresst ist, dass man beschimpft wird, dass man als Nestbeschmutzer gilt. Leider erreicht man Veränderungen nur durch ein Theater.

Haben Sie eine allgemeine Sensibilisierung festgestellt?

SCHLESINGER: Wir haben viele positive Mails bekommen, von Vereinen, von Parteien. Ich hatte das Gefühl, dass auch die Schiedsrichter sensibilisiert worden sind. Ich weiß nicht, wie lange das anhalten wird. Ich weiß nicht, ob irgendwann ein Bumerang zurückkommen wird. Im Moment, so glaube ich, werden die Spiele objektiver gepfiffen. Vor Altglienicke hätte ich das nicht behaupten können.

Welche Forderungen stellen Sie an die Verbandsfunktionäre?

SCHLESINGER: Auch Fußballverbände haben eine politische Verantwortung. Da müssen Mannschaften, deren Zuschauer oder Spieler sich rassistisch oder antisemitisch äußern, aus dem Spielbetrieb genommen werden. Der Verband sieht das anders, der lässt sie weiterspielen. Es gibt eine Sportgerichtsverhandlung, es dauert eine Ewigkeit, bis was passiert. Und dann werden Sanktionen ausgesprochen, die niemanden mehr interessieren. Der Verband muss sich selbst hinterfragen. Aber das könnte natürlich Wählerstimmen beim nächsten Verbandstag kosten.

ASLAN: Man muss etwas bewegen. Deshalb bin ich neben meiner Tätigkeit als Spieler auch Funktionär geworden. Wenn Türkiyemspor in der 2. Bundesliga spielen würde und Woche für Woche in den Medien präsent wäre, könnten die Menschen endlich begreifen, dass Immigranten zu etwas fähig sind und nicht nur ein Problem darstellen. Die Medien erwähnen immer die negativen Seiten, Ehrenmorde oder Kriminalität. Aber es gibt auch Immigranten in diesem Land, die sehr erfolgreich sind. Aber über diese Leute schaut man hinweg.

Wie auf dem Spielfeld?

ASLAN: Es gibt Parallelen. Deutschland akzeptiert ja mittlerweile längst, dass auch ein Schwarzer wie Gerald Asamoah erfolgreich im Nationalteam spielen kann. Diese Vielfalt der Kulturen und Nationalitäten müssen wir als Chance und Reichtum betrachten.

Herr Aslan, haben Sie schon mal darüber nachgedacht, das Spielfeld
aus Protest gegen Ausländerfeindlichkeit zu verlassen?

ASLAN: Wir spielen in der 4. Liga. Ich weiß nicht, welche rechtlichen Konsequenzen das haben würde. Einmal haben wir uns bei
einem Hallenturnier benachteiligt gefühlt. Unser Präsident hat
gesagt: „Im nächsten Jahr treten wir nicht mehr an." Und wir sind
nicht mehr angetreten. Aber in den Medien wurde Türkiyemspor
als der nörgelnde Verein dargestellt, der sich selbst bemitleidet.
Das Problem wurde kleingeredet. Es war ein Eigentor, das wir
geschossen haben.

SCHLESINGER: Türkiyemspor kann nicht so einfach vom Platz
marschieren. In der Oberliga geht es um viel Geld. In der Kreisliga
B, wo unsere 2. Mannschaft spielt, geht es darum nicht. Die Jungs
finden sich zusammen, um Spaß zu haben. Die zahlen Mitgliedsbeiträge. Dafür wollen sie nicht beschimpft werden. Irgendwann fragen
die sich: „Muss ich mir das in meiner Freizeit antun?"

Spüren Sie die fehlende Zivilcourage in der Gesellschaft auch im
Fußball?

SCHLESINGER: Auf diese Frage werden wir immer zurückkommen. Wenn eine Frau in der U-Bahn belästigt wird und 30
Leute zuschauen, ist das genauso wie auf den Sportplätzen. Es sind
60, 70 Zuschauer da, von denen sich zehn nicht benehmen wollen.
Und der Rest schaut zu. Es hat sich eine Kultur des Wegschauens
breitgemacht. Diese Haltung war es, die zu den großen Katastrophen in Deutschland geführt hat.

Wie würden Sie reagieren, wenn Rassisten auf dem Sportplatz von
Makkabi Parolen skandieren würden?

SCHLESINGER: Ich würde sofort 110 wählen. Dann kommt eben
die Polizei und das Spiel wird unterbrochen. Es würde keine zehn
Minuten dauern, und die Leute wären draußen. Wenn wir bei
anderen Vereinen Sachen kritisieren, können wir sie im eigenen
Verein nicht dulden. Wir hatten mal einen Spieler, der ständig pro-
vozierte, seine Gegner beschimpfte und bestimmte Körperteile
anfasste. Diesem Spieler wurde nahe gelegt, den Klub zu verlassen.

Welche Präventions-Maßnahmen schlagen Sie vor?

SCHLESINGER: Wir brauchen in der Kreisliga keine Fanprojekte wie in den Profiligen. Bei uns müssen die Funktionäre und die Schiedsrichter geschult werden.

Glauben Sie an Besserung?

ASLAN: Wenn es wieder zu einem Vorfall kommen würde, und der Verband ein Zeichen setzen würde, könnte sich die Lage vielleicht verbessern. Aber wenn diese klaren Zeichen nicht kommen, dann wird sich das immer weiter steigern oder zumindest in diesem Zustand stagnieren.

SCHLESINGER: Ich glaube nicht, dass die Leute so schnell dazulernen werden. Das ist ein Prozess, der länger dauern wird. Das ist wie eine Spirale. Es wird immer schlimmer. Man muss diese Spirale jetzt stoppen. Und dann kann man anfangen mit sozialen Maßnahmen, mit Seminaren, Fortbildungen. Ich fürchte, dass sich das noch eine Weile steigern wird.

Denn sie wissen nicht, was sie brüllen

Der Antisemitismus im deutschen Fußball ist fast 100 Jahre alt – mittlerweile kommt er weitgehend ohne jüdische Spieler aus

Vermutlich wären sie schockiert gewesen, vielleicht auch nur überrascht. Vernen Liebermann ist sich nicht sicher, wie seine Großeltern reagiert hätten, wären sie im Sommer 2006 in Deutschland gewesen. Oma und Opa, russische Juden aus Odessa, haben in einem Ghetto mit viel Glück den Holocaust überstanden. Seit Mitte der 1970er Jahre leben sie in New York. Der Enkel ist bei seinen Eltern in Berlin aufgewachsen. Vernen Liebermann, Jahrgang 1982, liebt diese Stadt und er liebt dieses Land. Während der WM ist er mit Tausenden über die Straßen gezogen. „Plötzlich konnte man eine deutsche Fahne schwenken", sagt er, „ohne gleich als Nazi zu gelten."

Er rief einen guten Freund in Barcelona an und bat ihn, nach Berlin zu kommen, sonst würde er etwas verpassen. Ob den Großeltern das gefallen hätte? Sich aufführen wie ein Deutscher, nach allem, was passiert war, selbst wenn es nur um Fußball geht? „Aber ich bin doch Deutscher", sagt Vernen Liebermann, ein intelligenter, redegewandter, junger Mann. „Ich habe nie woanders gelebt. Ich schätze die deutsche Kultur und die deutschen Tugenden." Was ihn unterscheidet, ist allein der Glaube und die Tradition, die er sich zu bewahren versucht. Er feiert die jüdischen Feste wie Chanukah. Zu Hause mit seinen Eltern spricht er russisch. Er isst kein Schweinefleisch und irgendwann möchte er eine Frau mit jüdischem Glauben heiraten. „Für uns ist das ganz normal." Für andere leider nicht.

„Ich verurteile niemanden": Vernen Liebermann.

Der Deutsche Liebermann hat während der WM einen ungetrübten Patriotismus kennengelernt, der Jude Liebermann wird darauf wohl ewig warten müssen. Seit seiner Kindheit spielt er Fußball. Mit 19 Jahren wechselte er zum jüdischen Verein TuS Makkabi in Charlottenburg, im Westen Berlins. Anfangs spielte er in der 1. Mannschaft, dann fing er an zu studieren – Film- und Fernsehproduktion. Nebenbei verdiente er ein bisschen Geld. Zeit für den Fußball blieb kaum, und so wechselte er in die 2. Mannschaft von Makkabi. Hinunter in die Kreisliga B, wo der Spaß das Spiel dominieren soll.

Lange passierte nichts. Bis zum 26. September 2006. Makkabi spielte bei der VSG Altglienicke, Bezirk Treptow-Köpenick. Im Osten der Hauptstadt, in einer Hochburg der NPD. Als Kapitän Vernen Liebermann auf den Platz lief, hörte er die ersten Schmähungen. 15 Neonazis hatten sich unter die 70 Zuschauer gemischt. „Synagogen müssen brennen", „Wir bauen euch 'ne U-Bahn bis nach Auschwitz" oder „Vergast die Juden", tönte es von der Seitenlinie. Die Spieler von Makkabi beschwerten sich beim Schiedsrichter, erhört wurden sie nicht. Es kam zu Wortgefechten zwischen den Spielern und den Neonazis. Auch die Zuschauer und die Spieler des Gegners reagierten kaum. In der 76. Minute ging Vernen Liebermann zum Referee und sagte: „Wenn Sie einen Funken Anstand für die Geschichte dieses Landes haben, dann müssen Sie uns jetzt helfen." Der Schiedsrichter antwortete mit einer Gelb-Roten Karte. Zwei Minuten später war die Begegnung zu Ende, Makkabi verließ aus Protest den Rasen. Der Ärger war noch längst nicht vorbei.

Die Volksverhetzung schlug hohe Wellen in den Medien. Auf der Verhandlung des Sportgerichts wollten die Trainerin und ihre Spieler aus Altglienicke nichts von den Demütigungen gehört haben, auch der Schiedsrichter konnte sich an nichts erinnern. Er wird künftig keine Spiele mehr pfeifen. In erster Instanz wurde eine Wiederholung des Spiels angeordnet. Die VSG Altglienicke musste zwei Spiele ohne Zuschauer bestreiten und bis Saisonende fünf Ordner stellen. Die Spieler sollten ein Seminar gegen Rassismus besuchen. Ein Rechtsanwalt warf Makkabi eine „internationale Pressekampagne" vor, um Druck auf das Gericht auszuüben. Altglienicke legte Einspruch ein – er wurde abgewiesen.

Für Martin Endemann sind das die gewöhnlichen Reflexe: „Verharmlosung und gegenseitige Schuldzuweisungen sind gang und gäbe." Der Sprecher des antirassistischen Bündnisses aktiver Fußballfans (BAFF) erforscht seit Jahren den Antisemitismus im Fußball. „Es handelt sich um die älteste Form des Rassismus", sagt er und erinnert an die Anfeindungen im frühen 20. Jahrhundert. Dabei waren es vor allem jüdische Spieler, Trainer und Funktionäre, die wichtige Aufbauarbeit im deutschen Fußball geleistet haben. Einfacher wurde ihr Leben dadurch nicht. Im Gegenteil.

Walther Bensemann beispielsweise hatte 1898 in Paris das erste Länderspiel einer deutschen Auswahl organisiert. Zwei Jahre später wurde er Mitgründer des Deutschen Fußball-Bundes (DFB). 1920

Aufbauhelfer des deutschen Fußballs: die Karlsruher Kickers 1894. In der Mitte, mit Ball posierend, Walther Bensemann; ganz links Ivo Schricker, der spätere FIFA-Generalsekretär.

rief er das Fußballmagazin *Kicker* ins Leben. Für ihn waren Völker-
verbindung und Weltoffenheit die wichtigsten Ergebnisse des Fuß-
balls. 1933, nach der Machtübergabe an die Nazis, flüchtete er in die
Schweiz, wo er ein Jahr später mittellos starb. Die Ideale Walther
Bensemanns hatte Kurt Landauer verinnerlicht: 1913 wurde er zum
Präsidenten des FC Bayern ernannt, stellte eine internationale
Mannschaft auf, organisierte Spiele im Ausland und verpflichtete
den jüdischen Trainer Richard Dombi.

Gemeinsam wurden sie mit dem FC Bayern 1932 zum ersten Mal
Deutscher Meister. Es sollte der letzte Erfolg von Juden im deutschen Fußball bleiben. Kurt Landauer musste 1933 als Klubpräsident
zurücktreten, 1938 wurde er ins Konzentrationslager nach Dachau
verschleppt und kam nach vier Wochen wieder frei. 1939 gelang ihm
die Ausreise nach Genf, 1947 kehrte er als Präsident zum FC Bayern
zurück. Meistertrainer Richard Dombi flüchtete über die Schweiz
nach Rotterdam, wo er dem Naziterror mit Glück entgehen konnte.
In Deutschland sollte er nie wieder arbeiten.

Die Sportlandschaft war 1933 nicht wiederzuerkennen. Der
sogenannte Arierparagraph verpflichtete die Vereine, alle jüdischen
Mitglieder auszuschließen. Tennis Borussia Berlin, 1902 von einer
Gruppe um den Juden Alfred Lesser gegründet, verlor etwa ein
Drittel seiner Mitglieder. Juden durften nur noch mit jüdischen Vereinen gegeneinander antreten. In wenigen Wochen wurden somit
100 Vereine mit rund 60.000 Mitgliedern gegründet. Die 25 bereits
bestehenden Klubs erlebten einen großen Zuwachs, schließlich
hatten sie zuvor nur wenige Mitglieder gehabt. Die meisten Juden
hatten einen Beitritt abgelehnt, sie sahen sich als Deutsche und die
Vereine als wichtige Bühne für Integration. Für eine kurze Zeit bot
der Sport einen Hauch von Schutz gegen den Wahnsinn der Nazis.
Doch immer mehr Juden verließen das Land. Am 10. November
1938 wurden alle Sportaktivitäten für Juden verboten.

Julius Hirsch, einer der erfolgreichsten Spieler im frühen 20.
Jahrhundert, erlebte dieses Martyrium am eigenen Leib. Er nahm
an den Olympischen Spielen 1912 in Stockholm teil, sieben Länderspiele bestritt er für Deutschland. Er gewann zwei Deutsche Meisterschaften mit dem Karlsruher FV, für den er nach seiner aktiven

Zeit als Trainer tätig war. 1933 musste er aus seinem Verein ausscheiden. Fortan hatte er Probleme, seinen Lebensunterhalt zu verdienen. Vergeblich suchte er einen Trainerjob im Ausland. 1938 verlor er seine Arbeit. Er litt unter Depressionen, unternahm einen Selbstmordversuch und wurde in verschiedenen Anstalten behandelt. Nach seiner Entlassung arbeitete er auf einer Müllkippe. Er ließ sich von seiner protestantischen Frau scheiden, um sie und seine zwei Kinder vor den Nazis zu schützen. Julius Hirsch, der im Ersten Weltkrieg für Deutschland gekämpft hatte und dessen Bruder gefallen war,

Dokument aus besseren Zeiten: Julius Hirsch, ca. 1910.

wurde 1943 nach Auschwitz deportiert und ermordet.

Vernen Liebermann, der Kapitän der 2. Makkabi-Mannschaft in Berlin, hat sich intensiv mit der deutsch-jüdischen Fußballgeschichte beschäftigt. In der eindrucksvollen Ausstellung „Kicker, Kämpfer und Legenden" wurde sie 2006 im Centrum Judaicum in der Neuen Synagoge von Berlin dokumentiert. Dass Liebermann mehr als 60 Jahre nach dem Holocaust selbst Opfer antisemitischer Schmähungen wurde, hat ihn sehr nachdenklich gemacht. Trotzdem zog er sich nicht zurück, er suchte stattdessen den Dialog. Mit Politikern, Sportlern und Journalisten sprach er über den Konflikt zwischen Israel und Palästina. Er diskutierte die Rolle der Juden in der deutschen Gesellschaft und schilderte seine Erfahrungen. Nicht weil er unbedingt wollte, sondern weil er immer wieder gefragt wurde. „Ich verurteile niemanden", sagt er. „Ich kann differenzieren."

Die Offensive von Makkabi in der Öffentlichkeit nach dem Altglienicke-Vorfall wurde von vielen Seiten kritisiert. Der Vereinsvorsitzende Tuvia Schlesinger wurde als Selbstdarsteller beschimpft. Er habe sich gegen die Tiraden zu sehr gewehrt. Auch diese Vorwürfe kann man durchaus als eine Form des Antisemitismus bezeichnen. Vernen Liebermann hatte nicht das Gefühl, dass er sich rechtfertigen musste. Doch genau dazu wurde er gedrängt. Ein jüdischer Student, der in seiner Freizeit Fußball spielt, musste vor einem Gericht sein Innerstes nach außen kehren: seinen Glauben. Und mit ihm kämpfte ein ganzer Verein um die Identität – und gegen den kollektiven Starrsinn.

Vernen Liebermann ist nicht der einzige jüdische Fußballer, dessen Hobby zeitweilig zur Tortur geworden ist. Der jüdische Sportverband Makkabi Deutschland zählt 37 eigenständige Vereine mit etwa 3.000 Mitgliedern. Regelmäßig kommt es zu Schmähungen und körperlichen Angriffen, an die Öffentlichkeit geraten nur wenige. Dabei spielt es scheinbar keine Rolle, dass die Mannschaften alle Nationalitäten und Religionen vereinen und die jüdischen Spieler oftmals in der Unterzahl sind. „Die meisten Leute wissen nicht, was sie dort von sich geben", glaubt Vernen Liebermann. „Sie kennen unsere Geschichte doch gar nicht." 1898 wurde in Berlin der erste jüdische Sportverein der Welt ins Leben gerufen, der Turnverein Bar Kochba, in dessen Nachfolge sich 1970 Makkabi gründete.

„Meistens kommt der Antisemitismus heutzutage ohne jüdische Spieler aus", erklärt BAFF-Sprecher Martin Endemann. Mit dem Ausbruch des offenen Rassismus Anfang der 1980er Jahre wurden auch die Juden wieder Zielscheibe von Anfeindungen. Im Umfeld von Hertha BSC Berlin beispielsweise wurde der Fanklub „Zyklon B" gegründet, in Anlehnung an das Massenvernichtungsgas der Nazis. Dass lediglich 100.000 Juden in Deutschland leben und man die jüdischen Spieler und Funktionäre im Profifußball an einer Hand abzählen kann, spielt keine Rolle. Woche für Woche tönten die verbalen Widerwärtigkeiten durch die Stadien. Regelmäßig wurde der Schiedsrichter als „Scheiß Jude" beschimpft oder per Gesang eine Bahn nach Auschwitz gebaut.

Das Gleiche galt für die ehemalige DDR. Klubs aus der Hauptstadt wurden in Dresden, Leipzig oder Magdeburg als „Juden Berlin" verunglimpft. Der Hintergrund war ein uraltes Klischee: Im Mit-

Schlupflöcher eines Sports: Der Cottbuser Fanblock begrüßt die Spieler von Dynamo Dresden.

telalter hatten Christen kein Geld verleihen dürfen, ihre Religion untersagte ihnen die Berechnung von Zinsen. Das übernahmen die Juden. Seither müssen sie mit dem Vorurteil des ewigen Wohlstands leben. Die Fans stilisierten ihre Gegner zum geldgierigen Kapitalisten, während die eigene Mannschaft die Rolle des Außenseiters annahm. Dieses Feindbild gegenüber Juden existiert in der Gegenwart noch immer. Auch unter jugendlichen Fans, deren historische Bildung überschaubar ist – denn sie wissen nicht, was sie brüllen. „Die meisten plappern nur nach", sagt Martin Endemann.

Zu den heftigsten Schmähungen kam es im September 1996 bei einem Länderspiel zwischen Polen und Deutschland in Zabrze. Das Stadion, ehemals Adolf-Hitler-Kampfbahn, liegt nur 30 Kilometer von Auschwitz entfernt. Hunderte Neonazis grölten: „Wir fahren nach Polen, um die Juden zu versohlen." Sie entrollten ein Transparent, darauf stand geschrieben: „Schindler Juden – wir grüßen euch." Wieder nutzten Rechtsradikale den Antisemitismus, um ihre Gegner zu erniedrigen. Wieder dienten Gesänge und Symbole als Chiffre für Ausgrenzung und Unterlegenheit.

Inzwischen ist der Antisemitismus durch Sicherheitsmaßnahmen und drohende Repressionen in die unteren Ligen verdrängt worden. Im Herbst 2005 wurden Werbebanden im

Heinz-Steyer-Stadion, der Spielstätte des Dresdner SC, mit anti-semitischen Parolen beschmiert. Im Februar 2006 formierten sich Fans von Lokomotive Leipzig während des A-Jugend-Spiels gegen Sachsen Leipzig zu einem Hakenkreuz. Es sind die Schlupflöcher des Fußballs, wo es kaum Kontrollen gibt.

Das hat auch Vernen Liebermann bei Makkabi erfahren müssen. Er hat nicht einen Moment darüber nachgedacht, den Fußball auf-zugeben. Juden, Türken, Libanesen, Italiener, Araber und Deutsche haben die erste Mannschaft von Makkabi in kurzer Zeit aus dem Freizeitbereich in die Verbandsliga geführt, in die höchste Berliner Klasse. Inzwischen besitzt der Klub am Grunewald ein Vereins-heim, Trainingsplätze mit Flutlicht und einen Kabinentrakt. Diese Anlage am Eichkamp wurde Anfang 2007 in Julius-Hirsch-Sport-anlage umbenannt. Und dann wäre da noch die Makkabiade, die Olympischen Spiele des jüdischen Sports. Vernen Liebermann hat in Israel daran teilgenommen. „Ein unvergessliches Erlebnis." Er macht eine Pause, man merkt, wie er gedanklich in Erinnerungen schwelgt. Und für einen Moment sind die Schreihälse aus Altglie-nicke ganz weit weg.

„Fußball ist alles – auch schwul"

Die ehemalige Fußballerin Tanja Walther engagiert sich gegen Homophobie im Fußball. Sie gibt Einblick in eines der letzten großen Tabus

Tanja Walther ist eine der wenigen Fußballerinnen, die ihre Homosexualität nie geheim gehalten haben. In den 1990er Jahren war sie für Tennis Borussia Berlin und Turbine Potsdam aktiv. Sie hat an vielen schwul-lesbischen Meisterschaften teilgenommen. Seit dem Ende ihrer Karriere 1998 engagiert sich die Sportlehrerin gegen Homophobie im Fußball. Sie ist Mitglied des Frauen- und Lesbensportvereins „Seitenwechsel" in Berlin und arbeitet als Botschafterin in der European Gay and Lesbian Sports Federation. Auf der Antirassismus-Konferenz der UEFA 2006 hielt sie einen Workshop über eines der letzten Tabus. Grund genug, nach ihren Erfahrungen zu fragen.

Frau Walther, Sie sind in einem kleinen Dorf in Hessen aufgewachsen. War Ihre Homosexualität für Ihre Mitmenschen ein Problem?

Nein, weil ich dieses Anderssein vorher schon gepflegt habe. Ich war immer ein bisschen rebellisch. Deshalb hat das niemanden gewundert. Es passte irgendwie zu mir, sagten die Leute. „So ist die Tanja halt." Mein Coming-out hatte ich mit 16. Damals war klar, dass ich nach Berlin gehen würde. Dort interessiert es noch weniger, was du machst, wie du bist und was du vorhast.

Auch in Ihrem damaligen Bundesligaverein Tennis Borussia Berlin?

Homosexualität war kein großes Thema, weil die meisten Spielerinnen um mich herum lesbisch waren. Aber es gab einige kritische Momente. Unsere damalige Trainerin hatte gesagt, dass wir

nicht Hand in Hand mit unseren Freundinnen Richtung Umkleide-
kabine gehen sollen. Unser Verein hatte auch eine Jugendabteilung.
Die Eltern der Mädchen hätten etwas Anstößiges denken können.
Deshalb sollte nach außen der Schein gewahrt werden: „Achtung,
hier gibt es keine Lesben. Und keine Angst: Wir drehen eure Kinder
nicht um."

Haben Sie sich gegen die Forderung Ihrer Trainerin gesträubt?

Wir hatten viele Diskussionen. Ich gehörte immer zu der Frak-
tion, die gefragt hat: „Warum sollen wir das machen?" Sollten
die Eltern damit ein Problem haben, können sie mir das persönlich sagen. Wenn wir in einem Verein, in dem etwa 80 Prozent der
Spielerinnen lesbisch sind, nicht dazu stehen können, wie können
wir das denn von anderen verlangen. In Potsdam hatten wir einen
Trainer, der vor der Weihnachtsfeier immer gesagt hat: „Bringt eure
Freunde und Männer mit." Wir haben uns gewundert, warum er so
etwas sagte. So blind kann auch er nicht gewesen sein. Ich bin nie
von einem Mann abgeholt worden nach dem Training. Es gab nicht
viele Männer in unserem Umfeld.

Wie hat sich die Szene nach dem Ende Ihrer Karriere verändert?

Homophobie und Sexismus gehören zum Fußball wie die
Abseitsregel. Ich glaube, dass die Prozentzahl lesbischer Fußballerinnen in den oberen Ligen höher ist als in den unteren. Das hat
viel mit der Identität zu tun. Frauen werden seit Jahrhunderten
bestimmte Rollenmuster zugeschrieben. Sie sind verpflichtet, sich
weiblich zu verhalten. Das beginnt in der Kindheit. Meine Oma
hatte sich früher immer gewünscht, dass ich mit Puppen spiele.
Aber die haben mich nie interessiert. Ich brauchte von klein auf die
Bewegung. Ich musste immer draußen sein und herumtoben.

War das Spielfeld ein Ort der Zuflucht für Sie?

Das kann man so sehen. Die Rollenmuster hatten etwas vorge-
geben: Kein Kampfsport, keine Zweikämpfe, keine Dynamik. Der
Fußball ist genau das Gegenteil. Da fühlen sich viele Frauen wohl,
weil sie nicht so sein müssen, wie es die Gesellschaft von ihnen ver-

langt. Ich kann mich austoben
und machen was ich will. In den
oberen Ligen sind die männli-
chen Attribute umso mehr
gefordert.

Viele Spielerinnen sind lesbisch –
öffentlich zugeben wollen es die
meisten nicht. Warum?

1995 waren die schwul-lesbischen Europameisterschaften
in Frankfurt. Damals war es ein
offenes Geheimnis: Wenn eine
Nationalspielerin bei diesem

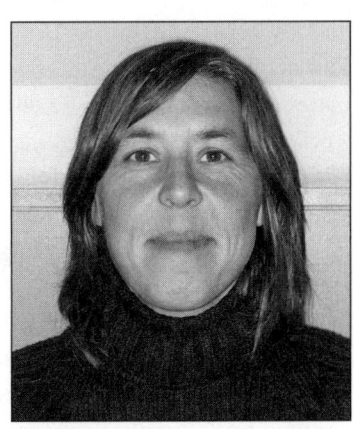

„Ein Coming-out könnte die Karriere gefährden":
Tanja Walther.

Turnier aufgetaucht wäre, hätte sie die längste Zeit im Nationalteam
gespielt. Für meine Recherchen sprechen die Spielerinnen gern mit
mir, aber wenn es dann um die Veröffentlichung der Namen geht,
wollen viele anonym bleiben. Sie haben Angst, dass sie nicht mehr
spielen dürfen oder dass sie ihren einzigen Sponsorenvertrag verlieren. Aber die Lesbenrufe kommen im Frauenfußball sowieso. Ob
du nun lesbisch bist oder nicht.

Bei Ihren Kollegen ist die Lage bedrohlicher. Passen Schwule nicht in
den Männlichkeitskult der Bundesliga?

Ich glaube, dass es in der Bundesliga wie im wirklichen Leben ist.
Etwa zehn Prozent aller Spieler sind vermutlich schwul. Die Spieler
können und müssen das verbergen. Der Torwart Frank Rost soll
einmal gesagt haben: „Ich dusche ja mit dem Arsch zur Wand."
Wenn ein Mitspieler so etwas sagen würde, würde mir alles einfallen,
aber bestimmt nicht, dass ich mich outen würde. Viele posaunen
so etwas unwissend hinaus. Doch es gibt auch subtile Homophobie.
Wenn man plötzlich nicht mehr wahrgenommen wird. Das ist eine
Art der Diskriminierung, gegen die man schwer angehen kann.

In vielen Gesellschaftsbereichen bekennen sich Männer zu Ihrer Homo-
sexualität. Welche Folgen hätte ein Coming-out für einen Fußballprofi?

Das ist ja das Absurde. Und es zeigt, wie sehr der Fußball dem Rest der Gesellschaft hinterherhinkt. Ich glaube, ein schwuler Profi hätte jedes Wochenende 30.000 Zuschauer gegen sich. Vielleicht würden auch die Mitspieler seltsam reagieren. Wenn er dann noch Pech hat und im falschen Verein spielt, könnte die Karriere in Gefahr geraten. Leider haben wir noch kein Es-ist-egal-wer-du-bist-Klima. Ich glaube nicht, dass sich ein Spieler in den nächsten 10 oder 20 Jahren outen wird.

Wie verbergen die Spieler ihre Homosexualität?

Die meisten lernen sich über das Internet kennen, in sogenannten Dark Rooms. Es geht sehr anonym zu. Die Schwulenszene ist ja nicht gerade dafür bekannt, dass sie sich intensiv mit Fußball beschäftigt. In der Öffentlichkeit führen viele Spieler Scheinehen. Es soll sogar spezielle Modellagenturen geben, die Frauen und Kinder für öffentliche Ereignisse an sie verleihen. Das kann sehr belastend sein. Die Leistungen werden dadurch natürlich nicht besser. Zu diesen Methoden greifen allerdings auch Schwule in anderen Gesellschaftsbereichen, das ist nichts Außergewöhnliches. Im Frauenfußball ist es anders. Denn hier geht es nicht um die Existenz. Es hängt nicht so viel Geld daran.

Manche Medien würden viel bezahlen, um einen schwulen Spieler präsentieren zu dürfen.

Das voyeuristische Interesse ist groß. In England hat sich 1990 Justin Fashanu als erster Spieler geoutet. Er soll dafür von einer Boulevard-Zeitung viel Geld erhalten haben. Glücklich wurde er dadurch nicht. Acht Jahre später hat er sich in einer Londoner Garage erhängt. Ob ihm der psychische Druck zu viel geworden war, ist nicht genau geklärt worden. Ich gehe davon aus, dass sich auch in Deutschland viele schwule Spieler in Behandlung bei Psychologen begeben.

Gibt es schwul-lesbische Fanklubs?

Ja, aber die gehen nicht in die Kurven, wo die Hardcore-Fans sitzen. Sie fahren auch in der Regel nicht zu den Auswärtsspielen.

Einer von elf: Das Fußballmagazin
Rund widmet dem Thema
Homophobie das Titelblatt.

Sie bauen lieber untereinander kleine Netzwerke auf. Die Hertha
Junxxs haben seit einiger Zeit ein Transparent im Olympiastadion
hängen: „Fußball ist alles – auch schwul." Davon wünsche ich mir
mehr. Viel mehr.

*Fühlen Sie sich von Funktionären und Politikern ausreichend unter-
stützt?*

Der normale Reflex ist: Schwule und Lesben gibt es im Fußball
nicht. Und wenn es sie geben würde, hätten wir auch kein Problem
damit. Toleranz hört sich anders an, oder?

*Im Kampf gegen Rassismus ist die Sensibilität dagegen gewachsen. Es
hat lange gedauert.*

Und ich befürchte, dass es in der Homophobie-Thematik
genauso lang dauern wird. Viele haben jetzt verstanden, dass es
nicht in Ordnung ist, wenn man schwarze Spieler beschimpft. Aber
den Schiedsrichter als „schwule Sau" zu bezeichnen, ist für manche
Menschen normal. Was spricht dagegen, den Antirassismus-Para-

graphen im DFB und in den Vereinen zu erweitern. Es gibt viele Begriffe, die man mit Diskriminierung in Verbindung bringen kann: Antisemitismus, Homophobie, Sexismus, Xenophobie. Es würde niemandem wehtun, einen Antidiskriminierungs-Paragraphen zu schaffen.

Die UEFA nähert sich allmählich dem Thema an. Die FIFA hingegen spricht es selten an. Können Sie mit Ihren Projekten auf diese Ignoranz Einfluss nehmen?

So weit sind wir noch nicht. Zunächst einmal wollen wir den DFB für eine langfristige Partnerschaft gewinnen. Wenn uns der größte Sportverband der Welt unterstützen würde, wäre das sicherlich ein gutes Beispiel für viele kleinere Verbände in Europa. Der englische Verband hat da bereits eine Vorreiterrolle. Auch Vereine wie Manchester City haben ein neues Problembewusstsein gegen Homophobie geschaffen. Dort wird schwules Personal eingestellt und die Szene ins Stadion geladen.

Wären die drastischen Strafen gegen Rassismus auch gegen Homophobie durchzusetzen?

Sätze wie „Du spielst wie eine Schwuchtel" hört man auf jedem Platz zehnmal pro Spiel, von der Kreisklasse bis zur Bundesliga. Auch Transparente und Choreografien mit Bezug auf Schwule werden eher geduldet. Auch die müsste man rigoros rausschmeißen. Wenn der DFB jeden Vorfall bestrafen würde, könnte er wahrscheinlich alle Stadien schließen.

Ihnen fehlt ein Botschafter?

Wir haben einige Wunschkandidaten. Wenn die sich outen würden, könnte uns das sehr helfen. David Beckham hat seine weiblichen Eigenschaften ja offen zur Schau gestellt. Viele haben gesehen, dass es egal ist, was er macht. Er kann trotzdem gut Fußball spielen. Beckham hätte es als Homosexueller einfacher. Er genießt ein sehr hohes Ansehen. Er würde nicht so viel abbekommen wie ein mittelmäßiger Spieler. Er würde uns sehr helfen, um das Klima aufzulockern.

„Im Fußball liegt eine zerstörerische Kraft"

Der Philosoph und Sportsoziologe Gunter Gebauer über innere Zwänge, seltsame Süchte und die letzten Reservate der Männlichkeit

Bereits 450 Jahre vor Christus sollen betrunkene Zuschauer im Stadion von Delphi randaliert haben. In Olympia, dem Austragungsort der antiken Spiele, gab es Stock- und Peitschenträger. In Pompeji schloss Kaiser Nero das Amphitheater, nachdem Krawalle Überhand genommen hatten. Und von den Massenaufständen bei Wettkämpfen im Mittelalter ganz zu schweigen. Ausschreitungen, Pöbeleien, und Vandalismus: Es verging keine Phase der Geschichte, in der Sportstätten nicht auch Schauplätze von Gewalt waren. Stadien sind Orte mit anderen Verhaltensregeln und anderen Vorstellungen. Die natürliche Gewalt auf dem Spielfeld ist eingebettet in Männlichkeitsrituale. Sportler und Fans pflegen Begriffe wie Kampf, Ehre und Treue.

Gunter Gebauer ist Professor für Philosophie und Sportsoziologie an der Freien Universität in Berlin. Seine Bücher und Aufsätze gewähren einen tiefen Einblick in die Seele des Sports.

Herr Professor Gebauer, Tritte haben etwas sehr Gewalttätiges an sich. Im Fußball ist das anders. Werden Fußtritte auf dem Rasen zu Kunst?

Wenn jemand wütend ist und einem anderen in den Hintern tritt, dann macht er das nicht mit Kunst. Das ist ein reiner Notreflex. Auf dem Rasen ist der Fuß dagegen ein sehr gelehrtes Körperteil. Er wird trainiert, um komplizierte Dinge zu verrichten, die man sonst im Leben nie machen würde. Selbst bei den ganz scharf getretenen Bällen handelt es sich nicht um einfache, brutale Gewalt, sondern um gängige Umgangsformen dieses Sports. Das setzt ein hohes Maß an Technik voraus. Ich nenne das die Zivilisierung des Fußes. Das Gleiche gilt übrigens auch für das Tanzen oder die Fußzonenreflexgymnastik. Die Hooligans, über die wir hier sprechen, machen aus dem Fuß ein primitives Gewaltinstrument, das man aus kriegerischen Traditionen kennt. Jede Virtuosität geht verloren. Der Akt des Tretens dient purer Zerstörung. Sie dezivilisieren den Fußstoß.

Der Fußball ist ein Spiel mit einer hohen Körperlichkeit. Trainer, Spieler und Medien deuten ihn oft zu einem Kampfsport um. Von einem „unerbittlichen Gefecht" ist die Rede, oder von einem „notwendigen Foul". Wie hoch ist der Wahrheitsgehalt dieser Phrasen?

Der Fußball lässt Gewalt bis zu einem bestimmten Grad zu. Er bietet neben Boxen, Rugby und einigen anderen Sportarten die Möglichkeit, jemanden zu attackieren. Das darf nicht zur Schädigung des Gegners eingesetzt werden. Trotzdem gibt es viele Spiele, in denen sich die Spieler die Knochen polieren. Die Zuschauer wollen das in gewisser Hinsicht auch sehen. Im normalen Leben ist es verboten, jemanden zu treten. Wir gehen so miteinander um, dass es juristisch nicht verwertbar ist. Wir müssen uns sehr vorsichtig verhalten. Die Fußballer aber können relativ weit gehen. Diese Sportart ist ein ständiges Ringen zwischen Freisetzung und Beherrschung. Die Spiele bieten künstliche Konflikte, es geht um die Verfolgung der Interessen des einen Ichs auf Kosten der anderen. Ich erinnere an das Achtelfinale bei der WM 2006 zwischen den Niederlanden und Portugal. Die Spieler waren sogar bereit, für den Erfolg ein hohes Maß von Gewalt auszuüben.

Fördert der Fußball die Gewalt?

Er reizt sie zumindest an. Thema Rassismus: Beim Fußball geht es um Körperlichkeit. Die Spieler kommen sich sehr nahe. Wenn die Gegner anders riechen, anders essen, wenn sie andere Gewohnheiten haben, wird das natürlich viel, viel schärfer wahrgenommen. Es gibt rassistische Aktionen, die im Fußball erst entstehen. So bedrückend das klingen mag: Der Fußball ist nicht ganz unbeteiligt

„Hooligans können in der Evolution einen Schritt nach vorn gehen“: Philosoph Gunter Gebauer.

an den Exzessen, die um ihn herum passieren. In seiner Natur liegt auch eine zerstörerische Kraft, die in Ausnahmesituationen nicht mehr gebändigt werden kann.

Warum gibt es im Umfeld von Rugby-Spielen oder Box-Kämpfen kaum Ausschreitungen?

Rugby erlaubt auf dem Feld viel mehr Gewalt. Deswegen haben sich Fußball und Rugby in den siebziger Jahren des 19. Jahrhunderts getrennt. Bis dahin hatten beide Sportarten dieselben Wurzeln. Der Grund für die Trennung war das sogenannte Hacking, ein Hacken mit dem Fuß. Die eine Gruppe sagte: „Es gehört dazu, dass man drängelt, aufeinanderzuspringt, dass man sich zu Fall bringt und Gewalt ausleben kann. Das ist männlich.“ Die andere Gruppe war etwas zimperlicher. Der Fußball ließ seine wilden Anfänge hinter sich. Aus dem Spiel mit hohem Risiko wurden die größten Gefahren entfernt.

Je mehr Gewalt eine Sportart zulässt, desto weniger findet in ihrem Umfeld statt?

Von den Regeln hängt ab, wie stark die Dosis Gewalt ausfallen kann. Überall, wo die Grenzen weit dehnbar sind, gibt es kaum

Ausschreitungen. Für Rugby- oder Box-Zuschauer gibt es keinen Grund, nach den Veranstaltungen weiterzumachen. Sie haben genug Gewalt gesehen. Die Leute gehen vergnügt nach Hause, beim Fußball ist das nicht immer so.

Ist die natürliche Gewalt des Fußballs der Ausgangspunkt für die Hooligans?

Wo beim Fußball die Grenzen sind, geht es bei den Hooligans erst richtig los. Sie brauchen das Befeuern, die Initialzündung durch den Fußball. Da springt die Lust an der Gewalt über. Der entscheidende Unterschied ist: Die Hooligans akzeptieren die herkömmlichen Grenzen nicht mehr. Es gibt keinen Schiedsrichter, der eingreifen und Feldverweise aussprechen kann. Diese zivilisatorische Leistung der Fußballspieler, die Gewalt zu bremsen und unter Kontrolle zu bringen, wird von den Hooligans nicht toleriert. Sie organisieren ein zweites Spiel, das sich die Gewaltelemente zu Nutze macht. Das Schockierende ist, dass man üblicherweise vom Sport etwas ganz anderes erwartet. Man will ihn friedlich ablaufen sehen.

Ist die Gewalt im Sport historisch gewachsen?

Das kann man so sagen. Seit der frühen Antike existieren in unserer Kultur Spiele auf Leben und Tod. Auch sie sind ritualisiert, intern geregelt und beruhen auf Übereinkommen. Tote werden in Kauf genommen, sei es in Zweikämpfen, in Ritterturnieren, in tödlich verlaufenden Wetten oder in Straßenkämpfen. Die Athleten der ersten Olympischen Spiele zum Beispiel hatten wenig Regeln, Anstand und Hemmungen in unserem Sinn. Sie taten alles, was nicht unmittelbar verboten war. Man konnte zum Beispiel jemandem den Finger brechen oder ihm in die Augen stechen. Es liegt auch daran, dass Krieg und Sport nicht weit auseinanderlagen. Wenn keine Kriege waren, wurde ausgiebig Sport getrieben, teilweise mit Mitteln, die aus Kriegen bekannt waren. Oft waren erfolgreiche Sportler diejenigen, die als Kriegsführer die grausamsten Dinge taten. Es gab keine Polizei und lange Zeit kein Rechtssystem.

Wann setzte der Prozess der Zivilisierung ein?

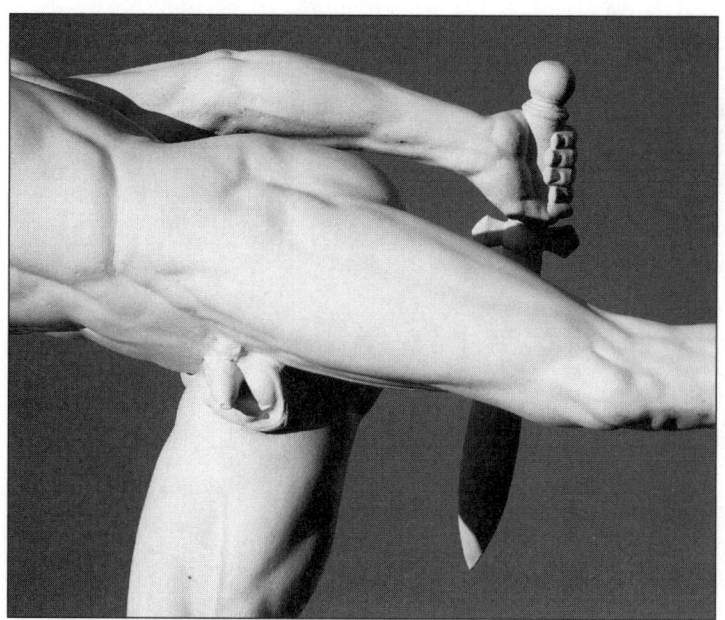

Erbe der Antike: Die Gewalt im Sport ist historisch gewachsen.

Europäische Gesellschaften befinden sich seit dem späten Mittelalter in einem Prozess der Zivilisierung. Es gab zu jener Zeit kein großes Reich mehr, keinen Kaiser oder König, sondern viele kleine Gebiete mit Territorialherren. In der Frühen Neuzeit haben sich größere Staaten gebildet, insbesondere Frankreich und England, die beide eine Zentralgewalt, einen König hatten, der über das gesamte Land herrschte. Der entscheidende Punkt ist, dass überall nur noch eine Instanz im Staat Gewalt ausüben durfte. Das war der Souverän: der Kaiser, König oder ein anderer Herrscher. Das hat dazu beigetragen, dass die Staaten sich im Inneren befriedet, aber nach außen hin mehr Kriege geführt haben.

Wie beurteilen Sie die Entwicklung bis in die Gegenwart?
In Westeuropa haben wir inzwischen weitgehend befriedete Gesellschaften, in denen Prügeleien junger Männer relativ selten geworden sind und die Empfindlichkeit gegenüber körperlicher Gewalt extrem hoch ist. Die Gesellschaft hat die Gewalt durch

Ausbruch innerer Zwänge: „Village Football" im England des 16. Jahrhunderts.

Repression von Jahrzehnt zu Jahrzehnt immer weiter zurückgedrängt. Schläge in der Schule von Lehrern zum Beispiel sind längst verboten. Auch die rituellen Wirtshausschlägereien auf dem Land, die es lange gegeben hat, gibt es kaum noch. Diese Männlichkeitsrituale sind mittlerweile fast Geschichte.

Die Menschen haben gelernt, sich selbst zu zivilisieren?

Ihnen blieb nichts anderes übrig. Gewalt hat sich in innere Zwänge verwandelt. Aber immer wieder können aggressive Triebe hervorbrechen. Wenn wir mit dem Auto im Stau stecken, nehmen wir das hin. Gelegentlich läuft mal jemand Amok, aber das passiert relativ selten. Wir sind unaufhörlich in Situationen, in denen wir unsere Wut, unseren Ärger und unsere Gewaltneigungen zurückschrauben müssen. Wenn wir jemanden schlagen, kriegen wir einen Prozess an den Hals. Wenn ich einem Studenten die Kreide an den Kopf werfe, was ich nie im Leben tun würde, dann rennt dieser zur Rechtsabteilung der Universität und beschwert sich. Wir sind alle ständig dabei, uns selbst zu zivilisieren. Ohne diesen Prozess wäre das Zusammenleben vieler Menschen auf einem kleinen Raum gar nicht möglich. Er geht voran, macht Rückschritte und geht wieder voran. Über fünf, sechs, sieben Jahrhunderte betrachtet, kann man sagen, dass die äußerliche, körperliche Gewalt zurückgedrängt wurde. Vor allem durch ein stetig wachsendes Maß an Selbstkontrolle.

Rütteln die Hooligans an dieser Errungenschaft der Zivilisation?
Nicht nur die Hooligans. An den Rändern unserer Zivilisation gibt es viele Ausbruchsversuche. Bestimmte Gruppierungen machen die Verwandlung von Fremdzwang in Selbstzwang nicht mit. Viele kommen aus behüteten Familien und sagen sich: „Da fehlt was." Sie wollen ihre Komplexe ausleben, ihre innere Wut und vor allem ihre Männlichkeit. Für sie ist das Männliche das Großartige und das Weibliche das Verächtliche. Ebenso wie den Spielern geht es den Hooligans um die körperliche Konfrontation mit männlicher Härte. Beide suchen die totale Erschöpfung.

Der PR-Berater Klaus Kocks bezeichnete sich einst als „Hooligan der feineren Stände".
Es gibt Geschäftsleute und Manager, die so weit wie möglich gehen, um ihre Gegner zu reizen und ihre Ziele zu erreichen. Das ist ein Element der Ellenbogengesellschaft, die Hooligans verfolgen ihre Ziele mit Gewalt, das ist der Unterschied. Aber auch andere Männer entwickeln Fantasien und verfallen in altertümliche Muster, die in unserer Gesellschaft längst verboten und verpönt sind. Diese Leute leben ihre Spannungen in Nischen aus, in Reservaten der Männlichkeit. Es gibt diejenigen, die sich besaufen oder Drogen nehmen. Es gibt Autobahnraser, die Unfälle verursachen.

Und es gibt die Sehnsucht nach Schmerz.
In dem Film *Fight Club* wird das stark verarbeitet. Solche Filme fallen nie vom Himmel. Sie nehmen Tendenzen auf, Wünsche und Erfahrungen. Manche Männer begeben sich sogar in Todesnähe. In Russland wurde vor Jahrzehnten der Faustkampf wiederentdeckt.

Junge Männer gehen mit nackten Oberkörpern aufeinander los, meistens auf Schnee und Eis. Das ist eine Missachtung der Standards unserer Versicherungszivilisation. Diese Leute wollen in Bereiche gehen, die andere meiden. Die Hooligans sehen den Schmerz als Möglichkeit, um mit der Wirklichkeit in Kontakt zu treten. Dieser Schmerz kann in seiner Heftigkeit jedes Denken auslöschen. Wir finden an vielen Orten in der Gesellschaft dieses ernste Spiel mit den zivilisatorischen Grenzen. Diese Grenzgänger dezivilisieren.

Gehen Hooligans einen Schritt zurück in der Evolution?

Sie gehen nicht zurück. Sie kommen auch nicht aus der Steinzeit, wie das manche plakativ behaupten. Wir müssen das von einer anderen Perspektive betrachten. Hooligans können in der Evolution sogar einen Schritt nach vorn gehen. Dass sie die zivilisatorischen Grenzen nicht akzeptieren, ist nämlich ein ganz heftiger Antrieb für ihr Handeln.

Wie meinen Sie das?

Die Zivilisation dreht die Kontrollschraube immer fester. Es gibt eine Fülle an neuen Kontrollformen, um Gewalttäter zu identifizieren. Die DNA, die Körpertemperatur oder die Pupillen werden analysiert. Mit dieser Zunahme von Möglichkeiten wird die Selbstkontrolle der Menschen ausgeweitet. Ein Beispiel: Wenn man die Fremdkontrolle im Gefängnis durch ständige Videoüberwachung erhöht, fühlen sich die Insassen noch mehr beobachtet. Irgendwann fangen sie an, sich selbst zu beobachten.

Sie entwickeln eine Außenperspektive?

Mehr noch, sie verdächtigen sich selbst. Diese Kontrollen kann man unterlaufen. Bei einer Gesichtskontrolle kann ein falscher Schnurrbart die Apparate in Verlegenheit bringen. Die andere Möglichkeit ist zu sagen: „An dieser Stelle haue ich erst richtig drauf. Das akzeptiere ich nicht, ich sprenge die Kontrollen." Das ist in gewisser Hinsicht auch ein Schritt nach vorn. Die Hooligans wissen, dass sie beobachtet werden. Sie können die Kontrollen im Stadion nicht unterlaufen, das ist heutzutage nicht mehr möglich. Deshalb machen sie etwas anderes und treffen sich zu Prügeleien im Wald. Sie tun das, was die Polizei nicht will.

Manche Wissenschaftler und Funktionäre behaupten, der Hooliganismus gilt als Fall fürs Museum. Halten Sie das für eine Verharmlosung?
Wir müssen vorsichtig sein. Zu sagen, der Hooliganismus läuft aus, ohne alle Verästelungen zu kennen, kann falsch sein. Solche Phänomene können jederzeit wiederbelebt werden, wenn es zum Beispiel Fankriege gibt oder andere Auseinandersetzungen, in denen es darum geht, Prestige zu erwerben. Solch ein Phänomen ändert sich ständig.

Wie wandelt er sich genau?
Zunächst einmal ist der Hooliganismus ein Altersphänomen. Hooligans sind selten 50 Jahre und älter. Das Ganze findet in einem bestimmten Altersfenster statt. Wenn die Leute diesem entwachsen sind, verbürgerlichen sie sich – im Beruf und in der Familie. Sie können nebenbei zwei, drei, vielleicht vier Jahre als Hooligan durchhalten, aber dann ist es vorbei. Wenn sie dann zwei oder drei Kinder haben und ihnen das Wasser bis zum Hals steht, nimmt der Reiz des Hooligan-Daseins rapide ab.

Welche Gewaltformen prophezeien sie dem Fußball der Zukunft?
Die WM in Deutschland lieferte uns Hinweise für die Zukunft. Der Weltfußballverband FIFA hat einige Regeln erlassen, um die Gewalt auf und neben dem Rasen zurückzudrängen. Die stärkere Kontrolle durch Kameras führt dazu, dass die Spieler selbst zu anderen Formen der Gewalt greifen: Zur verbalen Gewalt. Sie beleidigen sich, wie es der Italiener Marco Materazzi im WM-Finale gegenüber dem Franzosen Zinedine Zidane getan hat. Sie provozieren wie die Portugiesen Luis Figo oder Cristiano Ronaldo ihre Gegenspieler. Die Gewalt wird nicht mehr nur in manifesten Akten wie Schlägen oder Tritten erkennbar sein. Fußball ist sehr durchtrieben, er enthält fiese Formen, die versteckt und untergründig sind. Es wird vermutlich zu feineren und weniger sichtbaren Formen der Gewalt kommen.

Das garstige Kind wird erwachsen

Die englischen Hooligans, einst gefürchtet in ganz Europa, sind von Politik und Vereinen zurückgedrängt worden – übrig geblieben ist nur der schlechte Ruf

Graeme Smale will den Ausweis sehen, sonst sagt er gar nichts. Journalisten stehen in seiner Gunst weit unten, irgendwo zwischen Politessen und Gerichtsvollziehern. Er ist der Typ Mann, der schnell unruhig werden kann. Besonders wenn er an die Presse denkt: „Millwall wurde in England immer als Synonym für Schande dargestellt. Ach, was sage ich, in ganz Europa." Er lehnt sich zurück und lockert den Knoten seiner blauen Krawatte. Auf der linken Brusttasche ist ein Stecker befestigt, das Wappen des Millwall FC. Graeme Smale ist der Sekretär des Supporters Club, der Fanvereinigung des Vereins. Er sitzt in deren Anlaufstelle, in einem dunkelblauen Doppelstockbus in der Nähe des Stadions, das den Namen The Den trägt. Die Höhle.

„Wir hatten großen Ärger mit Hooligans und Rassisten", sagt Graeme Smale. Er möchte kein Foto von sich machen lassen, er arbeitet für die Regierung, das könnte Probleme bereiten. „Unsere Fans sind noch immer keine Engel. Aber das sind die von West Ham und Leeds auch nicht." Seit mehr als 30 Jahren geht er zu Millwall, in seiner Stimme schwingt tiefe Verbitterung. „Der Verein und wir haben viel gegen die Gewalt getan. Es ist sicherer geworden, viel sicherer. Aber interessiert das Leute wie Sie überhaupt? Nein! Denn wir sind kein schicker Klub wie Chelsea oder Arsenal." Würde er seine Worte zu Papier bringen, er würde vermutlich hinter jeden Satz ein Ausrufezeichen setzen.

Millwall ist Fußball-Unterschicht. Dritte Liga. Beheimatet im ungemütlichen Südosten Londons. Trotzdem oder gerade deshalb illustriert der Verein die Geschichte des englischen Hooliganismus wie kein zweiter: Von der Eskalation in den 1970er und 1980er Jahren, über die Befriedung und die Repressionswelle in den 1990ern bis zur aussichtslosen Imagepflege im neuen Jahrtausend. Millwall verkörpert die dunkle Seite des Spiels: „Ob wir das nun wollen oder nicht."

Es war das Jahr 1885, als schottische Arbeiter einer Marmeladenfabrik auf der künstlichen Halbinsel Isle of Dogs die Millwall Rovers gründeten. Nördlich der Themse, wo heute die Docklands stehen, eines der größten Prestigeobjekte Londons. Für die Working class, die englische Arbeiterklasse, war der Fußball von unschätzbarem Wert. Junge Männer mussten unter unwürdigen Bedingungen arbeiten, der Besuch im Stadion diente ihnen als Flucht vor dem Alltag. Für sie waren Theater, Bücher und Museen Begriffe aus einer anderen Welt. Sie wollten am Geschehen beteiligt sein. In den Pubs – und auf den Tribünen.

In einem Land mit verstaubter Klassenstruktur, in dem Gefühlsausbrüche missbilligt werden und Männlichkeit mit Leidensfähigkeit gleichgesetzt wird, war der Sport die nahe liegende Bühne für Aggressionen. „In anderen Ländern gilt Fußball als Synonym für Schönheit", erzählt der Sportjournalist Raphael Honigstein, der für deutsche Zeitungen aus London berichtet. „In England ist Fußball gespielter Krieg." In den Arenen und auf den Dorfplätzen schlagen zwei Mannschaften eine Schlacht, so ist es seit Jahrhunderten, und im Unterbewusstsein brodelt der Frust einer Gesellschaft. Bereits am 30. Oktober 1890 schrieb *The Times:* „Der Hooligan ist ein abscheulicher Auswurf unserer Zivilisation."

Die kriegerischen Instinkte spielen im englischen Fußball eine wichtige Rolle. Seit der Invasion der Normannen im Jahr 1066 hat England keine überlebenswichtige Schlacht verloren. Der schmerzhafte Verlust des Empires kam durch einen politischen Prozess zu Stande. Überall in England sind Straßen und Plätze nach militärischen Auseinandersetzungen benannt worden. „Dieser Ethos lebt in den Fans weiter", sagt Raphael Honigstein. Sie bezeichnen sich

Höhle des Löwen: Polizisten auf ihrem Rundgang vor dem Stadion des Millwall FC.

allgemein als Supporters, Hilfstruppen, und sie geben sich martialische Gruppennamen. Die Anhänger des FC Chelsea nennen sich „Blue and White Army", die von Manchester United „Red Army". Vor jedem Anpfiff brüllen sie ohrenbetäubend, um den Gegner zu verängstigen – doch bis zur realen Gewalt war es lange nicht weit.

Siehe Millwall. Nach einigen Umzügen fand der Verein südlich der Themse ein neues Zuhause, an der Cold Blow Lane, in der Nähe der Bahnstadion New Cross. Das Stadion war bald nur noch unter dem Namen The Lions Den bekannt. Die Höhle des Löwen. Sie lag zwischen brüchigen Reihenhäusern und verdreckten Gassen. Die Gegend, eine Insel der Rückständigkeit, erinnerte an das düstere London von Charles Dickens. Die Zuschauer, Arbeiter und Arbeitslose, lebten in dem von der Politik vernachlässigten Bezirk Southwark und den angrenzenden Stadtteilen. Sie liebten das rabiate Spiel auf dem Rasen. Es sollte nicht modisch sein, nicht verspielt, sondern ehrlich. Viele Besucher neigten zur Gewalt und zum offenen Rassismus. 1920 wurde die erste Platzsperre verhängt, es folgten viele weitere. Die Fans formierten sich zu einem gefürchteten Mob. Dartpfeile, Ninjasterne und Attrappen von Handgranaten flogen durch The Den. Der Millwallism hielt Einzug in den Sprachgebrauch. Ein Verein wurde zur Metapher für die schlimmste Krankheit des Fußballs.

Nicht nur beim Millwall FC entwickelten die Fans ein intensives Verhältnis zu ihrem Klub und zu ihrem Stadtteil. Viele Hafenarbeiter hatten nach dem Niedergang der Schifffahrtindustrie ihren Job verloren. Nach dem schleichenden Zerfall sehnten die Arbeiter verflossene Gemeinschaften und eine neue Identität herbei. Viele wurden in den Stadien fündig. Ihr oberstes Ziel: Die Kurven mussten gegen Eindringlinge verteidigt werden. „Der Verein wurde zum Symbol für die eigenen Wurzeln", erläutert John Williams von der Universität Leicester, einer der renommiertesten Fanforscher Englands. „Es ging um Heimat, um Stolz und um Abenteuer." Junge Männer hielten in der Nacht Ausschau nach fremden Gesichtern. Wer unbekannt war, wurde verprügelt.

In England nahm der Hooliganismus Fahrt auf. Im Schatten der Vereine bildeten sich berüchtigte Gruppen, sogenannte Firms. Die Stadien waren alt und marode, es gab keine Trennung der Fans, sie konnten mühelos die gegnerischen Tribünen stürmen. The Den, Millwalls mit Farben beschmierte, nach Bratfett riechende Höhle, wurde regelmäßig zum Schauplatz von Ausschreitungen. Landauf, landab glichen sich die Bilder. Einen großen Einfluss hatte auch der hohe Alkoholkonsum. Die britische Gesellschaft betrieb das Trinken als Form des sozialen Beisammenseins. Wenn es nicht in den Stadien knallte, dann in den Kneipen. Politiker, Polizisten und Funktionäre waren machtlos.

Die 1980er Jahre gingen als das blutigste Jahrzehnt in die Geschichte des englischen Fußballs ein. Nach einem verlorenen Pokalspiel in Luton zerstörten die Hooligans von Millwall, auch Bushwhackers genannt, den Gästeblock und später die angrenzenden Häuser. Am 11. Mai 1985 verbrannten 56 Zuschauer auf einer Holztribüne in Bradford. Zwei Notausgänge waren geschlossen. Wochen später, am 29. Mai, ereignete sich die folgenschwerste Katastrophe des englischen Fußballs. Im Endspiel um den Europokal der Landesmeister traf im Heysel-Stadion in Brüssel der FC Liverpool auf Juventus Turin.

Tragödie mit tödlichen Folgen: Im Heysel-Stadion starben im Mai 1985 39 Menschen.

Hunderte angetrunkene Engländer passierten die Einlasskontrollen. Der Kartenverkauf verlief ohne Koordination, bei der Einteilung der Blöcke häuften sich die Fehler. Die englischen Randalierer griffen die Fans von Juventus an. Mit Stangen, Knüppeln und Steinen. Die Tifosi gerieten in Panik und versuchten davonzulaufen, weit kamen sie nicht. Durch ihren Druck stürzte eine Mauer ein. Aus Krawallen wurde ein Massaker, 39 Menschen starben, 600 wurden verletzt. Im Stadion waren kaum Polizisten vor Ort. Die wenigen, die da waren, mussten lange auf Verstärkung warten. In ihren Funkgeräten befanden sich keine Batterien. Um die Lage zu beruhigen, wurde die Partie angepfiffen. Juventus siegte 1:0, es war das unwichtigste Resultat der Fußball-Geschichte.

Der FC Liverpool erhielt von der europäischen Fußball-Union UEFA eine Sperre von sechs Jahren für alle internationalen Wettbewerbe. Alle anderen englischen Klubs mussten fünf Jahre zuschauen. 14 englische Gewalttäter mussten für drei Jahre ins Gefängnis. Für die Versäumnisse der belgischen Polizei wurde der Einsatzleiter zu einer Haftstrafe von neun Monaten verurteilt. Die belgische Regierung und die UEFA zahlten umgerechnet rund 1,5 Millionen Euro Entschädigung an die Angehörigen der Opfer.

In England setzte eine ungekannte Hysterie ein – mit den falschen Konsequenzen. Ken Bates, damaliger Eigentümer des FC Chelsea, schlug beispielsweise die Einführung von Wassergräben und stromgeladenen Zäunen vor. Die Zeit der Block-Stürmungen war zwar vorüber, aber dafür hatten sich die Stadien in gefährliche Käfige verwandelt. Am 15. April 1989 kam es zur nächsten Katastrophe, dieses Mal ohne die Einwirkung randalierender Fans. In Sheffield traf der leidgeprüfte FC Liverpool im Halbfinale des englischen Pokals auf Nottingham Forrest. Viele Zuschauer waren kurz vor Anpfiff noch nicht im Stadion gewesen. Die Polizei wurde nervös und öffnete ein zweites Tor. Tausende drängten hinein, Hunderte wurden gegen Zäune gedrückt oder stürzten die Ränge hinunter. 96 Menschen starben vor laufenden Fernsehkameras, 766 wurden verletzt. So tragisch die Ereignisse im Hillsborough-Stadion waren – sie markierten den Wendepunkt in der englischen Sicherheitspolitik. Chris Whalley, Stadion-Sicherheitschef der englischen Football Association (FA), brachte es in der *Neuen Zürcher Zeitung* auf den Punkt: „Ohne die Katastrophen, die vielen Toten und die schrecklichen Bilder wäre nichts passiert. Der Preis war unendlich hoch." Desinteresse und Hilflosigkeit wichen einem Konzept, das Prävention und Repression verbindet.

Bryan Drew hat sein Büro im Süden Londons. Es verbirgt sich zwischen Backsteinbauten und Industriehallen. Seit Hillsborough ist er eine der wichtigen Figuren im Kampf gegen Hooligans. „Bis 1989 haben alle auf die Schläger geachtet. Seit Hillsborough konzentrieren wir uns auf die öffentliche Sicherheit." Bryan Drew leitet die United Kingdom Football Policing Unit (UKFPU), die Koordinationsstelle der englischen Polizei, vergleichbar mit der Zentralen Informationsstelle Sporteinsätze in Düsseldorf. Er ist ein freundlicher Mann, der wie auf Knopfdruck einen strengen Blick aufsetzen kann. Hinter seinem Schreibtisch hängen die Spielpläne der ersten vier Ligen, ein paar Meter weiter prangen geschmacklose Artikel der englischen Boulevardpresse und dutzende Vereinsschals. „Die Kommunikationsprobleme zwischen Regierung, Polizei und Vereinen haben wir gelöst", sagt Bryan Drew. „Das war ein langer Prozess. Und wir lernen noch immer dazu."

Nach Hillsborough berief die Regierung von Premierministerin Margaret Thatcher eine Untersuchungskommission ein. Diese Entscheidung war wie in Deutschland vor der Verabschiedung des Nationalen Konzeptes Sport und Sicherheit auch in England seit Jahren überfällig. Die Untersuchungen führten zum Football Spectators Act. Darin kam der Ermittler Lord Taylor of Gosforth im Januar 1990 zu dem Urteil, dass u.a., aber nicht ausschließlich Stehplätze und Zäune aus den Stadien verschwinden müssen, um mehr Sicherheit zu gewährleisten. Notausgänge wurden erweitert. In der gleichen Zeit wurde in London unter Polizeidirektor Bryan Drew die National Unit aufgebaut, der Vorläufer der heutigen UKFPU.

Auf der Insel wurden nach und nach überall Sitzplätze installiert. 30 neue Stadien und über 200 neue Haupttribünen wurden seit 1990 errichtet. Die Fans des Millwall FC mussten sich von ihrer charmanten Ruine The Den trennen, da ein Umbau zu teuer gewesen wäre. Wenige hundert Meter weiter, auf den Senegal Fields, wurde The New Den errichtet, ein modernes Stadion für rund 20.000 Zuschauer. Im Sommer 1993 bezog Millwall die neue Heimat – und das Gewaltproblem wanderte mit. Gleich in der ersten Saison jagten Fans des damaligen Zweitligisten Spieler von Derby County vom Rasen, das Spiel musste abgebrochen werden. Es war eine Zeit angebrochen, in der Polizei und Vereine nicht mehr so gnädig mit Hooligans umgingen. Durch die Kamerasysteme konnten Krawallmacher für Jahre aus den Stadien verbannt werden. Vor Ort beobachteten nun Football Intelligence Officers, uniformierte Polizisten, und Spotters, Fahnder in Zivil, die Strömungen in den Fanszenen. „Langsam veränderte sich das Bewusstsein", schildert Bryan Drew. „Die Hooligans wussten, was sie erwartet, wenn sie Ärger machen. Sie lernten dazu. Und die Vereine auch."

Aus Angst vor Strafen investierten die Klubs zunehmend in Prävention. Kampagnen gegen Rassismus wurden verstärkt. Es hatte sie schon in den 1980er Jahren gegeben, als sich in Deutschland oder den Niederlanden noch niemand für Gewalt im Fußball verantwortlich fühlte. Hunderte Spieler und bekannte Persönlichkeiten aus allen Gesellschaftsbereichen traten in England als Botschafter auf. Der dunkelhäutige Stürmer Thierry Henry, tätig beim

FC Arsenal in London, besuchte mehrere Schulen. Stundenlang saß er mit Kindern und Jugendlichen zusammen und sprach über Rassismus, kompetent und verständlich, weil er sich mit entsprechender Literatur vorbereitet hatte und die Problematik aus eigener Erfahrung kennenlernen musste. Verbände und Vereine bezahlten Millionenetats für soziale Projekte, sie stritten sich nicht wie in Deutschland um ein paar hundert Euro.

Der Millwall FC bildete keine Ausnahme. Jahrzehntelang waren Schmähungen auf den porösen Stehrampen in The Den zu hören. 1994 gründete das Präsidium ein Antirassismus-Komitee, Millwall beteiligte sich an der landesweiten Initiative „Kick it out". Einige Fans, die regelmäßig durch Gewalt und rassistische Parolen aufgefallen waren, erhielten Stadionverbote. Für zwei Jahre, für fünf Jahre, manche ein Leben lang. Es folgte eine Ausstellung über die Geschichte schwarzer Spieler.

Für Millwalls Verhältnisse vergingen erstaunlich ruhige Jahre. Ohne Platzstürme und blutige Jagdszenen. Die Löwen brüllten nicht mehr so laut, doch gezähmt waren sie noch lange nicht. Am 2. Mai 2002 verlor Millwall in der Relegation um den Aufstieg in die Premier League gegen Birmingham City. Das Gegentor im entscheidenden Spiel fiel in der letzten Minute. Wieder hatte der notorisch erfolglose Klub den Sprung in eine bessere Welt auf tollpatschige Art verpasst. Etwa 1000 Fans, die meisten waren nie durch Gewaltbereitschaft aufgefallen, stürzten sich auf die Polizei. Diese Zerstörungswut hatte es lange nicht gegeben. 47 Polizisten wurden verletzt, viele schwer.

Millwall drohte zu zerbrechen. Die Polizei kündigte an, keine Kräfte mehr für The Den abzustellen: Keine Sicherheit, keine Spiele. Die Vereinsführung zog die Zügel straffer. Fahndungsfotos wurden auf der Internetseite veröffentlicht. Vorerst durften die Fans nicht zu Auswärtsspielen reisen. Zu Hause wurde das Membership Scheme eingeführt. Tickets wurden nur noch an Klubmitglieder verkauft. Gegen die Vorlage von zwei Fotos, den Ausweis und die Wohnsitz-Bestätigung des Vermieters. Die Maßnahmen zeigten Wirkung: Die meisten Hooligans wollten ihre Adressen nicht angeben, die Zahl der Festnahmen sank drastisch.

Festnahmen im Fußball *in England*

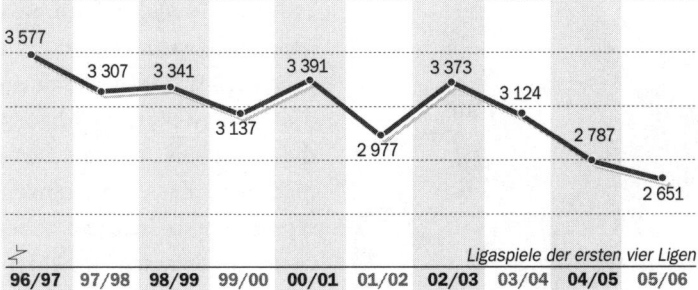

| 96/97 | 97/98 | 98/99 | 99/00 | 00/01 | 01/02 | 02/03 | 03/04 | 04/05 | 05/06 |

Ligaspiele der ersten vier Ligen

Werte: 3 577 · 3 307 · 3 341 · 3 137 · 3 391 · 2 977 · 3 373 · 3 124 · 2 787 · 2 651

Das galt für die meisten englischen Vereine, wie die Zahlen der United Kingdom Football Policing Unit belegen. Demnach wurden in der Saison 2005/2006 in allen Fußballwettbewerben 3.462 Festnahmen gemeldet. Im Vergleich zu 2004/05 entsprach das einem Rückgang von sieben Prozent. In den beiden Spielzeiten davor war die Quote bereits um elf beziehungsweise um zehn Prozent gesunken. Zugleich erhöhte sich die Zahl der Stadionverbote bis zum 10. Oktober 2006 auf 3.387, in der Saison zuvor waren es noch 3.153. Natürlich äußern die Anhänger ihre Abneigung gegenüber der Null-Toleranz-Politik. Sie sagen, der Fußball werde „entmännlicht" und würde seine Seele verlieren. Wer sich während des Spiels etwa von seinen Sitzplätzen erhebt, wird von den Ordnern gerügt. Die Hooligans verlagern die Krawalle nach draußen. Mehr als die Hälfte der Festnahmen in der Spielzeit 2005/06, insgesamt 1.807, wurden außerhalb der Stadien vorgenommen: Drinnen waren es 1.655.

„Das ist der Preis für die Sicherheit, den wir zahlen müssen", erwidert Polizeidirektor Bryan Drew. Er verleiht der rigiden Politik ein Gesicht und eine Stimme. Im Großraumbüro der Koordinationsstelle gehen 20 Mitarbeiter ihrer Arbeit nach. „Ich bin sehr zufrieden mit unserer Ausstattung. Wir mussten lange darauf warten." Bryan Drew leitet die Football Unit seit fast 20 Jahren. Trotzdem macht er nicht den Eindruck, als würde er gelangweilt Floskeln herunterbeten. Zum Vergleich: Die Zentrale Informationsstelle Sporteinsätze in Düsseldorf hat fünf Mitarbeiter, sie ist unterbesetzt, zugeben will das niemand. Bryan Drew schiebt seine Brille mit dem Zeigefinger Rich-

Strenger Blick, feste Stimme: Polizeidirektor Bryan Drew.

tung Stirn. Man merkt, dass er keine Zweifel aufkommen lassen will, wenn er sagt: „Wir geben die Verantwortung an die Fans weiter. Sie haben die Wahl: Sie können Lärm machen, singen und tanzen. Wir lassen sie in Ruhe. Aber wenn sie Schaden anrichten, Schlägereien anfangen oder öffentliches Eigentum zerstören, dann machen wir ihnen das Leben schwer. Das sind die Regeln. Einfach, oder?"

Kevin Miles kennt diese Regeln. Er weiß, dass sie funktionieren, zumindest innerhalb der eigenen Grenzen. Im Ausland ist die Lage anders. Seit den 1980er Jahren sind englische Hooligans fast bei jedem großen Nationenturnier in Erscheinung getreten. „Die Vergangenheit wird für viele noch lange der Maßstab sein", sagt Kevin Miles. Er ist einer der Koordinatoren der Football Supporters Federation (FSF), der Vereinigung der organisierten Fans, und bei jedem Länderspiel des englischen Nationalteams dabei. Früher war er als Aktivist einer Gewerkschaft und als Journalist tätig. Zu Hause trifft man ihn selten an, deshalb muss man ihm für ein Interview hinterherreisen.

Im November 2006 führte ihn seine Arbeit nach Amsterdam. England traf in einem Freundschaftsspiel auf die Niederlande. Auf dem Beursplein, einem kleinen Platz im Zentrum der Stadt, hatten Kevin Miles und seine Kollegen die englische „Fanbotschaft" postiert, die es seit 1990 gibt: Er suchte den Kontakt zur Basis, er sprach mit den Anhängern, machte Scherze und verteilte Broschüren. Äußerlich würde er unter den Fans nicht auffallen, und das will er auch nicht. Er sieht sich als Teil der Fanszene, als deren Stimme. Er trägt Kurzhaarfrisur, der Bauch ist gut genährt, und wenn er sich mit Bekannten aus seiner Heimatstadt Newcastle unterhält, ist sein Slang kaum zu entschlüsseln. Kevin Miles ist mitverantwortlich dafür, dass die Gewalt im englischen Fußball zurückgegangen ist, denn die Bekämpfung basiert nicht nur auf Repressionen.

Die Fanarbeit in England hat sich verbessert. Jahrzehntelang wurden die Anhänger von den Vereinen und der nationalen Football Association nicht ernst genommen, sondern nur als Spendengeber wahrgenommen. In keinem Vorstand saß ein Fanvertreter, auch professionelle Fanbeauftragte gab es nicht. 1985, nach der Heysel-Katastrophe wurde die Football Supporters Association gegründet (FSA), eine kleine politische Faninitiative, vergleichbar mit dem Bündnis aktiver Fußballfans (BAFF) in Deutschland. Die FSA bot den Fans ein Forum, sie wehrte sich u.a. gegen überzogene Strafen. 2002 schloss sie sich mit der National Federation of Football Supporters Clubs zusammen, einer aufgeblähten, aber meist wirkungslosen Organisation der Fanverbindungen der Vereine.

Die neu entstandene Football Supporters Federation hat fast 150.000 Mitglieder. Sie ist kein Dachverband für sozial-präventive Fanarbeit nach dem deutschen Modell, darum kümmern sich die Vereine individuell in Projekten. Dennoch genießt die FSF hohes Ansehen. Was sich auch im Etat widerspiegelt: Während der WM 2006 stellte die Regierung 150.000 Euro zur Verfügung. Unter anderem für 50 Mitarbeiter, 4 Autos, 15 Handys, eine Internetseite und 110.000 Broschüren. Seit 2007 beträgt das Jahresbudget 340.000 Euro, finanziert jeweils zu einem Drittel von der FA, der Premier League und der Spielergewerkschaft. Die umfangreichen Serviceleistungen tragen zu einer friedlichen Stimmung bei. „Wir können uns vor Sponsoren kaum noch retten", sagt Kevin Miles, der in der FSF für die internationalen Aufgaben verantwortlich ist. Allmählich werden die Fans in England nicht mehr pauschal als Hooligans wahrgenommen – im Rest der Welt ist das anders.

Vor jedem Länderspiel informiert Kevin Miles die örtliche Polizei. Jedes Mal wirbt er um Zurückhaltung der Sicherheitskräfte, in der Regel erntet er skeptische Blicke. Ihm sind schon viele Versprechungen gemacht worden, die nicht eingehalten wurden. Auch in Amsterdam traf er auf kooperative Polizisten, das glaubte er zumindest. Doch es kam anders: Am späten Abend feierten rund 2.000 englische Fans im Rotlichtviertel. Errötet und aufgedunsen waren ihre Gesichter von den Unmengen des Alkohols. Brüllend huldigten sie ihrer Königin. Sie verschütteten Bier, urinierten in die kleinen Kanäle, waren aber ansonsten friedlich. Aus einer Kneipe drang Lärm, es kam zu Rangeleien. Die niederländischen Polizisten, die bis dahin im Hintergrund geblieben waren, stürmten hinein. Aus den Rangeleien wurde eine handfeste Schlägerei. Die Konsequenzen: Verletzte, Festnahmen, Sachschaden – und eine Imagepflege der negativen Art. So sieht er aus, der ewige Kreislauf.

„Heutzutage ist es wahrscheinlicher, dass die englischen Fans angegriffen werden", sagt Kevin Miles. „Nicht umgekehrt." Er übertreibt ein bisschen. Die Hooligans haben sich nicht über Nacht in einen Klub handzahmer Schwiegersöhne verwandelt, aber seine Botschaft wird deutlich. Gemessen an den Krawallen bei den Weltmeisterschaften 1990 in Italien und 1998 in Frankreich oder den Europameisterschaften 1988 in Deutschland und 2000 in den Niederlanden und Belgien, als hunderte Hooligans festgenommen wurden, hat sich die Lage beruhigt. Grund dafür ist vor allem der Football Disorder Act, den die Regierung unter Premierminister Tony Blair im Jahr 2000 verabschiedet hatte.

Als Reaktion auf die Ausschreitungen in Belgien sollte es bekannten Hooligans erschwert werden, die Insel zu verlassen. Seitdem werden Reisepässe eingezogen, Meldeauflagen verhängt und Stadionverbote verschärft. Bei der WM in Deutschland wurde mehr als 3.000 Engländern die Ausreise verweigert. Bis auf wenige Ausnahmen blieb es weitgehend friedlich. Sicher kann sich Kevin Miles deshalb nicht sein. Er könnte stundenlang über Versäumnisse ausländischer Polizisten sprechen. In Osteuropa hat er schlimme Erfahrungen gemacht, in Polen, in der Slowakei, in Kroatien. In Istanbul wurden im April 2000 zwei Fans aus Leeds von türkischen Anhängern erstochen. Die Polizei war bei der Fantrennung überfordert gewesen. „Manchmal knüppeln sie ohne Vorwarnung drauflos. Dann wollen sie zeigen, dass sie stärker als die Engländer sind. Leider ist es leichter, sich einen schlechten Ruf zu erarbeiten, als ihn zu verlieren."

Image und Wirklichkeit – wenn es um die englischen Fans geht, liegen dazwischen oft Welten. Und eine Hauptrolle spielen die

„Es ist leichter, sich einen schlechten Ruf zu erarbeiten, als ihn zu verlieren": Fanarbeiter Kevin Miles.

Medien. Vor jedem Turnier werden die düsteren Bilder der britischen Bestien gezeichnet. Unmittelbar vor den Spielen verwandelt sich die Berichterstattung in schieren Voyeurismus. Unvergessen bleiben die Szenen von der EM 2000. Im belgischen Charleroi stand die Vorrundenpartie zwischen England und Deutschland bevor. Jede Fernsehstation der Welt schien ein Kamerateam zum Place Charles II. entsandt zu haben. Vermutlich waren mehr Reporter außerhalb des Stadions unterwegs als innerhalb. Einige postierten sich auf Dächern und Balkonen. Sie beobachteten die deutschen Fans auf der einen Seite des Platzes, die englischen auf der anderen und die Polizei in der Mitte. Und sie warteten auf die Eskalation zwischen den alten Rivalen. Es gab einige Festnahmen – doch so schlimm, wie viele erwartet hatten, wurde das Aufeinandertreffen nicht.

Graeme Smale, der Sekretär des Millwall Supporters Club, schimpft noch immer auf die Presse. „Man tut uns Unrecht", sagt er. So schwer es die englischen Fans im Ausland haben, ihren Ruf abzulegen, so schwer hat es Millwall auf der Insel. Bereits 1977 strahlte die BBC eine Dokumentation über die Bushwhackers aus. Seither wurde der Hooliganismus von der Boulevardpresse wie ein garstiges Kind aufgezogen. Jahr für Jahr veröffentlichten die Zeitungen Ranglisten der brutalsten Schläger und der unsichersten Stadien. Sie druckten reißerische Texte. Ohne Hintergründe und Diplomatie.

Es manifestierte sich ein festes Bild in der Öffentlichkeit. Bald erkannten die Hooligans, dass sie daraus Profit schlagen können. Sie versuchten sich als Kleinunternehmer, Partyveranstalter und Buchautoren. Noch heute sind in den großen Buchhandlungen in der Oxford Street, im Zentrum Londons, Regale mit Hooligan-Biografien verstopft. „Das ist pure Nostalgie", sagt Graeme Smale.

Die von Rost zerfressenen Eisenträger gibt es noch immer, auch das Kopfsteinpflaster und die muffigen Pubs, und dennoch ist Millwall nicht mehr das, was es einmal war. Der englische Fußball im Allgemeinen hat sich verändert. Auf den Spielfeldern sind die rustikalen Handwerker rar geworden. Stattdessen stürmen Künstler aus aller Welt elegant über den Rasen. Die 1992 gegründete Premier League ist die aufregendste Liga überhaupt geworden. Der internationale Erfolg der Vereine, die stabilen Zuschauerzahlen und die hohen Erlöse aus dem Fernsehvertrag (3,5 Milliarden Euro bis 2010) locken Geldgeber wie den russischen Milliardär Roman Abramowich an. Seit 2003 ist er Besitzer des FC Chelsea. Bis Ende 2006 waren bereits sechs Klubs aus der 1. Liga in der Hand ausländischer Investoren. Ein Ende ist nicht in Sicht.

Seitdem sich der Markt geöffnet hat, verändert sich die Demografie in den Stadien. Die Preise für Eintrittskarten steigen schneller als das durchschnittliche Jahreseinkommen. Die günstigsten Tickets beim FC Chelsea, beim FC Arsenal oder bei Manchester United können mehr als 100 Euro kosten. Selbst beim Millwall FC, in der 3. Liga, werden für die billigste Karte 21 Pfund verlangt, immerhin 32 Euro. Die Besucher werden älter und wohlhabender. Die Wahrscheinlichkeit, dass größere Gruppen von aggressiven Jugendlichen in die Arenen gelangen, sinkt stetig. Fast die Hälfte aller Profispiele kommt laut einer Studie inzwischen ohne Polizeipräsenz aus.

Suzanne Roberts-Attwood betritt den blauen Doppelstockbus im Schatten von The Den. Die studierte Soziologin leitet den Sup-

Erprobte Kämpfer gegen Gewalt: Die Strategie der englischen Polizei gilt in Europa als beispielhaft.

porters Club des Millwall FC. Sie ist auffällig geschminkt und drückt sich etwas gestelzt aus. Wenn man es nicht besser wüsste, man würde sie auf der Ehrentribüne vermuten. Vor dem Spiel gegen Doncaster lädt sie zum Rundgang durch das Stadion. In den Katakomben von The Den erinnert nicht viel an die blutigen Zeiten von früher. Auf der Stadionleinwand schicken „Mama und Papa ihrem Sohn Connor beste Glückwünsche zum neunten Geburtstag". Während des Spiels passiert wenig. Ein paar Mittelfinger werden in die Luft gereckt, einige Kraftausdrücke fallen. In der Halbzeit stehen Väter mit ihren Söhnen an den Imbissständen und schauen auf die kleinen Monitore. Nur auf der Osttribüne gibt es ein paar Schreihälse, die das Image konservieren wollen. Große Sorgen bereiten sie selten.

„Sehen Sie", sagt Suzanne Roberts-Attwood. „Das ist die Wirklichkeit." Auch die Gegend um The Den herum entwickelt sich. Es leben mehr Ausländer im Südosten Londons. Ins Stadion trauen sie sich selten. Wie bei allen englischen Wettbewerben. Der Anteil ausländischer Besucher auf den Tribünen liegt nur bei zwei Prozent, ähnlich wie in Deutschland. Es gibt kaum schwarze oder asiatische Schiedsrichter und Funktionäre. Auch deshalb hat es Millwall immer noch schwer, Sponsoren zu finden. „Es wird eine Generation dauern, bis Millwall seinen dunklen Ruf verloren hat", befürchtet Suzanne Roberts-Attwood. „Sonst würden wir jetzt nicht über dieses Problem reden." Diese Worte gelten für die gesamte englische Fankultur. Den Zuschauern von Millwall ist das herzlich egal. Mit Inbrunst donnert ihr Gesang durch die Arena: „No one likes us – we don't care!"

Ultra rechts

Die faschistischen Fans in Italien haben einen großen Teil dazu beigetragen, dass der Calcio in eine bedrohliche Krise gestürzt ist

Es war ein Fußballspiel, eine Partie zwischen zwei Mannschaften, nichts Außergewöhnliches, doch die Szenen jenseits der Seitenlinien erinnerten an Krieg. Autos brannten, Glasscherben splitterten, Rauchbomben flogen, Tränengas verpestete die Luft. Vermummte Männer stürmten aufeinander los. Sie attackierten die Polizei und warfen mit allem, was ihnen in die Hände fiel. An einem schwarzen Freitag im Februar 2007 landete der italienische Fußball, der seine Unschuld schon vor Jahrzehnten verloren hatte, vorübergehend auf dem Totenbett. Auf Sizilien kam es während des Lokalderbys zwischen Calcio Catania und US Palermo zu schweren Ausschreitungen. Für 40 Minuten musste das Spiel unterbrochen werden. Mehr als 100 Verletzte wurden in Krankenhäusern behandelt. Für den Polizeiinspektor Filippo Raciti endeten die Krawalle tödlich. Er wurde erschlagen. Mit einem Waschbecken. Vermutlich von einem 17 Jahre alten Teenager.

Filippo Raciti war das zweite Todesopfer innerhalb einer Woche in Italien. Am Sonntag zuvor war der Funktionär eines Amateurklubs aus Kalabrien von gegnerischen Spielern und Fans zu Tode getreten worden. Er hatte einen Streit schlichten wollen. Auch auf anderen Plätzen und Tribünen flogen die Fäuste. Die Ereignisse entfachten einen Sturm der Entrüstung: Der Fußballverband unterbrach alle Ligen und sagte ein Länderspiel der italienischen Nationalmannschaft ab, das hat es zuvor nie gegeben. Zwei Menschen hatten dafür sterben müssen. „Erst nach dieser Katastrophe sind auch die Mächtigen wach geworden", sagt Carlo Balestri von der Faninitiative Progetto Ultra in Bologna.

Der italienische Fußball war nie friedlich, und er wird es auch so bald nicht sein. Es war eine Frage der Zeit, dass wieder jemand stirbt im Schatten des Spiels. Dennoch überboten sich Politiker und Funktionäre nach dem Tod von Filippo Raciti mit Bestürzung. Innenminister Giuliano Amato versicherte: „Ich schicke meine Polizisten unter diesen Bedingungen nicht mehr in die Stadien." Ministerpräsident Romano Prodi kündigte strenge Maßnahmen an: Spiele ohne Zuschauer, härtere Strafen für Krawallmacher, ein Netzwerk sozialpädagogischer Fanprojekte. Außerdem sollten die tatenlos zuschauenden Klubs mehr in die Verantwortung genommen werden. Klingt gut – in der Theorie. Sollte der Tod des Polizisten Raciti den Wendepunkt in der sorglosen Sicherheitspolitik markieren?

Wohl kaum. Bereits eine Woche nach der sizilianischen Gewaltorgie wurde wieder gespielt. Mit Polizei. Elf Stadien in den ersten beiden Ligen mussten zwar ohne Zuschauer auskommen, doch von der neuen Vernunft der Offiziellen war nicht viel übrig geblieben. Ein paar Geisterspiele, ein paar neue Drehkreuze und mehr Ordner am Eingang, das war's, und der Calcio feierte Auferstehung. Die Tageszeitung *Corriere della Sera* schrieb: „Es ist unsere Spezialität, fast schon eine mathematische Formel: Auf die erste massive Entrüstung folgt sofort ein Verdrängen und Vergeben in genau gleichem Ausmaß."

Carlo Balestri ist ein gebildeter, redegewandter Mann. Er weiß, dass man den Versprechungen der Politiker selten Glauben schenken kann. Er wurde schon zu oft enttäuscht. Mit seinen Kollegen von der Faninitiative Progetto Ultra kämpft er gegen den Rassismus in den Stadien und für den Erhalt der traditionellen Fankultur. 2002 wurde das Netzwerk Movimento Ultra gegründet. „Viel Unterstützung haben wir nie erhalten", sagt Balestri. Trotz Weltmeistertitel ist der Calcio, das liebste Kind der Italiener, längst zum Spielball im Geflecht von Politik, Wirtschaft und Medien verkommen. In einer Gesellschaft, die in den vergangenen Jahrzehnten immer mehr nach rechts gerückt ist und in der politische Skandale zum täglichen Leben gehören wie das fließende Wasser.

Er sitzt auf einer Bank in der Nähe der Piazza Venezia, im Zentrum von Rom. Es hat Jahre gegeben, da musste Carlo Balestri

genau aufpassen, welche Straßen
er in der italienischen Hauptstadt überquert. Viele Ultras
der beiden großen Klubs AS
Rom und Lazio wünschten ihn
zum Teufel. Im Olympiastadion
reckten sie ein riesiges Transparent gegen Progetto Ultra empor.
Ihre politischen Feinde. Nicht
nur in Rom haben Faschisten die
Kurven eingenommen. Kelten-
kreuze, Runen und Hitlergrüße
sind fast in jedem Stadion Italiens
zu sehen. „Jetzt ist es fast zu spät,

„Viel Unterstützung gab es nie": Carlo Balestri
aus Bologna.

um die Faschisten aufzuhalten", glaubt Carlo Balestri. Er spricht
leise, als würde er einer verflossenen Liebe nachtrauern. Der Fußball, den er als kleiner Junge so geliebt hat, ist ein Fall für das Anti-
quariat. Heute ist er vor allem eins: ultra rechts.

Die Geschichte des Niedergangs ist lang. Carlo Balestri hat versucht sie einzufangen. Progetto Ultra besitzt ein großes Archiv.
Es ist auf mehr als 20.000 Bücher, Filme, Magazine, Artikel und
Fotos angewachsen. Bereits 1905 musste in Turin ein Spiel zwischen Juventus und dem FC Genua wegen Krawallen abgebrochen
werden. 1912 bewahrte die Polizei einen Schiedsrichter vor der Stei-
nigung. Zwei Jahre später kam es erstmals in Rom zu Ausschreitungen außerhalb eines Stadions. „Je wichtiger der Fußball wurde",
sagt Carlo Balestri, „umso mehr Gewalt ging von den Fans aus."

Die erste Verbindung zwischen Politik und Fußball knüpfte
in den 1920er und 1930er Jahren Benito Mussolini, der Duce del
Fascismo, Italiens faschistischer Diktator. Er nutzte das Stadion
als Bühne für seine Propaganda, ließ sich auf der Ehrentribüne
nieder und suchte den Kontakt zu bekannten Spielern. Seine Söhne
schrieben sich als Mitglieder bei Lazio ein, sie wurden begeisterte
Tifosi. Der 1900 gegründete Verein, Lieblingsklub des Bürgertums,
wurde zur Spielwiese faschistischer Parteibonzen. Auch der italienische Fußballverband FIGC wurde von Faschisten geleitet, sie

verboten den Vereinen zeitweilig die Verpflichtung ausländischer Spieler. 1936 gewann eine von Adolf Hitler hoch gelobte italienische Auswahl in Berlin die olympische Goldmedaille. Der Calcio war in der rechten Ecke versunken – befreien konnte er sich bis heute nicht.

Anfang der 1960er Jahre löste der Fußball in Italien den Radsport als beliebteste Sportart ab. Es bildeten sich die ersten Fangruppen, die ihre Mannschaften organisiert unterstützten. Die Fedelissimi waren geboren, die Treuesten. Der Legende nach soll eine italienische Zeitung den Begriff Ultra erstmalig benutzt haben, um Anhänger des AC Turin zu beschreiben. Sie hatten einen Schiedsrichter aus Wut bis zum Flughafen verfolgt, Ultra war in diesem Fall ein Synonym für Radikalität.

Die Ausbreitung der Ultra-Bewegung fand in einer politisch aufreibenden Zeit statt. Das veraltete Bildungssystem und der schwindende Arbeitsmarkt lösten Proteste aus. Außerschulische Freizeitangebote gab es kaum, auch die Kirche war in der Jugendarbeit keine große Hilfe. Schüler und Studenten wandten sich von der Elterngeneration ab und ließen ihrem Frust in einer neuen Protestkultur freien Lauf. Sie suchten die Aufmerksamkeit, die ihnen der Staat verwehrt hatte, und sie wurden fündig. Auf den Straßen, wo Millionen ihr Arbeitsrecht einforderten, zum Teil mit brutaler und Tod bringender Gewalt – und in den Stadien.

„Die ersten Ultras sahen in den linken Protestgruppen ihre Vorbilder", erzählt Carlo Balestri. Damals war er ein kleiner Junge. Die Bilder auf den Straßen ähnelten zunehmend den Bildern in den Kurven. Der Wunsch nach Geschlossenheit, Härte und Loyalität verlagerte sich in die Arenen. Die Ultras nutzten die gleichen Gesänge und die gleichen Hilfsmittel: Transparente, Fahnen, Flugblätter und Megafone. Notfalls verteidigten sie ihre Ideale mit den Fäusten, nicht wie die englischen Hooligans aus purer Lust, sondern als Druckmittel auf die Obrigkeit. Darauf legten sie großen Wert. Der Begriff des Hooligans wurde in Italien kaum benutzt.

Es entstanden Gruppen, deren Namen auf das linke Spektrum hinwiesen, zum Beispiel das „Commandos Rossoblù" in Bologna. Ihre Choreografien, Fahnen und Leuchtraketen finanzierten sie selbst. Sie waren im Straßenkampf erprobt, ihre Strukturen unterlagen einer strengen Hierarchie. Der Capo, der Anpeitscher, saß auf Zäunen. Er schrie in sein Megafon – und die Masse schrie mit. Es bildeten sich viele Gemellaggi, Fanfreundschaften, zum Beispiel zwischen Milan und Bologna.

Die Repression gegen die linke Protestbewegung wuchs. Die meisten Führungskräfte der Polizei hatten ihren Dienst schon während des Faschismus verrichtet. Anfang der 1980er Jahre verschlechterte sich die wirtschaftliche Situation in Italien. Das Vertrauen der Bevölkerung in das Parteiensystem sank. Die rechten Gruppen gewannen an Macht, die kommunistische Partei verlor an Boden. Auch in den Stadien war der gesellschaftliche Ruck nach rechts zu beobachten. Am 28. Oktober 1979 kam es zur ersten großen Tragödie innerhalb eines italienischen Stadions. Der Lazio-Fan Vincenzo Paparelli hatte vor dem Anpfiff des Römer Derbys seinen Platz eingenommen, als ihn ein Feuerwerkskörper aus der Roma-Kurve im Gesicht traf. Paparelli starb und wurde zur Symbolfigur. Am selben Tag kam es auch in drei anderen Stadien zu schweren Ausschreitungen.

Die Folge war ein erhöhtes Sicherheitsaufkommen in den Stadien, zuvor waren kaum Polizisten für den Fußball abgestellt worden. Unter den Fans war derweil eine neue Generation herangewachsen. Die Ideale der traditionellen Ultra-Kultur verloren an Bedeutung. Auch in der Provinz formierten sich mehr und mehr Ultra-Gruppen. Die bedingungslose Verbundenheit in den zumeist verarmten Kleinstädten stützte den rechten politischen Flügel. Der Nährboden für den aufkommenden Rassismus in Italien dehnte sich auf die Kurven aus. Fanfreundschaften zerbrachen. „Die Welt begann sich in Freund und Feind zu trennen", schrieb das österreichische Fußballmagazin *Ballesterer*.

Immer mehr Ultra-Gruppen wurden zu Anlaufpunkten für rechtsextreme Splittergruppen. Die Parteien Lega Nord oder Forza Nuova rekrutierten ihre Mitglieder u.a. in den Stadien. Die Hierarchien in den Fanblöcken waren leicht zu unterwandern, die Ultras hörten auf ihre Anführer. Einige Capos kandidierten sogar für Regionalparlamente. „Die meisten Ultras bezeichnen sich als unpoli-

tisch", sagt Carlo Balestri und winkt ab. „Aber das sind sie nicht."
Der Calcio wurde von den Tentakeln der Politik fest umklammert.
Rassismus, Antisemitismus und Homophobie gehörten bald in die
Kurven wie Doppelhalter und bengalische Feuer. Im Januar 1995
wurde der Fan Vincenzo Spagnolo aus Genua von dem Milan-Fan
Simone Barbaglia erstochen. Der 18-Jährige hatte den Mord geplant,
weil er Anerkennung in der Szene suchte. Danach trafen sich erst-
mals die relevanten Ultra-Gruppen, um einen gemeinsamen Ehren-
kodex zu schaffen. Die Wirkung war bald verpufft. Die traditionelle
Kultur, entsprungen aus einer linkspolitischen Protestbewegung,
zerbröselte unter dem Druck von rechts. Das 1977 gegründete linke
„Commando Ultra Curva Sud", eine der größten Gruppierungen im
Umfeld des AS Rom, löste sich 1999 entkräftet auf.

Möglich sind diese rassistischen Hetztiraden nur in einem gesellschaftlichen Klima, in der das rechte Gedankengut nicht verurteilt,
sondern gefördert wird. Die Faschisten hatten in Italien niemals so
totalitär herrschen können wie die Nazis in Deutschland. Sie hatten

mit dem Königshaus und mit der katho-
lischen Kirche zwei starke Gegenparteien.
In Rom kann man jedoch noch immer
an jeder Ecke Plakate und Kalender von
Mussolini kaufen. Auch nach Hitlers
„Mein Kampf" muss man nicht lange
fragen. Der ehemalige Lazio-Spieler
Paolo Di Canio hob mehrfach während
des Spiels den rechten Arm und streckte
ihn stramm zum römischen Gruß in
Richtung der Tribünen aus. In Deutschland sagt man dazu auch Hitlergruß. Er
schwärmte in der Öffentlichkeit von
Mussolini und hetzte gegen Immigranten.
Die Laziali vergötterten ihn, die Klubführung schwieg. Ernsthaft bestraft wurde Di
Canio nie. Sieht man von ein paar Geldstrafen ab. In Deutschland wäre er ver-

Vorbild der Rechten: Paolo Di Canio.   mutlich lebenslang gesperrt worden.

Wie aber soll das in einem Land funktionieren, in dem der lang-jährige Ministerpräsident Silvio Berlusconi eine politische Partner-schaft mit der Enkelin des einstigen Führers angestrebt hatte, die heute der faschistischen Partei vorsteht, mit Alessandra Mussolini? In manchen Regionen liegt die Jugendarbeitslosigkeit bei 70 Pro-zent. Jeden Tag sind Meldungen in den Zeitungen über gewalt-same Übergriffe zwischen Jugendlichen zu lesen. Messer gehören in manchen Gegenden zur Grundausstattung eines Teenagers. Manchmal genügt eine kleine Provokation – und die Lage eskaliert. Die Jugendlichen fühlen sich von der Regierung im Stich gelassen, und so schließt sich der Kreis: Auch die Ultras der ersten Stunde wehrten sich gegen die Politik. Allerdings hat sich das Gewaltpoten-zial seit den 1960ern enorm verschärft.

Der soziale Frust kommt der Rechten zugute. Die Splitter-gruppen schüren die Abneigung gegenüber Ausländern. Von den 80.000 Ultras in den 445 Ultra-Gruppen sind nach Schätzungen der Polizei aus dem September 2005 mehr als 30.000 in rechtsradikalen Organisationen eingeschrieben. *Die Zeit* zitierte Riccardo Pacifici, den Sprecher der jüdischen Gemeinde in Rom, einmal so: „Leider hat dieses Klima dazu geführt, dass jüdische Fans lieber nicht mehr ins Stadion gehen. Wir haben keine Angst vor Rechtsextremen. Außerhalb des Stadions werden wir gut mit denen fertig. Innerhalb kann die Lage schnell unkontrolliert werden."

Verschont geblieben von der Übernahme faschistischer Fans sind wenige Provinzklubs wie Lecce, Siena oder Cagliari. In Livorno dagegen, wo 1921 die kommunistische Partei Italiens gegründet worden war, wehrt sich die „Brigate Autonome Livornesi" gegen die Angriffe von rechts. Stattdessen preisen sie Stalin, Lenin und Marx. Bei den Heimspielen ertönt die Hymne der erloschenen Sow-jetunion, so etwas gibt es in Italien nur einmal. Doch auch sie sind der Gewalt nicht abgeneigt. Die Squadra Azzurra, die italienische Auswahl, trägt ihre Länderspiele selten in Rom oder Mailand aus. Aus Angst vor rassistischen Übergriffen. Das Innenministerium äußerte sogar öffentlich seine Furcht, dass sich faschistische Fan-gruppen aus Rom, Mailand und Verona zu einer gewaltigen Orga-nisation zusammenschließen könnten.

Von der Regierung, dem Verband und den Vereinen kam
trotzdem lange Zeit kaum Gegenwehr. Die europäische Fußball-
union UEFA gewährte Geld für Kampagnen gegen Rassismus, doch
die italienischen Vereine beteiligten sich nicht daran. Sie liegen seit
Jahrzehnten in den Händen von Mäzenen: Die Fiat-Familie Agnelli
beispielsweise hatte Juventus Turin übernommen, der Ölmilliardär
Moratti Inter Mailand. Die Großunternehmer investieren viel Geld
in ihre Spielzeuge. Gleichzeitig können sie auf den Ehrentribünen
mit ihrer wirtschaftlichen Potenz protzen. Silvio Berlusconi trieb
dieses Spiel bis zur Perfektion. 1986 hatte er den AC Mailand als Präsident übernommen. Der Medienunternehmer nutzte den Fußball
für das Fernsehen – und das Fernsehen für den Fußball. 1994 ging
er in die Politik. Die von ihm gegründete Partei nannte er „Forza
Italia", nach dem Schlachtruf der Azzurri. Der Calcio schrumpfte
weiter zum Werkzeug der Mächtigen.

Der Größenwahn hatte eine neue Stufe erreicht. Ohne Rücksicht
auf Verluste verprassten die Eigner Millionen für Transfers und
Spielergehälter. Den Ultras, die den Fußball über alles stellten, war
in diesem überdimensionierten Monopoly-Spiel nur eine Nebenrolle zugeschrieben. Die Patriarchen instrumentalisierten sie für
den eigenen Wahlkampf. Sie erbaten ihre Hilfe, wenn Trainer oder
Spieler vertrieben werden sollten. Aber um ihre Rechte kümmerten
sich die Besitzer nicht. Die Ultras wollten sich das nicht gefallen
lassen, wie die Journalistin Birgit Schönau zu erzählen weiß. Sie
berichtet für *Die Zeit* und die *Süddeutsche Zeitung* aus Italien, seit
1992 lebt sie in Rom: „Nur im Stadion können die Fans ihre gesellschaftliche Ohnmacht durchbrechen, die sie früher als Parteigänger
und als unmündige Bürger empfunden haben. Die Gewalt bricht
erst dann los, wenn die Fans auch im Stadion zum Spielball werden.
Wenn sie zahlen müssen, aber keine Rechte haben."

Die Ultras wehrten sich. Mit Militanz und Kompromisslosigkeit
setzten sie die Mäzene unter Druck. Einige traten für den Erhalt ihrer
Tradition ein, viele schossen jedoch über das Ziel hinaus. Die Fans
von Inter hatten den Ordnerdienst fest im Griff. Sie schmuggelten
einen Motorroller ins Stadion und warfen ihn in den Unterrang,
ernsthaft verletzt wurde niemand. Das linksorientierte „Collettivo

Autonomo Viola" des AC Florenz zwang gleich zwei Präsidenten durch massive Proteste und Stimmungsboykotte zum Rücktritt, Ranieri Pontello im Jahr 1990 und Vittorio Cecchi Gori 2001. In Verona verhinderten rechtsextreme Ultras 1996 die Verpflichtung des farbigen niederländischen Spielers Michel Ferrier. Sie gingen mit Ku-Klux-Klan-Kapuzen ins Stadion und hängten eine überlebensgroße schwarze Stoffpuppe auf. Daran war ein Schild befestigt mit den Worten: „Negro go away."

Der Einfluss auf die Vereinspolitik wurde größer. „Die Ultras in Italien sind die mächtigsten Fans in Europa", glaubt Birgit Schönau. Regelmäßig werden die Klubchefs erpresst, an die Öffentlichkeit traut sich niemand. Manche Capos fordern Freikarten, die sie auf dem Schwarzmarkt teuer verkaufen. Sollten sich die Präsidenten weigern, erhöhen die Ultras den Druck. Mit Gewalt und rassistischen Schmähungen. Infolgedessen werden die Vereine mit Platzsperren, Punktabzügen oder Geldstrafen belegt. Spielabbrüche gibt es trotz Rauchbomben und Randale relativ selten. Sie würden den Fußball vollständig erpressbar machen, da die Partien mit 0:3 Toren gewertet werden müssten.

Manchmal ist ein vorzeitiges Ende aber nicht zu vermeiden. Im März 2004 traf die Roma im Olympiastadion abermals auf Lazio. Die Führer der beiden Ultra-Gruppen wollten ihre Macht demonstrieren. Sie verbreiteten das Gerücht, dass die Polizei vor der Arena ein Kind überfahren habe. Die Stimmung wurde aggressiver. Zufällig befand sich der Polizeipräsident im Stadion. Er dementierte den Tod des Kindes. Die Ultras übertönten seine Stimme mit einem ohrenbetäubenden Pfeifkonzert. Drei Fans stürmten auf den Rasen und bedrohten die Spieler. Der Schiedsrichter und der Polizeichef wollten die Partie fortsetzen. Francesco Totti, der Kapitän des AS Rom, war anderer Meinung. „Wenn wir weiterspielen, bringen die uns um", soll er dem Spielleiter gesagt haben. Die Begegnung wurde abgebrochen. Die Ultras lieferten sich Kämpfe mit der Polizei. 170 Menschen wurden verletzt.

Ein halbes Jahr später stand die Roma wieder im Blickpunkt. Im Heimspiel in der Champions League gegen Dynamo Kiew traf eine Münze von der VIP-Tribüne den Schiedsrichter Anders Frisk. Das

Gesicht des Schweden war blutüberströmt, geschockt taumelte er in die Katakomben. Es war sein letztes Spiel. In der Folge musste die Roma zwei Partien in der Eliteliga ohne Zuschauer bestreiten. Im April 2005 traf Inter im Viertelfinale der Champions League auf den AC Mailand. Dichter Rauch vernebelte die Ränge in San Siro. Pausenlos regnete es Leuchtraketen. Sie landeten auf den Tribünen und auf dem Spielfeld. Ein Feuerwerkskörper aus der Inter-Kurve traf Milans Torhüter Dida. Der brasilianische Hüne brach zusammen und rollte sich mit schmerzverzerrtem Gesicht auf dem Rasen. Die Spieler waren zu Marionetten geschrumpft. Schiedsrichter Markus Merk aus Deutschland brach das Spiel ab. Die Ultras hatten ihr Ziel erreicht. Mit dem Kopf durch die Wand. Sie triumphierten über den Fußball – und behaupteten sich als letzte Instanz.

Wer die absurden Machtverhältnisse verstehen will, muss sich in den Süden von Rom begeben. Nahe des Bahnhofs Ostiense liegt das Hauptquartier der Irriducibili, der Unbeugsamen. So nennt sich der harte Kern der Anhängerschaft von Lazio Rom, und eines ist sicher, dieser Name ist keine Übertreibung. An den Wänden hängt gerahmtes Selbstlob. Fotos von Choreografien, Schals und Fahnen. Daneben ein Porträt von Mussolini und eine polizeifeindliche Karikatur. Die Irriducibili illustrieren treffend, wie einem Klub die Kontrolle über die eigenen Fans entgleiten kann.

Es war der Lebensmittelunternehmer Sergio Cragnotti, der die Ultras zu einer unberechenbaren Bestie heranwachsen ließ. 1992 hatte er Lazio in der Krise günstig übernommen. Als erster Patron ging er mit einem Verein an die Börse. Cragnotti wollte die Großen der Branche ärgern, Juve, Milan und Inter. Er verpflichtete teure Stars für sein Team wie Signori, Nedved oder Vieri. Sein Traum war es, eine unschlagbare Weltauswahl zu schaffen. Er lebte in fremden Sphären – und vergaß die Basis. Sorglos überließ er den Irriducibili den Kartenverkauf in der Curva Nord, der Heimat der hart gesottenen Laziali. Rund 300.000 Euro pro Saison flossen auf ihr Konto. Hinzu kam eine fünfstellige Summe aus der Vereinskasse. Die Irriducibili bauten sich ein blauweißes Imperium mit 14 Geschäften auf. Aus Fahnen schwenkenden Fans wurden Geld scheffelnde Geschäftsleute. Sie investierten in Zeitschriften, Radiospots und

Internetseiten. Bald war ihr Fanartikelverkauf erfolgreicher als der des Vereins. Sergio Cragnotti scherte sich nicht darum. Er hatte andere Sorgen, er dachte an Europas Fußballkrone.

Die Irriducibili arbeiteten sich auf der Leiter nach oben. Ihr Anführer Fabrizio Toffolo, eine düstere Figur, traf sich privat mit der Tochter des Klubchefs. Er legte sich Leibwächter zu und ordnete Gewalt an, sobald ihm eine andere Gruppierung zu aufmüpfig wurde. Kritischen Journalisten flatterten Morddrohungen ins Haus. Toffolo war in der Curva Nord das, was Pavel Nedved für

Unberechenbare Bestie: Die Irriducibili haben die Fankurve von Lazio Rom fest im Griff.

Lazio auf dem Spielfeld gewesen ist: der unumstrittene Regisseur. Er trat in den Medien auf und machte aus seinen Standpunkten kein Geheimnis. Für ihn war der Calcio der verlängerte Arm der Politik. Unter Toffolo bestätigten die Ultras ihre faschistoide Haltung. In einem Römer Derby gegen den AS Rom entrollten sie ein Transparent, darauf stand geschrieben: „Auschwitz ist eure Heimat, die Öfen sind eure Häuser."

Der naive Patriarch Sergio Cragnotti merkte, dass ihm die Probleme über den Kopf gewachsen waren, als er den Publikumsliebling Giuseppe Signori verkaufen wollte. Wütende Mitglieder der Irriducibili versammelten sich vor seinem Haus und drohten mit Gewalt. Signori blieb. Vorerst. Die Staatsanwaltschaft ermittelte gegen einige Ultras. Auf die Hilfe von Zeugen musste sie verzichten. Niemand traute sich auszusagen. Zu groß war die Angst vor den Unbeugsamen.

Der allmächtige Cragnotti aber stürzte tief. Und Lazio stürzte mit. Sein Familienunternehmen hatte mehr als eine Milliarde Euro an Schulden angehäuft, Lazio stand mit 150 Millionen in der Kreide. 2002 musste Cragnotti abdanken. Sein Weg führte direkt ins Gefängnis, wegen Korruption und Betrug. Zurück blieb eine aus dem Ruder gelaufene Fangruppe, die auf mehr als 7.000 Mitglieder angewachsen war. Vier Jahre später gestand er dem Fußballmagazin 11 Freunde reumütig: „Die Irriducibili sind ein Monster, das ich mit erschaffen habe. Ich hätte mehr Härte zeigen sollen, und ich hatte tatsächlich einmal die Chance dazu. Doch ich habe sie nicht genutzt."

Sergio Cragnotti hatte keine Macht mehr über Lazio, dafür wuchs die von Fabrizio Toffolo umso mehr. Und nichts schien ihn aufhalten zu können. 2002 schlug er auf Roms Zentralbahnhof Termini einen Polizisten krankenhausreif. Er musste ins Gefängnis und erhielt ein vierjähriges Stadionverbot. Die Haftstrafe wurde nach sechs Monaten in Hausarrest umgewandelt. Seinen Status büßte er nicht ein. Er dirigierte die Curva Nord aus der Ferne. Mit Handy und Kontaktmännern. Als er im Frühjahr 2006 ins Olympiastadion zurückkehrte, wurde er gefeiert wie ein Gladiator im alten Kolosseum. War er für alle Ewigkeit geläutert? Mitnichten. Es wurde alles noch schlimmer.

Der Reinigungsunternehmer Claudio Lotito hatte Lazio 2004 übernommen. Ein grober Zeitgenosse, der keine Erfahrungen im Fußball besaß. Lotito trat an, um den Laden aufzuräumen. Er setzte verdiente Mitarbeiter vor die Tür und kürzte sämtliche Gehälter. Das wurde von den Fans akzeptiert. Notgedrungen. Die Irriducibili ließ er zunächst in Ruhe. Glaubt man Beobachtern der Szene, soll er sie als Druckmittel eingesetzt haben. Massige Männer mit rasierten Schädeln protestierten tagelang vor den italienischen Steuerbehörden. Ob das tatsächlich eine angeordnete Taktik war, ist nie bestätigt worden. Wenn ja, war sie sehr erfolgreich. Lazio bekam eine Frist von 23 Jahren geschenkt, um den Schuldenberg abzuarbeiten. Die Irriducibili fühlten sich aufgewertet.

Doch die Dankbarkeit von Claudio Lotito hielt sich in Grenzen. Ohne Warnung kündigte er langjährige Abkommen mit den Ultras.

Es regte sich Widerstand, zunächst zaghaft. Die Irriducibili stellten finanzielle Forderungen. Lotito lehnte ungestüm ab. Er unterschätzte den Zorn der Ultras. Sie kündigten Vergeltung an. Und sie hielten Wort. Zunächst mit feindseligen Transparenten, später mit Drohungen und einer Briefbombe. Claudio Lotito wagte sich nicht mehr ohne Leibwächter aus dem Haus, seine Familie versteckte er im Ausland. Das Blatt hatte sich gedreht. Der Patron war zur Spielfigur geworden. Er hatte es sich verscherzt. Denn die Irriducibili vergessen nie.

Eine andere Hauptfigur tauchte auf: Giorgio Chinaglia, eine Ikone der Laziali. 1974 schoss der Torjäger die Mannschaft zur ersten Meisterschaft. Seine Zeit als Funktionär war weniger erfolgreich. In den 1980er Jahren kehrte er als Präsident zu Lazio zurück, wegen betrügerischen Bankrotts und Bilanzfälschung kam er vor Gericht. Auch mit seinen Unternehmen hatte er kein Glück. Den Irriducibili war das egal. Sie erinnerten sich an den Fußballer, nicht an den korrupten Geschäftsmann.

Giorgio Chinaglia stellte sich im Frühjahr 2006 überraschend als Botschafter einer ungarischen Investorengruppe vor, die an der Übernahme von Lazio interessiert sei. Die Ultras witterten ihre Chance auf mehr Macht. An der Seite ihres Helden wollten sie den alten Klubchef stürzen. Die Irriducibili starteten ihre Propaganda-Maschine. Gemeinsam posierten sie vor Fotografen und hielten Pressekonferenzen ab. Erpressungsversuche und Morddrohungen gegen Claudio Lotito wurden von den Ultras verschärft. Doch damit nicht genug.

Den ungarischen Partnern von Giorgio Chinaglia wurden Verbindungen zum Calesi-Clan nachgesagt, der zur Camorra gehört, dem blutrünstigen Mafiaring Neapels. Ermittler hatten entdeckt, dass der Clan mehr als 20 Millionen Euro in Ungarn versteckt hatte. Dieses Geld sollte zurück nach Italien fließen. Auf das Konto von Lazio. Die Polizei verhinderte die Geldwäsche. Gegen Chinaglia wurde ein internationaler Haftbefehl ausgesprochen. Vier Führungsmitglieder der Irriducibili kamen in Untersuchungshaft, darunter Fabrizio Toffolo. Im folgenden Spiel gegen Cagliari entfachten die Ultras einen Sturm der Entrüstung. Ihre Wut richtete

sich gegen den Präsidenten Claudio Lotito. Dann geschah das Unge-
heuerliche, das Unfassbare, es war wie eine Revolution: Auf den
anderen Tribünen erhoben sich die Fans. Ihr Frust brach aus ihnen
heraus. Sie brüllten die Hassgesänge der Ultras nieder und sangen
„Avanti Lazio". Langsam wurde es still in der Curva Nord, dem vielleicht mächtigsten Fanblock Europas, und für einen Moment war
die Bestie Irriducibili ganz zahm.

Carlo Balestri, der Fanaktivist von Progetto Ultra aus Bologna,
zündet sich eine Zigarette an. Er kommentiert die Geschichte der
Irriducibili ohne Emotionen. Was sich für jeden Mitteleuropäer wie
eine Räuberpistole aus einem schlechten Krimi anhören mag, ist
für ihn nichts Besonderes. Der italienische Fußball ist ein Hort von
organisierter Kriminalität. Er erinnert an die dunklen Ränder der
Politik, die regelmäßig Skandale produziert. Viele Ultra-Gruppen
stehen dem in nichts nach, die Kurven sind seit den 1970er Jahren
ein Brennglas der Gesellschaft geblieben.

In den Klubs gibt es wenige Vorbilder mit einer reinen Weste,
einige Präsidenten haben mehr als 100 Millionen Euro an Schulden
angehäuft. Inter Mailand hatte im Jahr 2000 so viel Geld für Transfers ausgegeben wie die ganze Bundesliga. Die Spitzenverdiener in
den Mannschaften kassierten mehr als zehn Millionen pro Jahr,
selbst abgehalfterte Profis auf der Reservebank durften sich auf bis
zu vier Millionen freuen. Im Schnitt gaben die Klubs rund 70 Prozent ihrer Jahresbudgets für Spielergehälter aus. Der Großteil der
rasant gestiegenen Fernseherlöse floss Jahr für Jahr an die Topver-
eine Juve, Milan und Inter.

Irgendwann implodierte das Luftschloss der Patriarchen. 2003
lagen die Steuerschulden aller Klubs bei rund zwei Milliarden Euro.
Traditionsvereine wie der AC Florenz oder der SSC Neapel standen
an der Schwelle zum Amateurfußball, andere Klubs verschwanden
ganz von der Bildfläche. Der Frust der Ultras schwoll an, oftmals wandelte er sich in Gewalt um. Neben der Misswirtschaft öffneten sich
andere Abgründe. Bilanzen waren gefälscht und Politiker geschmiert
worden. 2004 stürmte die Finanzpolizei in einer groß angelegten
Razzia die Zentralen von 51 Vereinen. Vor allem bei Juventus Turin
war die Liste der Skandale lang. Ende der 1990er Jahre war bekannt

geworden, dass die Spieler des Rekordmeisters regelmäßig gedopt wurden. Der Tiefpunkt folgte 2006. Unter dem Manager Luciano Moggi war ein Netzwerk der Korruption entstanden. Er bezahlte die Schiedsrichter für Spielmanipulationen. Moggis riesiges Kartell flog auf, Juve wurde in die Serie B zwangsversetzt.

Carlo Balestri schaut auf die Uhr. Er hat einen wichtigen Termin in Rom, er hört sich zumindest wichtig an. Nicht weit von der Piazza Venezia entfernt treffen sich ranghohe Politiker und Sportfunktionäre im Museum Capitolini. Der Saal „Pietro da Cortona" bietet Einblicke in die Antike. Zwischen den Gemälden und Büsten wurde ein Podium aufgebaut. Giovanna Melandri betritt den Saal, sie ist die Kultur- und Sportministerin Italiens. Filippo Fossati ist ebenfalls anwesend, der Präsident des Sportverbandes UISP. Auch Nicola Porro, Soziologe der Universität Cassino und Massimo Coccia, Vizepräsident des Fußballverbandes FIGC, sind gekommen. Carlo Balestri setzt sich in die Zuschauerreihen, er hat viele Konferenzen erlebt. Gebracht haben sie ihm nicht viel.

Zweieinhalb Stunden dauert die Sitzung. Die Gewalt im Fußball wird nur am Rande thematisiert. Auf Nachfrage setzt Sportministerin Giovanna Melandri ihren bösen Blick auf: „Wir werden alles unternehmen, um Gewalt und Rassismus aus den Stadien zu fegen." Sie ist das eine oder andere Mal an die Öffentlichkeit getreten und hat eine Null-Toleranz-Politik angekündigt. Tatsächlich ist die Repression in den vergangenen Jahren verschärft worden. 2005 wurde ein Gesetz verabschiedet, das viele Schwierigkeiten hätte beseitigen können. Doch die elektronische Eintrittskontrolle; die Videoüberwachung aller Zuschauersektoren und die Erhöhung der Ordner wurden nur von wenigen Vereinen eingehalten. Alle anderen hatten sich mit Sondergenehmigungen aus der Affäre gezogen.

Das Diffida, das Stadionverbot, ist zur populärsten Maßnahme geworden. Die italienischen Gerichte jedoch sind überlastet. Sie bearbeiten Delikte, die mehr als zwei Jahre zurückliegen. Stadiontickets werden nur noch nach Vorlage des Personalausweises verkauft. Probate Mittel. Doch von einem langfristigen Sicherheitskonzept kann noch keine Rede sein. Der ehemalige Ministerpräsident Silvio Berlusconi hatte manche Krisenklubs durch Sofortgesetze gerettet, ihm hätten schließlich Wählerstimmen abhanden gehen können. Er gewährte verlängerte Schuldenfrist. Dafür zahlten die Steuerzahler kräftig drauf. Die Dekrete, die Notstandsverordnungen, türmten sich zu einem Gesetzes-Dschungel auf. Berlusconi verbot die Sonderzüge für Auswärtsspiele, nachdem vier junge Fans aus Salerno am 23. Mai 1999 in einem in Brand gesetzten Waggon gestorben waren.

Auf Pläne der Prävention wartet Carlo Balestri bis heute. Es gibt noch keine sozialpräventiven Fanprojekte wie in Deutschland oder in den Niederlanden. Es fehlt eine Koordinationsstelle für die Polizei, die Informationen über Fans sammelt, auswertet und zugänglich macht, nach dem Vorbild der United Kingdom Football Policing Unit in London oder der Zentralen Informationsstelle Sporteinsätze in Düsseldorf. Das Osservatorio Nazionale sulle Manifestazioni Sportive, eine Abteilung des Innenministeriums, scheint damit überfordert zu sein.

Bislang wurden Kräfte der Antiterroreinheit Digos in die Fankurven geschickt. Die Kontaktbeamten hingegen, die Squadre Tifoserie, vergleichbar mit den szenekundigen Beamten in Deutschland, werden von den Ultras kaum akzeptiert. In der Saison 2004/05 wurden 931 Polizisten bei Fußballeinsätzen verletzt. Sie verdienen im Schnitt 1.300 Euro im Monat. Niemand möchte sich dafür verprügeln lassen. Im Olympiastadion von Rom verstecken sich Ordner und Polizisten in den Eingängen der Katakomben. Tatenlos schauen sie zu, wenn Fans innerhalb der Kurven über die Zäune klettern. „Wir sind ihre größten Feinde. Uns jagen sie", sagt ein Polizist, der nicht genannt werden möchte. Manchmal lugen sie mit ihren dunklen Uniformen hinter den dicken Plexiglasscheiben hervor. Verängstigt zucken sie zusammen, wenn die nächste Rauchbombe explodiert. Es wurden in der Vergangenheit schon Spiele verlegt, weil nicht ausreichend Personal zur Verfügung stand. Sicherheitskosten und Schäden verschlingen in jeder Saison fast eine halbe Milliarde Euro. Das ist mehr als das 30-fache der staatlichen Zuwendungen für den Breitensport.

Vielleicht würden die Vereine den Ultras mehr Beachtung schenken, wenn die Stadien in ihrem Besitz wären. Die meisten Klubs mieten die Arenen bei den Kommunen zum Spottpreis. Die sterilen Betonbauten wurden seit der WM 1990 in Italien nicht

Es geht auch anders: Choreographie im Mailänder San Siro.

modernisiert. Viele verfügen über keine modernen Kamerasysteme, sie bieten keinen Komfort und keine Hygiene. Als in Deutschland Multifunktionsarenen aus dem Boden schossen, investierten die Besitzer eifrig in Spieler. Die Kommerzialisierung nach amerikanischem Modell, die ein spendables Publikum aus der Mittelschicht anlockt, konnte sich in Italien nie durchsetzen. Den Ultras kommt diese Entwicklung recht. Frauen und Kinder sieht man auf den Tribünen nur vereinzelt.

Siehe Rom. Es hat lange nicht geregnet in der Hauptstadt Italiens, und dennoch spiegelt sich das Flutlicht im Stadio Olimpico in kleinen Pfützen. Vor jedem Fußballspiel wässern Feuerwehrleute die Flächen vor den Fankurven. Reine Schutzmaßnahmen. Sekunden nach dem Anpfiff fliegen die ersten Leuchtraketen und Rauchbomben in den Innenraum. Aus den Katakomben eilt ein kleiner Mann mit neongelber Weste herbei. Seine rechte Hand umklammert eine lange Zange. Er wirft einen kurzen Blick auf das Fahnenmeer in der Curva Sud, wo die Fans des AS Rom ihre Heimat haben. Dann greift er die tiefrot flackernde Rakete, befördert sie in einen großen Wasserbehälter und läuft zurück. Bevor der Qualm verzogen ist, steht der nächste Einsatz an. So geht das den ganzen Abend. Alltag in Rom.

„Es muss sich dringend etwas ändern", sagt Carlo Balestri, „sonst sehe ich schwarz." Die faschistischen Fans, die Machenschaften der Klubchefs und die lange während Tatenlosigkeit der Politik haben den Calcio in eine Existenz bedrohende Krise gestürzt. Längst ist die Zeit vorbei, da Italien die besten Kicker der Welt beherbergte. In der ersten Hälfte der Saison 2006/07 verzeichnete die Serie A den niedrigsten Zuschauerschnitt seit 1964. Nur rund 20.000 Zuschauer wollten die Spiele im Schnitt sehen, zehn Jahre zuvor waren es noch mehr als 30.000. Der Verkauf der Dauerkarten ging im Vergleich zum Vorjahr teilweise um 50 Prozent zurück. Es drohen Verhältnisse wie in Osteuropa.

Neue Stadien müssten gebaut und alte saniert werden. Die Regierung will sich nach den jüngsten Ausschreitungen für eine Privatisierung der Arenen einsetzen. Sie wird Unternehmern 20 Millionen Euro pro Jahr zur Verfügung stellen, die Kredite für die Renovierung oder den Neubau aufnehmen wollen. Die gesamten Renovierungskosten werden von Experten auf rund 600 Millionen Euro geschätzt. „In vielen Städten gibt es Pläne", berichtet Carlo Balestri, „aber Geld ist nicht da."

Er kennt sich gut aus in den höheren Kreisen. Er hatte Kontakt zu Politikern aufgenommen, um sinnvolle Gesetzesvorschläge zu erarbeiten. Sie haben ihm viele Versprechungen gemacht, eingelöst wurden fast keine. Carlo Balestri lächelt milde. Regelmäßig organisiert er die „Mondiali Antirazzisti", die antirassistische WM. „Wir haben einiges bewirkt", sagt er. Dennoch sind sie einsame Kämpfer. Die Ultras nähern sich rasant der organisierten Gewalt. Innerhalb und außerhalb der Stadien. Der klassische Hooliganismus, der sich in England, Deutschland und den Niederlanden in einem Auflösungsprozess befindet, könnte in Italien noch lange weiterleben. Carlo Balestri hat sich abgewöhnt, von besseren Zeiten zu träumen. Er würde nur wieder enttäuscht werden.

„Wir müssen immer Angst um unsere Jobs haben"

Die Fanarbeiter Illya Jongeneel und Martijn Pelle über kreative Hooligans, vererbte Rivalitäten und Existenzängste im niederländischen Fußball

Lange war es ruhig geblieben im niederländischen Fußball. Bis zum 30. November 2006. Hooligans von Feyenoord Rotterdam randalierten vor dem UEFA-Cup-Spiel in der Innenstadt von Nancy und lieferten sich im Stadion Kämpfe mit der Polizei. Das Spiel musste für eine halbe Stunde unterbrochen werden. Zwei Anhänger des UEFA-Cup-Siegers von 2002 mussten für 15 Tage ins Gefängnis, ein dritter wurde zu 30 Tagen Haft verurteilt. Feyenoord wurde aus dem Wettbewerb ausgeschlossen. Dennoch befindet sich der klassische Hooliganismus auch in den Niederlanden in einem Auflösungsprozess. Die organisierte Gewalt ist zurückgegangen. Illya Jongeneel, in den 1980er Jahren Initiator der niederländischen Fanprojekte, und sein Kollege Martijn Pelle erläutern die Ursachen und beschreiben die Fanszene des deutschen Nachbarlandes.

Herr Jongeneel, bitte erzählen Sie uns von Ihrer ersten Begegnung mit niederländischen Hooligans.

ILLYA JONGENEEL: Ich habe in den 1980er Jahren in einem Jugendzentrum in Eindhoven gearbeitet. Politiker haben mich 1985 gefragt, ob ich ein Konzert für gewaltbereite Fans organisieren könnte. Ich habe ja gesagt. Mit der Bedingung, dass ich die Probleme vorher untersuchen darf. Ich bin dann ein halbes Jahr mit den Hooligans mitgelaufen. Ich hatte zwar lange mit gewaltbereiten Jugendlichen gearbeitet, mit Jungen aus Marokko oder aus der Türkei, aber die Gewalt im Fußball kannte ich nicht. Ich habe dann einen Bericht an die Regierung geschickt. Es war nicht möglich, das Problem mit einem Konzert zu lösen.

Das geplante Konzert hat es niemals gegeben?

JONGENEEL: Meine erste Amtshandlung war ein bisschen naiv. Ich habe versucht, mit den Hooligans aus Amsterdam, Utrecht und Eindhoven ein Fußballturnier zu organisieren. Das Turnier ging ohne Probleme über die Bühne. Das Problem war, dass der Besitzer der Sporthalle aus Angst die Polizei angerufen hat. Einige Hooligans wurden festgenommen. Die anderen wurden nach Hause geschickt. Nach fünf Kilometern ließen sie die Busse stoppen. Ohne ihre Freunde im Gefängnis wollten sie nicht zurück. Sie entführten die Busse. Die Polizei sperrte die Autobahn und es kam zu einem großen Kampf. Ein Polizist wurde schwer verletzt. Danach habe ich mehr denn je gesehen, dass wir mehr Sozialarbeit brauchen.

Herr Pelle, wo liegen die Ursprünge der Gewalt im niederländischen Fußball?

MARTIJN PELLE: Es gibt viele Jugendliche, die ihren Frust und Irritationen durch Gewalt ausleben. In der Kneipe oder auf der Straße, das ist kein spezifisches Problem des Fußballs, das ist kein spezifisches Problem in den Niederlanden. Viele Gesellschaften kämpfen damit.

Die ersten Randale gab es zwischen den Niederlanden und Belgien in den 1930er Jahren.

JONGENEEL: Ja, aber die organisierte Aggression war in den Niederlanden zum ersten Mal 1974 zu beobachten. Feyenoord spielte im Europapokal gegen Tottenham Hotspur. Es kam zu massiven Ausschreitungen. Sie dauerten eine halbe Stunde. Es hat viele Verletzte gegeben. Die Polizei war überfordert, sie kannte das Problem nicht. In England waren Hooligans schon sehr bekannt. Aber für uns waren das noch fremde Wesen auf der anderen Seite des Meeres.

Wurden die englischen Hooligans zu Vorbildern der niederländischen Szene?

Experten der niederländischen Fanszene: Martijn Pelle (links) und Illya Jongeneel.

PELLE: In den ersten Jahren haben die niederländischen Hooligans englische Fahnen getragen. Sie haben ihre Texte übernommen. Ende der 1970er Jahre war es noch relativ harmlos. Es gab zwar Vandalismus. Vor allem auf dem Weg zum Stadion wurden Fenster kaputtgeschlagen, auch die Züge und Busse wurden völlig zerstört. Aber es gab kaum organisierte Gewalt gegen andere Menschen. Besonders schlimm wurde es in den 1980er Jahren. Waffen kamen ins Spiel, Rauchbomben, Fahrradketten, Messer und Steine.

Gewalt wurde zur Regel?

JONGENEEL: In den schlimmsten Zeiten gab es rund 5.000 Hooligans. Sie kamen aus allen Schichten. Mit der Zeit haben sie sich immer besser abgestimmt. Das mussten sie auch, denn auch die Polizei organisierte sich besser. Ende der 1980er Jahre wurden Zäune und Kameras aufgestellt. Polizisten ohne Uniformen und mit versteckten Mikrofonen mischten sich unter die gewaltbereiten Gruppen. Sie waren auf der Suche nach Informationen. Die Hooligans kopierten diese Methoden. Sie mischten sich unter die Polizisten.

Klingt kreativ.

PELLE: Einmal durften Feyenoord-Fans nur mit Bussen in einer bestimmten Zeit nach Amsterdam fahren. Das wollten sie sich nicht gefallen lassen. Sie haben dann ein Schiff gemietet und die Polizei ausgetrickst. 4.000 Leute haben eine große Party veranstaltet.

Es war die Zeit, in denen aus sportlichen Rivalitäten längst Feind-schaften geworden sind.

PELLE: Diese Rivalitäten sind historisch gewachsen. Das hat poli-tische, wirtschaftliche und kulturelle Gründe. Es gab zum Beispiel immer einen Unterschied zwischen Rotterdam und Amsterdam. Dieser Streit wurde im Fußball bloß offener ausgelebt.

JONGENEEL: Ich habe eine Geschichte gehört, wonach ein Stu-dent mit Ajax-Trikot durch Rotterdam gefahren ist. Er wettete mit seinen Freunden, dass er auf dem Bahnhof ungehindert zehn Meter zu einem Schokoladen-Automaten laufen könnte. Er schaffte es nicht, er wurde vorher angegriffen. Diese Rivalitäten werden von Generation zu Generation vererbt.

Als Klub mit den größten Problemen gilt Feyenoord Rotterdam.

JONGENEEL: Als die Gewaltdiskussion aufkam, wurden viele Sta-dionverbote ausgesprochen. Zunächst galten sie nur für die eigenen Vereine. Es setzte ein Krawalltourismus ein. Aus dem Osten und dem Süden des Landes sind die ausgesperrten Hooligans nach Rotterdam gefahren. Dort schwammen sie anonym in der Masse. Einmal wurde der Rasen gestürmt. Nur 20 Prozent der Randalierer kam aus Rotterdam.

Bei der Meisterfeier von Feyenoord 1999 fielen sogar Schüsse.

JONGENEEL: Damals in Rotterdam gab es Jugendbanden, die sich unter die Hooligans gemischt haben. Es kam zu Kämpfen. Drei Poli-zisten wurde in die Ecke getrieben, einer hatte aus Sorge mit seiner Pistole in die Luft geschossen.

Wie ist die Feinseligkeit gegenüber dem deutschen Fußball ent-standen?

PELLE: Rotterdam wurde im Zweiten Weltkrieg von Deutschen zerbombt. Es gibt keine richtige Altstadt mehr. Die Ajax-Fans machen sich darüber noch immer lustig. Die Älteren pflegen ihre Symbolik: Die Rotterdamer fühlen sich für den Wiederaufbau der Niederlande nach dem Krieg verantwortlich. Sie haben sehr hart gearbeitet, um eine funktionierende Industrie aufzubauen. Sie sind der Meinung: Wir haben das Geld verdient und die Leute in Amsterdam haben es ausgegeben. Diese Mythen halten die Rivalitäten am Leben.

Die Hooligans von Feyenoord wollten den Deutschen jenen Widerstand entgegensetzen, den das Land während des Krieges vernachlässigte?

JONGENEEL: Für sie war das Tradition. Wenn für Feyenoord ein Spiel in Deutschland bevorstand, hatten die Fans nur ein Ziel: Sie wollten Spuren hinterlassen. Die erste Raststätte hinter der Grenze wurde zerstört. 1994 wurden 500 Niederländer in Bremen verhaftet. 1999, bei einem Freundschaftsspiel, wurde das Stadion in Leverkusen verwüstet.

Auch in Den Haag beanspruchen Hooligans ihren Platz. Gegen Vitesse Arnheim im November 2006 stürmten Anhänger das Spielfeld. Das Spiel wurde abgebrochen. Trainer und Sponsoren zogen sich zurück.

JONGENEEL: Den Haag war immer eine Stadt, die im Rest der Niederlande nicht akzeptiert wurde. In dieser Stadt sitzt die Regierung. Niemand versteht das. Das Gefälle zwischen reichen und armen Leuten ist groß. In manchen Stadtvierteln gibt es 80 bis 90 Prozent Ausländer.

PELLE: Es hat niemals eine richtige Industrie gegeben. Die Benachteiligten treffen sich vor allem beim Fußball. Sie fühlen sich wie ausgekotzt. Manchmal setzt eine Gegenreaktion ein. Sie sagen sich: Wenn wir schlecht behandelt werden, dann benehmen wir uns auch so.

JONGENEEL: Im Zweiten Weltkrieg hatten viele Bewohner aus Den Haag mit den Deutschen zusammengearbeitet. Einige waren Mitglieder der SS. Sie glaubten, keine Wahl zu haben. Sie brauchten das Geld für ihr Leben. Trotzdem hat sich diese politische Haltung manifestiert. Einige rechtsextreme Parteien haben ihren Sitz in Den Haag. Und auch viele Fans von Den Haag sind rechtsradikal. Einmal haben Hooligans von Den Haag jugoslawische Kriminelle bezahlt, um einen Bombenanschlag zu planen. Das war fast schon Terrorismus.

Wie sehr hat sich der Rassismus im niederländischen Fußball ausgebreitet?

JONGENEEL: Es gibt rechtsradikale Gruppierungen in der niederländischen Gesellschaft. Doch der grundlegende Konflikt herrscht zwischen Muslimen und Christen. Das hat weniger mit der Hautfarbe zu tun. Die Niederlande waren immer eine Nation der Kolonien. Es gibt viele Spieler aus dem Surinam. Edgar Davids, Clarence Seedorf oder Patrick Kluivert. Sie standen nicht wegen ihrer Hautfarbe in der Kritik, sondern weil sie in der Öffentlichkeit manchmal sehr egozentrisch aufgetreten sind.

Die Niederlande gelten als liberales und tolerantes Land. In den Coffee-Shops ist Marihuana legal zu erwerben. Können die Jugendlichen mit dem Freiraum nicht umgehen?

PELLE: Das hat nichts mit gesetzlicher Freiheit zu tun, sondern mit der Orientierung im Elternhaus. Alle Jugendlichen brauchen eine klare Struktur. Wenn diese Orientierung fehlt, müssen sie lernen, sich selbst zu kontrollieren. Die Jugendlichen trinken dann vielleicht mehr Alkohol oder rauchen mehr Marihuana.

JONGENEEL: Zudem ist in den Niederlanden der Individualismus stärker ausgeprägt als im Süden Europas. Das hat mit Religion zu tun, mit Klima und Kultur. Viele suchen Ersatz für ein Familienleben. Diese Solidarität finden sie im Fußball.

Die Fans von Ajax Amsterdam müssen oft antisemitische Schmähungen über sich ergehen lassen. Warum stilisieren sie sich selbst als Judenklub?

JONGENEEL: Viele Juden sind schon vor Jahrhunderten nach Amsterdam geflüchtet. Auch bei Ajax hat es viele jüdische Mitglieder gegeben. Der Vereinsvorsitzende Jaap van Prag, der den Verein in den 1960er und 1970er Jahren geleitet hat, war knapp den Deportationen entgangen. Viele Ajax-Fans, auch Muslime, begleiten ihre Mannschaft deshalb mit der israelischen Fahne und dem David-stern. Die rivalisierenden Fans haben das als Zielscheibe benutzt. Deshalb wollten die Klubfunktionäre mit dieser Identität brechen.

PELLE: Die meisten niederländischen Fangruppen haben ein Problem mit Ajax. Der erfolgreichste Klub ist oft unbeliebt. Nicht nur in den Niederlanden. Seltsam ist, dass zum Beispiel die Men-schen aus Rotterdam immer gegen die Nazis waren und gegen die Judenverfolgung. Aber im Fußball machen sie eine Ausnahme.

Wie groß ist das Gewaltpotenzial im Umfeld der niederländischen Nationalmannschaft?

PELLE: Seit der EM 1988 in Deutschland unterstützen Vereinsfans kaum noch die Nationalmannschaft. Weil meistens viele Spieler aus Amsterdam kommen oder zumindest für Ajax gespielt haben. Die Fans, die das Nationalteam auswärts begleiten, müssen Mitglieder des Fanvereins des Fußballverbandes KNVB sein. Die Länderspiele sind mehr auf Familien ausgerichtet. Im Umfeld der Länderspiele gibt es deshalb weniger Gewalt.

JONGENEEL: Es gab selten Hooligan-Duelle zwischen den Nie-derlanden und England oder den Niederlanden und Deutschland. Die Ausnahmen waren, wenn Spiele zum Beispiel in Rotterdam stattfanden: 1989, als Deutschland zu Gast war, gab es schwere Kra-walle.

Der Nationalismus spielt in den Stadien eine Nebenrolle?

JONGENEEL: Es gibt sehr wenig Nationalismus. Anders als in England oder in Deutschland. Wenn Sie einen Niederländer fragen, was typisch niederländisch ist, erhalten Sie nicht viele Antworten. Das Nationalgefühl ist nicht sehr ausgeprägt. Die Fans suchen sich ihre Identität in den Vereinen.

Wann setzte die Entwicklung zu einem friedlicheren Miteinander in den Stadien ein?

PELLE: Nach dem letzten Todesfall. So paradox sich das anhören mag. Im März 1997 hatten sich Hooligans aus Amsterdam und Rot-

terdam auf einem Feld an der Autobahn getroffen. Sie haben sich
eine wilde Schlägerei geliefert. Einer der jüngeren Hooligans trat
auf einen der älteren ein. Obwohl dieser schon am Boden lag. Carlo
Picornie war sein Name, er hatte in der Ajax-Szene einen großen
Namen. Er starb an der Autobahn.

JONGENEEL: Danach gab es innerhalb der Szene aufreibende
Diskussionen. Viele Hooligans waren zwischen 30 und 35 Jahre alt.
Sie wussten, dass ihre Zeit nie wiederkommt. Sie fühlten sich zu alt.
Das war in den Niederlanden der Anfang vom Ende des klassischen
Hooliganismus.

Doch die Gewalt ist nicht verschwunden?

JONGENEEL: Das ist richtig. Doch es ist ruhiger geworden. Seit
den 1970er Jahren hat es drei Tote im Umfeld des niederländischen Fußballs gegeben. An jedem Samstagabend passieren in den
Kneipen viel schlimmere Dinge. Die Hooligans von heute sehen in
ihren Ausbrüchen keine Lebenserfüllung mehr.

PELLE: Ihre Vorgänger waren in dem Glauben gewesen, unab-
hängig zu handeln. Sie wollten über der Gesellschaft stehen. Sie
gingen in ein teures Restaurant – und zahlten nichts. Sie schliefen
in einem teuren Hotel – und zahlten nichts.

Sie stellten ihre eigenen Regeln auf?

PELLE: Und sie entwarfen ihre eigene Moral. Diese Zeiten sind so
gut wie vorbei. Ajax hatte etwa 800 Hooligans, übrig geblieben sind
100. Auch bei Feyenoord hat sich die Szene verändert. Viele Hooligans haben sich zur Ruhe gesetzt und geheiratet. Einige haben durch
Drogengeschäfte und den Ticketschwarzmarkt viel Geld verdient.

Befürchten Sie eine Rückkehr der Gewalt?

JONGENEEL: Bei der WM in Deutschland wollten viele Alt-Hooligans einen gewaltsamen Abschied feiern. Diesen Plan hatten sie
schon zwei Jahre davor gehabt. Beim Vorrundenspiel gegen Argentinien in Frankfurt sollte es dann knallen. Alle Gruppen aus den
Niederlanden wollten vereint die Deutschen angreifen. Am Spieltag
selbst haben sie schon nach einer Stunde gestritten. Es gab einige

Harmonie in Orange: Im Umfeld von Länderspielen gibt es in den Niederlanden kaum Gewalt.

Verhaftungen. Der Übriggebliebenen planten, Krawalle im Public-Viewing-Bereich anzuzetteln. Die eine Hälfte zog weiter zum Fanfest. Die andere stieß später dazu. Da waren die Tore schon geschlossen. Und so war der große Abschied über den Haufen geworfen.

In Deutschland wurde die Entwicklung einer halbwegs akzeptablen Prävention von vielen Widerständen begleitet. Wie viele Hürden mussten Sie überspringen?

JONGENEEL: Sehr viele. 1986 hatte die Regierung für eine Modellphase zunächst acht Fanprojekte unterstützt. Unter anderem bei den Problemgruppen in Rotterdam, Amsterdam, Utrecht, Eindhoven und Den Haag. 1987 wurde das erste Projekt in Deventer eröffnet. Drei Monate später waren es schon acht. Die Kosten sollten nach drei Jahren von den Kommunen, Vereinen und dem Verband übernommen werden. Ähnlich wie es heute in Deutschland noch immer der Fall ist. Das ging bei uns leider nicht. Irgendwann stoppte die Finanzierung. Es gab noch sechs Fanprojekte. Vereine oder Kommunen mussten zahlen.

Interessierte sich die Regierung nicht für gewaltbereite Fans?

PELLE: Ein nationales Konzept für Sicherheitsfragen, in dem die Finanzierung für Fanprojekte festgeschrieben wurde, so wie in Deutschland, hat es in den Niederlanden niemals gegeben. Stattdessen hat sich ein unbefriedigender Rhythmus gebildet: Wenn es Randale bei einem Verein gab, wurde als Reaktion Geld für Jugendarbeit in die Hand genommen. Sobald es wieder ruhig wurde in der Szene und die Arbeit der Fanprojekte also ihre Wirkung zeigte, wurden die Projekte wieder aufgelöst.

JONGENEEL: Seit der Gründung des ersten Projekts mussten sich die Sozialarbeiter immer fragen, ob sie im nächsten Jahr noch einen Job haben. Von Konstanz konnte keine Rede sein. Dabei sollte doch jeder Verein ein Fanprojekt haben.

Glauben Sie an Besserung?

JONGENEEL: Wir wollen dauerhaft ein klares Bekenntnis der Regierung für Fanarbeit. In den vergangenen Jahren hatten wir im Schnitt 14 Projekte. Das reicht aber nicht. In der Prioritätenliste der Vereine stehen die Fans weit unten. Das sind schließlich nur die Fans, und dann noch welche, die Probleme machen. Die Funktionäre sagen, dass sie die Problemfans mit diesen Maßnahmen belohnen würden. Das sind unsinnige Ausreden. Dabei würden sie verhindern, dass Probleme entstehen.

Die Manager drohen den Fans mit Reiseverbot, sobald jemand negativ auffällt.

PELLE: Oft sagen Funktionäre nach Krawallen, dass die auf ihren Auswärtsfahrten nicht mehr finanziell unterstützt werden. Damit wollen sich die Vereine aus der Verantwortung nehmen.

Die EM 2000 fand in den Niederlanden und Belgien statt. Sie ging als Turnier der drakonischen Sicherheitspolitik in die Geschichte ein.

35.000 belgische und 45.000 niederländische Polizisten waren im Ein-satz. 235 Millionen Euro stellte die Regierung für ihr Sicherheitskonzept zur Verfügung. Demgegenüber stand nur eine Million Euro für soziale und kulturelle Programme. Haben Politik und Polizei aus diesem Missverhältnis gelernt?

JONGENEEL: Wir müssen hier differenzieren. Probleme gab es vor allem mit englischen Fans. Sie haben ihr erstes Spiel in Eindhoven gehabt. Etwa 40.000 Engländer waren da. Die Polizei hat zurückhaltend gearbeitet, sie wollte nicht provozieren. Es ist nichts geschehen. Die gleichen Fans sind weiter nach Belgien gereist. Dort standen tausende Polizisten bereit. Die haben auf die kleinste Provokation der Engländer mit Tränengas und Schlagstöcken reagiert. Sie haben Fans wahllos verhaftet und nach London geflogen. Da waren Amerikaner und Franzosen dabei, Menschen aus aller Welt.

PELLE: Und ihre Reisepässe waren noch immer in Belgien. Viele Absprachen wurden nicht eingehalten. Die Niederlande wollten von Anfang an auf Prävention setzen, Belgien dagegen predigte die Null-Toleranz-Taktik. Dass das schiefgehen würde, hätte man sich denken können.

Sind Sie mit der Polizei in den Niederlanden wunschlos glücklich?

PELLE: Das wollte ich damit nicht sagen. In England wurde für gewaltauffällige Fans eine Meldepflicht eingeführt. Gleichzeitig wurden die Polizeiaufgebote in den Stadien verringert. Sie trennen die gegnerischen Fangruppen nicht mehr mit aller Macht, sie haben den Fußball normalisiert. In den Niederlanden werden die Gruppen anonym gelassen und von der Polizei getrennt. Dadurch entstehen Spannungen. Wenn jemand in England randaliert, wird er individuell gefasst. In den Niederlanden wird dafür noch immer die Gruppe verantwortlich gemacht. Die Reaktion im Block kann sehr wütend ausfallen.

Verlassen sich Funktionäre und Politiker zu sehr auf die Repression?

PELLE: Die Jugend- und Sozialarbeit ist in den vergangenen Jahren nicht gerade besser geworden. Es ging immer nur um höhere Strafen. Die meisten wollten immer mehr Polizei.

JONGENEEL: Bei einem Spiel zwischen Wilhelm II Tilburg und Feyenoord stempelte der Bürgermeister von Tilburg alle Fans von Feyenoord als gewaltbereit ab. Er forderte, dass alle zur gleichen Zeit mit Bussen anreisen sollen. Das haben Fans aus Rotterdam nicht akzeptiert. Sie haben das Spiel boykottiert. Trotzdem waren 300 Polizisten beim Spiel. Die Rechnung dafür schickte der Bürgermeister von Tilburg nach Rotterdam. Und er war nicht der Einzige. Es herrscht ständig Streit darüber, wer die Kosten für die Polizeieinsätze übernehmen soll. So wird die Verantwortung hin und her geschoben. Ein Ende ist nicht in Sicht.

Angst-Gegner

In Polen gibt es die meisten Hooligans in Europa – die Stadien dienen als Treffpunkte für Waffenschmuggler, Drogendealer und Neonazis

Manchmal würde Jacek Purski am liebsten aufgeben und nie wieder zum Fußball gehen. Immer wieder hat er das seinen Eltern versprochen, und dann ist er doch immer wieder hingegangen. Gefährliche Reisen hat er hinter sich, viele sind gut gegangen, bei weitem nicht alle. Oft wurde er angegriffen, im Zug, in der Bar, auf offener Straße. An manchen Tagen erhielt er dutzende SMS, manche Absender wünschten ihm ganz herzlich den Tod. „Ich wäre gern in Deutschland geboren worden", sagt er und nippt an seiner Kaffeetasse. „Dann wäre vieles einfacher." Es gab eine Zeit, da war Jacek Purski ein normaler Fußballfan. Er ging mit den Freunden zu den Spielen seiner Mannschaft Polonia Warschau. Die anderen sahen sie nur aus der Entfernung. Die anderen sind die Schläger. Irgendwann gab es keine Entfernung mehr, die Schläger waren überall. Fußball und Gewalt wurden dasselbe, und Jacek Purski beschloss, kein normaler Fan mehr zu sein.

Jacek Purski, Mitte 20, kräftiger Typ, dunkle Brille, lebt in einem Plattenbau im Nordosten von Warschau. Gemeinsam mit seinen Eltern. Zwei Zimmer, drei Personen, das ist normal in seinem Freundeskreis. Ein klappriger Fahrstuhl führt in die sechste Etage. Auf seinem Computer sind hunderte Fotos gespeichert. Sie zeigen vermummte Männer, die aufeinander einprügeln, mit Fäusten, Baseballschlägern, Ketten und Messern. Es gibt andere Fotos, auf denen sie ihre Wunden präsentieren. Voller Stolz. Wie Kriegsveteranen. Auf ihren Jacken prangen Symbole ihrer Klubs und Schriftzüge rechtsradikaler Gruppen. „Früher hätte man die Hooligans noch stoppen können,

Exot im rechten Mainstream: Fanaktivist Jacek Purski aus Warschau.

jetzt sind es zu viele", sagt Jacek Purski. Er studiert Soziologie, in seiner Freizeit arbeitet er in der antifaschistischen Faninitiative Nigdy Wiecej/Never Again. Sie ist 1996 gegründet worden.

Etwa 100 Fans sind in dieser Gruppe organisiert. Sie wollen sich den Fußball nicht wegnehmen lassen. Von den Schlägern. Sie versuchen, auf das Problem aufmerksam zu machen, Mitstreiter zu finden. Doch noch immer gelten sie als Exoten, sie stehen ziemlich allein da. „Es ist ein langer Weg", sagt Jacek Purski. Er wurde schon oft von Journalisten interviewt, sein Gesicht ist in der Hooligan-Szene bekannt. Das macht seine Arbeit nicht leichter.

In keinem anderen Land Europas gibt es so viele Hooligans. Nirgendwo sonst ist der Anteil der rechtsextremen Fans so hoch wie in Polen. Groß war die Angst deshalb gewesen, dass Hooligans aus dem Nachbarland während der WM in Deutschland wüten würden. Früher galten englische, deutsche und niederländische Hools als die gefährlichsten. Diese Wahrnehmung hat sich geändert. Im November 2005 hatten sich etwa 100 Hooligans aus Polen und Deutschland in einem Waldstück bei Briesen getroffen, im Osten Brandenburgs. Sie schlugen aufeinander ein und malträtierten ihre Körper, bis der Sieger ermittelt wurde. „Viele dachten, das wäre ein Probelauf für die WM gewesen", erinnert Jacek Purski. „Zum Glück hat sich das nicht bewahrheitet."

Die Ulica Lazienkowska, eine breite Straße vor dem Stadion von Legia Warschau, hat schon viele Schlachten erlebt. Nach der Saison 2005/06 feierten 5.000 Fans den Gewinn der polnischen Meisterschaft. Sie feierten auf ihre Weise. „Schlagt die Hunde tot", riefen die Hooligans in Richtung der Polizei, „wir sind die Macht." Steine und Flaschen flogen, Fensterscheiben zersprangen. Die Alarmanlagen der Autos heulten laut auf. Das Geschrei tausender Stimmen hallte durch die Altstadt. Behängt mit ihren grün-weiß-roten Schals stürmten sie durch die Straßen, zerschlugen Stühle und Tische und rissen Gehwegplatten aus dem Asphalt. Sie schleuderten Stangen in Schaufenster und traten alles um, was ihnen in die Quere kam. Die Polizisten, mit gepanzerten Westen und Maschinengewehren ausgestattet, antworteten mit Wasserwerfern und Tränengas. Stunden später legte sich der Lärm. Zurück blieb ein Feld der Verwüstung, 231 Randalierer wurden festgenommen, 52 Polizisten verletzt. Das Medienecho war groß. Auch im Ausland: Die *Financial Times Deutschland* schrieb über das „Warschauer Pack", die *Frankfurter Allgemeine* über „die polnische Front".

Tage wie diese gehören in Polen mittlerweile zum Alltag. In den Jahren 2005 und 2006 musste die Polizei jeweils zu mehr als 500 Großeinsätzen gegen Hooligans ausrücken. Immer wieder kommen Kibice, normale Fans, zu Tode. Die Ekstraklasa, die 1. polnische Liga, hat ein gewaltiges Imageproblem. Sie leidet nicht nur unter korrupten Schiedsrichtern und Funktionären, die größten Narben hinterlassen die Randalierer. Wie groß das Problem tatsächlich ist, weiß niemand. In Polen werden Hools erst seit kurzem in einer zentralen Datei geführt, in Deutschland und England passiert das seit Jahren. Auf 15.000 bis 20.000 schätzen polnische Behörden die Zahl der Gewalt suchenden Fans, sie ist mehr als viermal so hoch wie in Deutschland.

Marek vertreibt sich die Zeit mit seinen Freunden vor dem Stadion von Legia Warschau, seinem Lieblingsklub. Er ist Anfang 20 und arbeitslos. Hat einen rasierten Schädel und trägt einen Kapuzenpullover mit einem „Pit Bull"-Aufnäher. „Zum Fußball gehört eben auch der Zoff", sagt er und schimpft auf Russen, Juden und Deutsche. Eigentlich ist es egal, gegen wen es geht. „Ich mache dies und das, du weißt schon, was ich meine." Fußball ist für ihn ein Ventil, um Druck abzulassen. Es geht um Wut und Spaß, so genau kann man das gar nicht auseinanderhalten. Vielleicht ist es auch längst dasselbe geworden. Sein Freund Lukasz wird von Drago begleitet, einem Staffordshire-Terrier, der unter die Kampfhundverordnung fällt. „Deshalb habe ich ihn ja auch." Lukasz trägt eine ausgewaschene Tarnhose und Springerstiefel. Stolz erzählt er von

der Hundertschaft Polizisten, die wegen ihrer Kämpfe mit anderen
Hooligans ganze Straßen sperren mussten. Und stolz verweist er auf
die Fotos in den Zeitungen, auf denen ihre Spuren regelmäßig zu
begutachten sind. Lukasz grinst, er sagt voller Begeisterung: „Haben
wir denen auf die Fresse gehauen."

Piotr Zygo kann Sätze wie diese nicht mehr hören. Der Präsident
von Legia Warschau sitzt im VIP-Raum des Stadions und schimpft
auf die Hooligans. Sie machen ihm alles kaputt, seinen ganzen
Plan. Zygo, Dreitagebart, gut gekleidet, ist Marketingmanager der
amerikanischen Mediengruppe ITI. Er will aus dem schläfrigen
Klub wieder einen professionellen Verein machen. „Ich blicke
nach Westen. Irgendwann wollen wir in der Champions League
weit kommen", sagt er und träumt von großen Spielen. Natürlich
will er die Hooligans nicht dabei haben. Deshalb ist er ihr Feindbild Nummer eins, ein Schlipsträger, der ihnen den Spaß verdirbt.
Die Meute fordert seinen Kopf – und meint das durchaus wört-
lich. Klubpräsidenten werden oft erpresst. Auch die Ultras, eine in
Polen seit Ende der 1990er Jahre wachsende Bewegung, müssen sich
ihre Aktionen bei den Hooligans genehmigen lassen. Noch ist ihre
Macht in den Kurven zu gering. In vielen Fällen sind sie aber auch
selbst an der Gewalt beteiligt. Der Übergang vom Ultra zum Hooligan ist fließend.

Der Plan von Piotr Zygo ist verwegen. Für gewöhnlich lieben
die Bewohner einer Hauptstadt ihren Klub, zumindest begegnen
sie ihm mit Respekt, so halten sie es in London mit dem FC Arsenal
oder in Madrid mit Real. In Warschau ist der Fußball zu einer
Anekdote verkümmert. Die Bewohner haben den Fußball längst
abgeschrieben. Sie finden ihn gefährlich. 1,6 Millionen Menschen
leben in der Stadt – nur rund 6.000 besuchen Legias Heimspiele
im Schnitt. Jahrelang zeigten die öffentlich-rechtlichen Fernseh-
sender keine Bilder von den Spielen. Aus Angst vor hässlichen Bildern. Anders als in Deutschland oder Italien wird dem Fußball in
den Feuilletons der polnischen Zeitungen kaum Platz eingeräumt,
für Intellektuelle ist er ein absolutes Tabuthema. „Die Fans wollen
die Vereine beherrschen", sagt Piotr Zygo. „Bevor das nicht aufhört,
gibt es keine Chance auf Besserung."

In Deutschland, Italien oder England waren bereits in den 1980er Jahren Tribünen gestürmt und Innenstädte verwüstet worden. In Polen begann die Welle der Gewalt später, Anfang der 1990er. Im Sozialismus wurden Fans von den Tribünen geholt, wenn sie die falschen Parolen riefen. Später kosteten sie ihre Meinungsfreiheit exzessiv aus. Allmählich schwappten die Einflüsse der englischen und italienischen Fankulturen nach Polen. Beim Fußball mündete der soziale Frust in Gewalt. Die Politik war überfordert, sie hatte größere Probleme. Die Vereine waren orientierungslos, sie dachten, dass der Kapitalismus sie reich machen könnte, die Fans waren ihnen egal. Für Auswärtsfahrten stellten sie Sonderzüge zur Verfügung, ausgehöhlte Waggons auf Rädern. Zwar mit Fenstern, aber ohne jeglichen Komfort. Der Zorn bei den Anhängern wuchs und Randale wurden zur Normalität.

Mitte und Ende der 1990er Jahre war die heftigste Zeit des polnischen Hooliganismus. 1997 steckten Fans von Legia Warschau ein Vereinsgebäude ihres Stadtrivalen Polonia in Brand. Ein Jahr später spielte Wisla Krakau im UEFA-Cup gegen den AC Parma. Ein polnischer Fan warf ein Klappmesser auf den italienischen Kicker Dino Baggio. Der Fan musste sechseinhalb Jahre ins Gefängnis, der Spieler wurde am Kopf mit fünf Stichen genäht. Er kam mit einem Schock davon. „Der polnische Fußball hat sich bis heute nicht vom Ende des Sozialismus erholt", sagt Andrzej Rudy, der einst in Köln und Bochum gespielt hat. Auf den Internetseiten des polnischen Fanzines „To my kibice – Wir die Fans" wurde eine Umfrage durch-

Hooligan-Zwischenfälle im polnischen Fußball

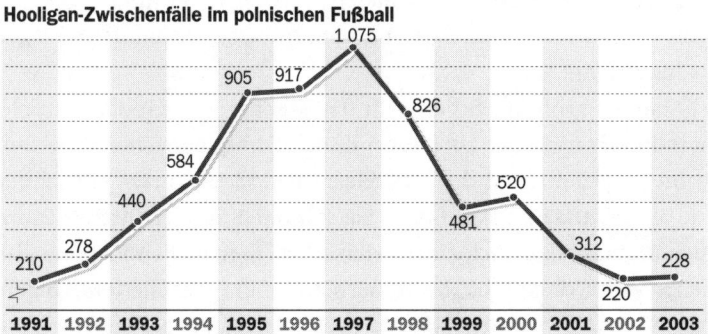

geführt: „Bist du für oder gegen Hooliganismus in den Stadien?"
63 Prozent der Teilnehmer beantworteten die Frage mit Ja.

Tiefe Feindschaften sind zwischen den Fangruppen entstanden:
Lodz ist eine geteilte Stadt. Fans von Widzew meiden manche Stra-
ßenzüge seit Jahren, sie könnten auf ihre Rivalen von LKS treffen.
Ähnlich ist es in Krakau zwischen den Anhängern von Wisla und
Cracovia. Nach dem Tod von Papst Johannes Paul II. trafen sie
sich zu einer Messe. Mehr als 100.000 junge Menschen zogen mit
Kerzen durch die Innenstadt. Sie trauerten gemeinsam, reichten
einander die Hände und knoteten ihre Schals an ein Fenstergitter
des Erzbischöflichen Palastes. Sie schworen sich ewigen Frieden.
Schon einmal hatte der Papst um Vernunft gebeten. Er lud wich-
tige Vertreter der Klubs in den Vatikan ein. Gebracht hat es nichts.
Der Fußball blieb eine Geisel der Gewalt. Und auch nach seinem
Tod hielt das Versprechen der Hooligans nur wenige Wochen. Der
„heilige Krieg" ging in die Verlängerung. „Die Hooligans brauchen
etwas zum Bekämpfen, sie hassen gern", sagt der Fan-Aktivist Jacek
Purski. Es hat Jahre gedauert, bis er das verstanden hat.

Selten entstehen die Schlachten spontan. Die Hooligans sind
gut organisiert. Die Mitglieder entwerfen Angriffsstrategien, filmen
die Schlägereien oder versorgen Verletzte mit Medikamenten. Die
Gruppen treffen sich zu ihren Ustawki, ihren verabredeten Kämpfen,
nicht nur in Städten und Stadien, sie prallen in Wäldern, auf Feldern oder ehemaligem Militärgelände aufeinander. Sie werden hierarchisch geführt, die Jungen wollen in der Rangliste Schritt für
Schritt aufsteigen. Oft gehen sie Allianzen ein. Die Fans von Legia
Warschau und Pogon Stettin haben sich ebenso verbündet wie jene
von Wisla Krakau und Slask Breslau. Im Schnitt sind die Schläger
15 bis 25 Jahre alt.

Für die große Mehrheit trifft das Klischee vom Hool als soziale
Randfigur tatsächlich zu. Drogendealer, Diebe, Türsteher und Auto-
schieber nehmen an den Prügeleien teil. Jacek Purski bezeichnet
sie als „drittklassige Mafiosi". Sie stammen aus zerrütteten Familien und fahnden nach einer Perspektive, in manchen Regionen ist
jeder Vierte ohne Job. „Im Alltag sind sie in organisierten Banden
aktiv", erzählt Dariusz Nowak, Sprecher der Polizei in Südpolen.

„Blut und Ehre": Rund zwei Drittel der polnischen Fans sollen rechtsradikal sein.

„Als Hobby nehmen sie an den Hooligan-Kämpfen teil und nutzen dabei die Methoden, die sie in ihren Gangs lernen."

Ein Beamter des Zentralen Ermittlungsbüros in Polen, der anonym bleiben will, sieht die Unterwanderung als weit fortgeschritten an. Organisierte Banden dominieren nicht nur Fangruppen in Warschau. Gegenüber der polnischen Zeitung *Zycie Warszawy* äußerte er, ein Vertreter einer Mafia-Organisation solle bei den Fans von Legia Warschau aktiv sein. Seine Gewinne aus dem Verkauf von Drogen an die Fans sollen in die Kassen seiner Auftraggeber und in die Waffenarsenale der Hooligans fließen. Auch bewaffnete Raubüberfälle sollen regelmäßig von Hooligans verübt werden. In einem Verdachtsfall der Polizei heißt es, dass befreundete Hooligans des tschechischen Vereins Banik Ostrau den Fans von GKS Kattowitz dabei geholfen haben sollen, Geld für einen Auftragsmörder zu sammeln. Dieser sollte angeblich einen Staatsanwalt töten, der Fans aus Kattowitz angeklagt hatte.

Anders als in den westlichen Staaten nutzen nur wenige Akademiker den Krawall als Stressausgleich. Ehrfurchtsvoll sprechen manche Hooligans aus dem Osten Deutschlands, aus Berlin, Dresden oder Cottbus, über die „paramilitärische Ausbildung" ihrer Nachbarn. Viele reisen über die Grenze. Sie machen sich ein Bild vor Ort und mischen kräftig mit.

Etwa zwei Drittel der Hooligans, glaubt Jacek Purski, sind rechtsradikal. In den Stadien prangen Transparente mit Hakenkreuzen und antisemitische Spruchbänder. Die gefürchteten Gruppen heißen

„Blood and Honour", „Weiße Legion" oder „Combat 18". Die Funktionäre der Klubs hüten sich davor, farbige Spieler zu verpflichten. Der polnische Nationalspieler Emmanuel Olisadebe, der seine Wurzeln in Nigeria hat, wurde von den Fans bespuckt und verflucht. Irgendwann schoss er Tore, viele sogar, und der Groll verstummte. Er musste mehr arbeiten für die Akzeptanz als seine Kollegen.

Die Rassisten in Polen betrachten den Fußball als ihre wichtigste Bühne. Ein Fan von GKS Kattowitz erstach in einer Disko einen arabischstämmigen Amerikaner, weil der ihm nicht polnisch genug aussah. Im maroden Waldstadion von Danzig bewarfen die berüchtigten Hooligans des Gastgebers Lechia brasilianische Spieler von Pogon Stettin mit Bananen und begleiteten ihre Auftritte mit Affengebrüll. Ergänzt durch den Schlachtruf: „Unser Vorbild ist Rudolf Heß". Der Stellvertreter von Adolf Hitler während des Nationalsozialismus gilt in Polen als Gesicht der Judenverfolgung.

Blazej Jenek, der Präsident von Lechia, betonte artig, dass sein Verein alles unternehmen werde, um solche Auswüchse zu verhindern. Über Strafen gegen die Verursacher sprach er nicht. Hätte er sich von den Rechtsextremisten energischer distanziert, wäre das Stadion im nächsten Heimspiel vermutlich halbleer gewesen. Auch der Antisemitismus ist in Polen tief verwurzelt. Er findet eher unterschwellig statt. Die Stadt Lodz bietet ein Beispiel dafür. Vor dem Krieg war sie ein Textilzentrum gewesen, in dem überwiegend Geschäftsleute jüdischen Glaubens Fabriken leiteten. Seit Jahren werden die beiden Klubs aus Lodz deshalb als „Judenklubs" beschimpft.

Kampagnen gegen den „rechtsradikalen Mainstream", wie es das Fußballmagazin *Rund* formuliert, gibt es kaum. Die wenigen linksorientierten Anhänger werden von den Hooligans als Kommunisten bezeichnet. Eine Ausbreitung des linken Spektrums ist durch die politische Vergangenheit Polen noch immer verbaut. Die polnischen Zeitungen schreiben wöchentlich vom „Krieg der Banditen". Bei einem Warschauer Buchmacher kann sogar auf Angriffe und Randale gewettet werden. Jacek Purski spricht von einem „undurchdringbaren Netz". Risse hat dieses Netz selten erhalten. Politik, Polizei und Vereine haben das Problem lange ignoriert. Im Frühjahr 2006 stürmten Fans von Wisla Krakau das Spielfeld und schlugen gegnerische Spieler nieder. Der polnische Fußball-Verband PZPN belegte Wisla lediglich mit einem Stadionverbot und einer Geldstrafe in Höhe von 18.000 Euro.

Die Vereine sprechen wenige hundert Stadionverbote pro Saison aus, die meisten der Ausgewiesenen kommen trotzdem ins Stadion. Für ein Trinkgeld. Zur Not mit gefälschten Tickets. Janusz Filipiak, Präsident von Cracovia Krakau, gestand auf einer Pressekonferenz, dass die „keineswegs schmächtigen Sicherheitsleute" Angst hätten, in den Stadien einzuschreiten. Die Klubs sind klamm, sie brauchen die Einnahmen. Stattdessen behelfen sie sich mit kleinen Tricks. Gelegentlich wird Minuten vor dem Abpfiff eines Spiels ein Feuerwerk abgebrannt, um die Fans davon abzubringen, selbst Raketen zu zünden. Zudem intonieren angesehene Anhänger pausenlos Lieder und Sprechchöre. Das soll verhindern, dass rassistische Beschimpfungen angestimmt werden.

Ob das größte Problem des polnischen Fußballs durch kräftige Stimmbänder gelöst wird? Michal Listkiewicz, früher als Schiedsrichter aktiv, hat noch keine Antwort gefunden. Der Präsident des Verbandes PZPN spielt das Thema herunter. Dabei wurde er selbst schon tätlich angegriffen. „Wir arbeiten an einer Lösung", bestätigt er stets vollmundig. In Wirklichkeit hat er ganz andere Sorgen. Unter seiner Führung ist der polnische Fußball in einem tiefen Sumpf versunken. Korrupte Schiedsrichter und zwielichtige Figuren in den Chefetagen der Klubs haben Spiele verschoben. 1993 war Legia Warschau nach Bestechungsvorwürfen der Meistertitel aberkannt worden. 2003 wurde der Erstligist Szczakowianka Jaworzno nach unten versetzt, nachdem vor dem letzten Spiel 50.000 Euro an den Gegner geflossen waren. „Ein Bein wäscht das andere", titelte die Wochenzeitschrift *Wprost*, die den jährlichen Schmiergeldumsatz auf 5,5 Millionen Euro geschätzt hat. Der polnische Sportminister Thomas Lipiec setzte die im Januar 2007 entlassene Geschäftsführung des PZPN Anfang März wieder ein und bewahrte den Verband vor dem drohenden Ausschluss aus der FIFA-Gemeinschaft.

Grzegorz Lato reagiert genervt auf Berichte wie diese. Er kennt die guten Seiten des polnischen Fußballs, bei der WM 1974 war er mit sieben Treffern Torschützenkönig. Und er kennt die schlechten.

Im polnischen Fußball-Verband ist er als Botschafter beschäftigt, als eine Art Abteilungsleiter für Nostalgie. Erinnerungen sind gefragt, wenn in der Gegenwart wenig läuft. „Uns fehlen die Sterne", sagt Lato. Er hat tiefe Falten in seinem blassen Gesicht, der Hosenbund sitzt tief. Man sieht ihm nicht an, dass er einst der beste Stürmer Europas war. Bei den Polen leuchtet derzeit selbst die Symbolfigur einer glanzvollen Vergangenheit nicht mehr richtig. „Die Gewalt ist das schlimmste", bekräftigt Lato. „Bis das Hooligan-Problem gelöst ist, wird mindestens eine Generation vergehen."

Die Arenen sind Relikte vergangener Zeiten. Selbst dem Nationalstadion in Chorzow fehlt es an allen Sicherheitsstandards. Dort werden laut des Sicherheitsreferenten Wieslaw Wieczorek 250 Kameras gebraucht. Unkraut sprießt zwischen den Sitzschalen hervor, der Putz bröckelt von den Wänden, Zäune fehlen. Die Klubs können sich Großaufgebote an Ordnern und moderne Kamerasysteme nicht leisten. Auch Fanprojekte mit Sozialpädagogen, deren Ziel die Prävention ist, sucht man in Polen vergeblich. Das Geld fehlt. „Unsere Fanverbände distanzieren sich nicht von der Gewalt", sagt Piotr Zygo, der Präsident von Legia Warschau. Auch über seinen Fanbeauftragten Andrzej Piorkowski gibt es einschlägiges Bildmaterial. Manchmal übernehmen ehemalige Hooligans sogar den Posten des Stadionsprechers. Sie heizen die eigenen Fans an und hetzen gegen die Gegner.

Doch es gibt zaghafte Signale der Veränderung. Der rechtskonservative Staatsminister Lech Kaczynski, gewählt im Oktober 2005, setzt auf Repression und Polizeipräsenz. Polens Justizminister Zbigniew Ziobro verschärfte die Grenzkontrollen vor der WM in Deutschland, er sprach sich für Schnellgerichte aus und entsandte 50 Beamte nach Deutschland. „Null Toleranz" lautet sein Motto, er würde auch für die Einführung der Todesstrafe Argumente finden. Die Polizei ist auch in Polen das größte Feindbild der Fans. Im Kampf gegen die Ordnungshüter verbünden sich sogar die größten Feinde. „Von einem sinnvollen Plan der Prävention ist jedoch nichts zu hören", sagt Fan-Aktivist Jacek Purski. Er wird seinen Eltern noch oft erzählen, dass er nicht mehr ins Stadion geht. So nimmt er ihnen die Angst. Einhalten wird er sein Versprechen wahrscheinlich nie.

Rivalität ohne Blaulicht

Der Sportkonsum in den USA ist eine Angelegenheit der Mittelschicht. Gewalt in den Stadien gibt es so gut wie nie

Die grellen Stadionlichter in der Ferne zerschneiden die Dunkelheit über New York City. Zäh fließt der Verkehr in den Norden von Manhattan hinüber in die Bronx. Alle drei Minuten spuckt die U-Bahn Menschen aus. Langsam schieben sich die Massen über eine schmale Brücke. Es geht vorbei an tristen Backsteinbauten. Über der 161. Straße mischen sich die Gerüche von Abgasen und Fastfood. Am Rand verkaufen Jugendliche Fanartikel und Süßigkeiten. Die New York Yankees empfangen an diesem Abend in der Major League Baseball die Bosten Red Sox. Für die US-Amerikaner ist diese Begegnung eine Art Ostküstenderby. Beide Klubs verbindet seit Jahrzehnten eine der größten Rivalitäten des amerikanischen Sports. Vergleichbar ist diese Konstellation mit dem ewigen Duell Real Madrid gegen den FC Barcelona – und doch ist in New York alles anders.

Seit Wochen ist das Yankee Stadium für diesen Abend ausverkauft, die Schwarzmarkthändler verlangen das Fünffache des normalen Ticketpreises. Vor den Toren haben sich lange Schlangen gebildet. Kreuz und quer winden sie sich durch das Viertel. Polizisten sind weit und breit nicht zu sehen. Keine szenekundigen Beamten, keine Konfliktmanager, keine kläffenden Schäferhunde. Spitzensport funktioniert in den USA auch ohne Blaulicht. An den Eingängen werfen die Ordner, die meisten sind zwischen 50 und 60 Jahre alt, einen flüchtigen Blick in Taschen und Rucksäcke. Großmütig winken sie die Zuschauer durch. Mit Gewalt rechnet niemand, den Begriff Hooligan kennen sie nur aus dem Lexikon und aus dem Fernsehen. Die *Neue Zürcher Zeitung* brachte die Harmonie in den Sportstätten in drei Worten auf den Punkt: „Take it easy.“

Maribeth Rezey ist seit ihrer Kindheit Yankee-Fan, sie trägt das berühmte weiße Trikot mit den schwarzen Streifen. Für das Spiel gegen Bosten ist sie eigens aus Washington D.C. angereist. Oft kann sie das nicht machen, es ist eine Frage des Geldes. „Sportfan ist nicht gleich Sportfan", sagt sie und deutet auf die steilen Tribünen des Stadions. Maribeth Rezey ist in Albany aufgewachsen, in der Hauptstadt des Bundesstaates New York, drei Autostunden von der Bronx entfernt. Zurzeit studiert sie in Washington Kriminologie. Es ist ihre tägliche Aufgabe, die Formen der Gewalt zu erforschen. Monatelang ist sie durch Europa gereist. Sie hat Fußballspiele in Italien und England besucht. Sie war fasziniert von den ungezügelten Massen, die einen unglaublichen Lärmpegel entfachten, und die ständig Schals, Fahnen und wild flackernde Leuchtfeuer in den Himmel reckten. Maribeth Rezey nennt den Unterschied zur USA: „Für uns dient der Sport ausschließlich der Unterhaltung."

Im Yankee Stadium wird das an diesem Abend deutlich. Pünktlich um 20 Uhr wird der erste Ball geworfen. Das Stadion füllt sich jedoch nur langsam. Viele Zuschauer stehen noch draußen an den Imbissständen, kaufen sich Zuckerwatte oder Hamburger. Zwischen den Zuschauerreihen sind hunderte Verkäufer unterwegs, auf ihren Schultern tragen sie Körbe mit Brezeln oder Kisten mit Getränken. Ein Bier aus der Plastikflasche kostet knapp neun Dollar. Der Preis hat nur auf wenige Zuschauer eine abschreckende Wirkung. Die meisten essen und trinken, trinken und essen. Die angeblich so große Rivalität zwischen den New York Yankees und den Bosten Red Sox läuft auf dem Spielfeld als eine Art Begleitsport. That's Entertainment.

„Sportkonsum ist in den USA eine Angelegenheit der Mittelschicht", sagt der Soziologe Andrei Markovits, Professor der Universität von Michigan in Ann Arbor. „Die Sportkultur in den USA ist zäh und mit viel Tradition behaftet." Die sogenannte Eventisierung, die Entwicklung zu einem Familienereignis, die viele Fußballfans in Europa kritisieren, hat in den Vereinigten Staaten Tradition. Die Klubs wurden schon vor Jahrzehnten professionalisiert. Auch deshalb sind die vier großen US-Sportarten American Football, Baseball, Basketball und Eishockey nahezu frei von Zuschauerge-

Im Theater der Bronx: Auch im Yankee Stadium dient der Sport den Amerikanern als Unterhaltungsmaschine.

walt. Ausnahmen gibt es in Kleinstädten, in denen der Universitäts-
sport eine der Hauptattraktionen ist. Der Fußball spielt dagegen in
der nordamerikanischen Mediengesellschaft keine Rolle. Zwar gibt
es zwischen Texas und Alaska mittlerweile mehr als 15 Millionen
organisierte Kicker. Doch ihre Vorbilder suchen sie sich in anderen
Sportarten. Die Profiliga Major League Soccer steckt seit Jahren in
den roten Zahlen, ihr Zuschauerschnitt liegt bei 15.000. Die Frau-
enliga WUSA rauschte 2003 sogar in den Bankrott. Wo keine Fans
sind, kann es auch keine Gewalt geben.

Um 20.40 Uhr ist das Yankee Stadium bis auf den letzten Platz
gefüllt, fast 60.000 Menschen lassen sich nun unterhalten. Viele von
ihnen haben mehrere tausend Dollar für eine Karte bezahlt. Für
die Betuchten aus New York sind teure Sporttickets eine Art Sta-
tussymbol. Vergleichbar mit guten Theaterkarten. Das ist bei den
Giants im American Football, den Knicks im Basketball und den

Rangers im Eishockey nicht anders. Selbst körperbetonte Sportarten genießen in Übersee eine hohe soziale Akzeptanz. Arbeitslose können sich den Besuch selten leisten. Ohnehin werden die
sozial Benachteiligten kaum in das kommerzielle Sportsystem ein-
bezogen. Universitäten und private Fitnesszentren dominieren den
Markt. Die Gefahr, dass sie sich in den Stadien ein Ventil für ihren
Frust suchen, ist gering. Stattdessen treten Jugendliche ohne Perspektive eher den berüchtigten Straßengangs bei. Der Soziologe
Kevin Young schreibt, dass die US-Medien moderater mit Gewalt
im Sport umgehen. Schließlich gibt es über die Gewalt im Alltag
genug zu berichten.

Nach dem vierten von neun Spielabschnitten liegen die Yankees
knapp in Führung. Es herrscht ein aufgeregtes Gewusel im Stadion.
Ein Familienvater begleitet seine drei Kinder zur Toilette, anschließend geht er weiter zum Bierstand. Der Anteil von Frauen, Kindern und Immigranten ist weitaus höher als in den europäischen
Sportstätten. Maribeth Rezey, die Kriminologie-Studentin aus Washington D.C, spaziert durch die Arena. Es gibt keine Zäune, keine
Barrieren, jeder Platz ist zu erreichen. Die Ordner haben keine
breiten Schultern und keine rasierten Schädel. Oft sind es zierliche
Frauen oder männliche Milchgesichter, die gelangweilt an den
Wänden lehnen.

Für Maribeth Rezey ist das nichts Neues. Sie schildert mögliche Unterschiede zwischen den amerikanischen Fans und jenen
in Europa oder Südamerika: „Für uns ist der Sport keine Religion.
Wir freuen uns, wenn unsere Mannschaften gewinnen. Aber wir
weinen nicht, wenn sie verlieren." In der Regel schafft sie es zwei-
bis dreimal pro Saison ins Yankee Stadium. Auswärts kann sie nur
dabei sein, wenn die Spiele in der Nähe von Washington stattfinden. Wegen der großen Distanzen werden die Teams in den
Profiligen selten von vielen Anhängern begleitet. Die Identifika-
tion mit den Vereinen, aber auch die Rivalitäten zwischen den Fangruppen können kaum vertieft werden.

Der siebte Spielabschnitt ist angebrochen, plötzlich wird es
laut auf dem Oberrang. Ein Fan der Bosten Red Sox schreit einen
Fan der Yankees an. Sie sitzen nebeneinander. Im gleichen Block.

Trotz der alten Rivalität gibt es keine Fantrennung, die Zuschauer sind in Feindschaft verbunden. Es kommt zu Handgreiflichkeiten. Zwei Ordner führen den Bosten-Fan aus dem Block. Um sie herum stehen die New Yorker auf und applaudieren. „Niemand mag dich", skandieren sie und lachen. Oder: „Bosten stinkt!" Es sind die einzigen Beleidigungen an diesem Abend, der Vorfall wird als komödiantisches Zwischenspiel wahrgenommen. Alle lachen, aggressiv ist die Stimmung zu keinem Zeitpunkt.

Kurz vor Mitternacht steht das Spiel vor dem Ende. Nach fast vier Stunden. Das Stadion war schon vor 30 Minuten halbleer. Die Angst vor einem Stau oder einer überfüllten U-Bahn ist größer als die Angst, den entscheidenden Wurf zu verpassen. Die Bindung zwischen Sportfans und Vereinen ist in den USA nicht annähernd so intensiv wie in Europa oder Südamerika. Der finanzielle Aufwand der Eigner ist utopisch hoch. Eine runde Milliarde US-Dollar hat beispielsweise Yankee-Boss George Steinbrenner von 2000 bis 2006 in sein Team investiert. Er hat fast 100 Millionen Dollar allein an Strafen gezahlt, weil er regelmäßig die Gehaltsgrenze der Spieler überschreitet. Die Fans beobachten diese Geldverbrennung mit Distanz. Die Besitzer können mit ihren Mannschaften jederzeit umziehen, die Klubs sind nicht an Region und Tradition gebunden. Von den 30 Basketballvereinen der NBA haben 13 bereits ihren Standort gewechselt. Die Atlanta Hawks allein haben vier Relocations hinter sich.

Ungezügelte Emotionen und Rituale der Verehrung können so kaum entstehen. Das liegt auch an den komplexen Strukturen der Ligen mit verschiedenen Divisionen. Pro Saison bestreiten die Yankees mehr als 160 Pflichtspiele. Gegen Bosten treten sie in der regulären Spielzeit 19-mal an, manchmal sogar zweimal am Tag. In der Basketball-Profiliga NBA können es mit Play-offs mehr als hundert Spiele werden. Es gibt keine Auf- und Abstiege. Die Erinnerungen an sportliche Rivalitäten vermischen sich zum Einheitsbrei. Auch international gibt es kaum nennenswerte sportliche Feindschaften. Die US-Ligen sind mit sich selbst beschäftigt. Im Baseball, Football, Basketball und Eishockey sind sie anderen Nationen weit voraus. Der Meister wird zum World Champion erhoben.

Maribeth Rezey hat bis zum Schluss durchgehalten. Die Yankees gewinnen knapp. Sie klatscht dreimal in die Hände. Unbändige Freude sieht anders aus. Auch die Spieler scheinen es eilig zu haben. Schnell sind sie in den Kabinen verschwunden. Die Ordner im Stadion bitten die Zuschauer um einen zügigen Abgang. Die Putzkolonne ist angerückt. Draußen an der 161. Straße packen die Verkäufer ihre Sachen zusammen. Es ist weit nach Mitternacht. Die Unterhaltungsmaschine legt eine Pause ein. Doch die Trauer darüber hält sich in Grenzen.

Die Paten der Pralinenschachtel

Der Hang zur organisierten Kriminalität unterscheidet die argentinischen Barrabravas von den europäischen Hooligans

Manchmal ist das Elend erst auf den zweiten Blick zu erkennen. In La Boca, im Südosten von Buenos Aires, führt eine enge Straße vom Hafen in das Viertel hinein. Die Häuserwände sind mit schrillen Farben verziert, Händler bieten Antiquitäten an, und Restaurants locken Europäer mit Tangomusik und gutem Fleisch. Hinter Kunst und Kitsch offenbart sich eine andere Seite von La Boca. Abseits der Touristenmeile herrscht Anarchie. In den provisorisch zusammengezimmerten Häusern, vor denen wild das Unkraut sprießt, leben Tagelöhner, Diebe und Drogendealer. Es liegen die Gerüche von Urin und Marihuana in der Luft. Nachts trauen sich nur wenige auf die Straße. Urlaubsziel oder Schutthaufen? Kein Barrio, kein Viertel, verkörpert die Widersprüchlichkeit der argentinischen Hauptstadt wie La Boca.

Besonders deutlich wird das, wenn man den Touristenstrom hinter sich lässt und zweimal nach rechts abbiegt. Hinter den Häuserreihen erhebt sich die Bombonera, die Pralinenschachtel, das Stadion des 1905 gegründeten Clubs Atlético Boca Juniors, des wohl berühmtesten Fußballvereins Südamerikas. Im Inneren der Arena nehmen sie es besonders genau mit den Erfolgen von Boca. Hunderte Tore und hunderte Siege sind feinsäuberlich im Vereinsmuseum aufgelistet. Videobilder laufen in der Endlosschleife. Trikots, Wimpel, Gläser und ein sechs mal sechs Meter großes Poster erinnern an den größten Spieler der Klubgeschichte, an Diego Maradona. Jede Stunde werden Besichtigungen durch das Stadion angeboten.

Dutzende Touristen trotten einer munter draufloserzählenden Führerin hinterher. Sie berichtet von Maradonas Moden, gelegentlich streut sie einen Witz ein. Und sie schwärmt von den treuen Fans, die jedes Heimspiel in ein farbenfrohes, lautstarkes Spektakel verwandeln. Die andere Seite, die Angst einflößende Seite, erwähnt sie nicht. So gegensätzlich die Heimat La Boca ist, so ist auch ihr Fußball.

Juan Martinez verdient in der Bombonera ein bisschen Geld für sein Studium. Er beantwortet die Fragen der englisch sprechenden Besucher. So gelassen wie seine Kollegin will er nicht auftreten, auch seinen richtigen Namen möchte er nicht für die Veröffentlichung freigeben. „Boca ist nicht nur Spaß", sagt er und steigt die steilen Stufen der Haupttribüne hinab. „Boca hat ein großes Problem mit gewalttätigen Fans." Dann wird er ein wenig lauter. „Aber das ist nichts Ungewöhnliches. Die ganze Liga hat dieses Problem." Juan Martinez wohnt am Stadtrand, er ist kein großer Hincha, wie Fans in Argentinien genannt werden. Weder von Boca, noch von dem großen Rivalen River Plate aus dem Norden der Stadt. Das ist selten in Buenos Aires, wo es mehr als 20 Profivereine gibt und die Menschen ihre Klubs abgöttisch lieben. Und das ist selten in Argentinien, in diesem von vielen Krisen erschütterten Land, das seinen Stolz auch dem Fußball verdankt und sich deshalb als „futbolera" bezeichnet. Als fußballverrückt.

Doch vielleicht ist Juan Martinez gerade deshalb ein guter Gesprächspartner. Ohne Emotionen schildert er die Lage, sachlich und ehrlich. Im Oktober 2006 hat er sogar daran gedacht, seinen Nebenjob aufzugeben. Der argentinische Fußball stand unmittelbar vor dem Kollaps. Fans kamen zu Tode, Spiele mussten abgebrochen werden, die Saison legte eine Zwangspause ein, Spieler drohten mit Streik. „Nicht zum ersten Mal", fügt Juan Martinez mahnend hinzu. „Aber so schlimm war es noch nie." Während in Europa Gegenmaßnahmen allmählich greifen, gehört die Angst in Argentinien zum Alltag. In keinem Land sterben so viele Menschen im Schatten des Spiels. Bis Ende 2006 waren es insgesamt mehr als 200. Oft geraten Zivilisten in die Randale hinein. Das jüngste Opfer: Ein neun Monate altes Baby. Tödlich von einer Kugel getroffen. Eine weitere Eskalation in den Stadien ist nur eine Frage der Zeit.

Pablo Alabarces ist eine der wenigen öffentlichen Personen, die das Problem nicht verharmlosen. Der Soziologe der Universität Buenos Aires und renommierte Buchautor kritisiert vor allem Korruption und Tatenlosigkeit der Funktionäre: „Lange wurde zugeschaut, wie sich die Gewalt ausbreiten konnte. Vielleicht ist es jetzt für eine Lösung zu spät." Bereits 1913 war es zu Krawallen während des Superclásico gekommen, dem Derby zwischen Boca und River Plate. Der argentinische Fußball hatte lange unter dem Einfluss der englischen Kicker gestanden. So war es Ende des 19. Jahrhunderts, als britische Seeleute und Eisenbahningenieure Argentinien den Fußball schenkten. Und so war es in den 1960er Jahren, als der klassische Hooliganismus an Fahrt aufnahm und mit der Zeit auch andere Ligen verseuchte. Selbst vor Südamerika machte er keinen Halt. Allerdings sollte sich der Begriff des Hooligans in der öffentlichen Diskussion nie richtig durchsetzen. Argentinien taufte seine Schläger stattdessen Barrabravas: Wilde Horden. Dem Tod von Alberto Mario Linker am 1. Oktober 1958, einem Fan des Hauptstadtklubs Vélez Sársfield, folgten viele Tragödien. Die größte am 23. Juni

Die Schattenseite des Superclásico: Zwei Polizisten starren im Juni 1968 auf die Folgen der Massenpanik.

1968. Bei einer Massenpanik nach dem Derby zwischen River und Boca kamen 73 Fans zu Tode. Zuvor hatten Boca-Anhänger brennende Zeitungen in die Luft geworfen.

Fast jedes Derby endet mit Blutvergießen. Neben dem Superclásico elektrisiert eine andere Begegnung in Buenos Aires regelmäßig die Massen. Independiente und Racing stammen aus demselben Stadtteil. Ihre Stadien in Avellaneda liegen nur wenige hundert Meter auseinander. Heißblütig geht es auch in Rosario zu, das nördlich der Hauptstadt liegt. Experten halten das Stadtderby zwischen den Newell's Old Boys und Central für die gefährlichste Partie in ganz Südamerika.

Doch die Ursachen für die Entgleisungen der Fans sind nicht nur in den sportlichen Rivalitäten begründet. Seit jeher ist das Verhalten der Barrabravas eng mit politischen und wirtschaftlichen Entwicklungen verbunden. So hat die Militärdiktatur von 1976 bis 1983 die Gewaltbereitschaft nachhaltig verschärft. Terror und Gegenwehr prägten diese Jahre. 2.300 Menschen sollen ermordet worden sein, Zehntausende verschwanden spurlos, die Industrie machte große Verluste. Viele Fans waren politisch aktiv gewesen oder engagierten sich in Gewerkschaften, zum Beispiel in der Juventud Peronista. Zunächst löste das strenge Regime der Militärjunta auf den Rängen Solidarisierungseffekte aus. Damals wurde kaum Kraft für sportliche Feindschaften aufgebracht, der Hass richtete sich geballt gegen die Machthaber.

So trafen am 17. Oktober 1976 wieder einmal River und Boca aufeinander. Als Zeichen des Protests sangen beide Fangruppen im Stadion Monumental vereint den Peronistenmarsch, jene Hommage an Juan Domingo Perón, den zweimaligen Präsidenten Argentiniens, dessen Partei das Land bis heute prägen sollte. Dem Präsidenten der Militärjunta, General Jorge Rafael Videla, gefiel der Protestgesang gar nicht. Er ließ die Blöcke im Monumental stürmen und brachte die Fans gewaltsam zum Schweigen. Als Argentinien 1978 im eigenen Land Weltmeister wurde, kam das den Machthabern ebenso recht wie Adolf Hitler die Austragung der Olympischen Spiele 1936 in Berlin. Die argentinischen Fans aber ließen sich ihr Sprachrecht nicht nehmen. Bei einer Schlägerei zwischen den Barrabravas von Boca und Chacarita 1982 wendete sich plötzlich das Blatt. Die Hooligans verbündeten sich und gingen gemeinsam gegen die Polizei vor. „Zu dieser Zeit kam die Fangewalt spontaner zum Ausbruch, es gab auch weniger Waffen", berichtet der Soziologe Pablo Alabarces. „Und der Respekt untereinander war größer."

Das änderte sich nach dem Ende der Militärdiktatur. Wieder musste sich die argentinische Gesellschaft neu ordnen. Die Politiker hatten andere Sorgen, als sich um gewaltbereite Fans zu kümmern. Die Funktionäre schauten tatenlos zu, sie waren während der Diktatur zu unmündigen Hilfsarbeitern degradiert worden. Aus dieser Passivität wollten sich die meisten so schnell nicht befreien. So drifteten die Barrabravas weiter ab. Die radikalen Kerne wuchsen, bei Boca auf etwa 300 Fans, hinzu gesellten sich tausende Mitläufer. Sie genossen ihre neue Freiheit. Es begann eine Entwicklung, die bis in die Gegenwart reicht und deren Höhepunkt noch immer nicht erreicht ist. In den 1980er Jahren kristallisierte sich der entscheidende Unterschied zu den europäischen Hooligans heraus: Der Hang zur organisierten Kriminalität. Statt sich gegen die Politik zu verbünden, hofften die Anführer der Barrabravas auf das schnelle Geld. Es zog sie nicht mehr nur in die Stadien – sondern auch in die Mafia. Ähnliche Strukturen weisen im alten Europa nur Teile der italienischen Ultra- und der osteuropäischen Hooligan-Gruppen auf.

Die Gewaltexzesse verschärften sich Ende der 1990er. Nach vielen Regierungswechseln und einer seit Jahrzehnten instabilen Wirtschaftslage stürzte Argentinien, früher eines der reichsten Länder der Welt, in die schwerste Krise seiner Geschichte. Über Nacht verloren Millionen Menschen ihre Ersparnisse, die Konten wurden eingefroren, die Banken geschlossen. Der einst stolze Mittelstand schmolz. Aus dem Gleichstand zwischen Peso und US-Dollar wurde ein hoher Rückstand. Zur Jahreswende 2001/2002 war das Land zahlungsunfähig. Präsidenten wechselten wöchentlich. Es kam zu Plünderungen, Wohlhabende wurden entführt. Dutzende kamen bei Demonstrationen ums Leben. Arbeitslosigkeit und Armutsrate schnellten in die Höhe. Argentinien war in der sogenannten Dritten Welt angelangt.

Roberto Fontanarrosa ist einer der bekanntesten argentinischen Schriftsteller. In einem Interview mit der *Welt* zog er Parallelen zum Fußball: „Es gibt so viele Probleme im Land, die Gesellschaft ist tief gespalten. Der Grund dafür ist, dass uns die Politiker lange Zeit weismachen wollten, wir gehörten zur Ersten Welt. Dabei ist offensichtlich, dass wir kein Land der Ersten Welt sind. Aber im Fußball, da sind wir es wirklich. Und ich glaube, dass das Nationaltrikot für die Argentinier mehr Bedeutung hat als die Landesfahne." Fontanarrosa verwundert es nicht, dass die Krankheiten der Gesellschaft, wie mafiaähnliche Strukturen, Korruption und Gewaltbereitschaft, auch im Fußball zu beobachten sind. In Argentinien sei eben „Fußball wichtiger als Politik".

Das Fußballmuseum im Bauch der Bombonera, im Südosten von Buenos Aires, ist gut gefüllt. Fünf Grundschüler stehen vor den kleinen Bildschirmen und starren voller Ehrfurcht auf die bewegten Bilder. Immer wieder zoomt die Kamera den Fanblock von Boca heran. Ein Meer blaugelb gekleideter Leiber. Konfettiregen prasselt auf die Köpfe nieder. Voller Inbrunst donnern die Gesänge über die alten Stehrampen. Hier sind die wohl am meisten gefürchteten Fans des internationalen Fußballs zu Hause, die Barrabravas der Boca Juniors, die den harmlosen Namen La doce tragen, die Zwölf. Die Bilder, die das Fernsehen von La doce ausspuckt, sind spektakulär, die Wahrheit ist vor allem eins: beängstigend. Es ist ein offenes Geheimnis, dass auf den Tribünen nicht nur gesungen und geklatscht wird. Die Fanführer nutzen das Stadion als Verkaufsstand für Drogen, hauptsächlich für Kokain. Seit den 1980er Jahren behaupten sich die Capos der hierarchisch geführten Barrabravas als Paten im Umfeld der Arenen. Das Magazin *Stadionwelt* beschrieb die tiefen Abgründe mit dem Titel „Leidenschaft und Maßlosigkeit".

Die Fans von La doce achten penibel auf ihr Terrain. Selbst von normalen Besuchern, die in der Nähe der Bombonera ihr Auto abstellen, sollen sie Schutzgeld verlangen. „Sonst kann es passieren, dass Reifen zerstochen werden", erzählt Markus Leiter, Korrespondent der Deutschen Presse-Agentur in Buenos Aires. Er verweist auf Rafael Di Zeo, den langjährigen Anführer von La

Meister des Verschwindens: Rafael Di Zeo (vorn Mitte), umringt von Boca-Fans.

doce, der den Irrsinn wie kein Zweiter verkörperte. Di Zeo war Anstifter von Krawallen, er baute ein Kartell auf, in dem Drogen und Waffen eine wichtige Rolle spielten. Er hatte die Bombonera genauso im Griff wie seine berüchtigten Vorgänger: Quique, der Metzger, und El Abuelo, der Großvater. Für eine Partie der Copa Sudamerica gegen Pumas México wurden einmal bestimmte Plätze zweimal verkauft. Hunderte drängten ins Stadion. Rafael Di Zeo übernahm die Aufgabe der Polizei und entschied, wer ins Stadion durfte – und wer nicht.

Offiziell war er wie viele andere Capos als Angestellter der Stadt tätig gewesen, auch die Ehe mit einer Polizistin kam öffentlich gut an. Immer wieder schaffte er es, seine illegalen Nebenverdienste in Millionenhöhe zu verschleiern. Er leistete sich Bodyguards und Chauffeure. Siege der Boca Juniors feierte er in Luxusrestaurants. Als ihn die Polizei im Dezember 2003 festnehmen wollte, seilte er sich mit einem Bettlaken aus der eigenen Wohnung ab. Gefunden wurden angeblich 50.000 Pesos (umgerechnet etwa 17.000 Euro), 10.000 gefälschte US-Dollar, gefälschte Ausweise und zwei Revolver. Der Journalist Markus Leiter sagt: „Trotz der vielen Vorwürfe konnte Di Zeo lange niemand etwas anhaben. Er ist ein Meister des Verschwindens."

Dem Capo gelang es sogar, dass in einem der Gerichtsverfahren gegen ihn der Richter abgesetzt wurde. Als er dann nach dem Tod eines Fans doch für ein halbes Jahr ins Gefängnis musste, stilisierten die Boca-Anhänger ihren Chef zur Kultfigur. Ein riesiges Banner verkündete „La doce lebt". Als Di Zeo in die Bombonera zurückkehrte, wurde er von den Medien gefeiert. Logen-Besitzer Diego Maradona sagte Di Zeo und seinen Komplizen ebenfalls Unterstützung zu: „Meine Beziehung zu den Jungs ist exzellent. Sie machen ihre Fehler und ich meine, aber wir sind sicherlich nicht durch eine kriminelle Vereinigung verbunden. Das ist nicht mein Stil." Ähnlich nebulös äußerten sich Politiker und Funktionäre.

Manchmal machen sie mit den Barrabravas sogar gemeinsame Sache. Bei einem Testspiel 1999 gegen Chacarita stürmten Fans von Boca in den Gästeblock und verprügelten dessen Capo. Die Anhänger von Chacarita rächten sich vier Jahre später mit einem Arsenal an Wurfgeschossen. Die Boca-Fans stürmten daraufhin wieder den Gästeblock. Einlass gewährte ihnen ein Ordner, der vermutlich geschmiert worden war. Auch die Polizei spielt in der Bekämpfung der Fangewalt eine zwiespältige Rolle. Manchmal entsteht der Eindruck, als wolle sie durch drakonisches Eingreifen selbst in friedlichen Spielen Randale provozieren, um den eigenen Status und den Etat für die Zukunft zu sichern. Schließlich gibt es ohne Gewalt keine Sondereinheiten und keine Mittel für private Sicherheitsdienste. Auf der anderen Seite lassen auch sie sich gern kaufen. Polizisten werden in Argentinien nicht sonderlich gut entlohnt. Für eine kleine Prämie schauen sie gern weg, wenn auf den Tribünen die Gewalt überhand nimmt.

Die Korruption ist eines der größten Geschwüre des argentinischen Fußballs. Auch das ist eine Folge der politischen Krisen. Elend und Abhängigkeit sind starke Motive, um sich zu verkaufen. Die Politiker unternehmen nicht viel dagegen, manchmal decken sie die Kriminellen bewusst oder paktieren mit den Hooligans. Vor einer Präsidentschaftswahl können die Barrabravas zu Wahlkämpfern aufsteigen. Sie kassieren sechsstellige Summen, wenn sie im Stadion Kandidatennamen auf ihren Fahnen in die TV-Kameras halten oder bei Veranstaltungen den politischen Gegner einschüchtern. Der rechtskonservative und viel kritisierte Boca-Patron Mauricio Macri nimmt die Hilfe besonders oft in Anspruch. Er will sich bei den Präsidentschaftswahlen im Herbst 2007 um das Amt des Staatschefs bewerben.

Manche Barrabravas werden sogar als Schlägertrupp engagiert. Der frühere River-Trainer Ramón Díaz ging regelmäßig mit den Anführern zum Essen. Sie bedankten sich mit wohlwollenden Gesängen im Stadion. Der ehemalige Nationaltrainer Daniel Passarella gab sich weniger kooperativ. Nachdem er sich geweigert hatte, einem River-Fan Geld zu geben, zog dieser ein Messer und fügte Passarella eine Schnittwunde zu. Ein anderes Beispiel: 2002 hatte der Präsident von Atlético Lanús, Carlos González, dem Verband mitgeteilt, dass wütende Lanús-Anhänger mit Ausschreitungen für das Spiel gegen Vélez Sársfield gedroht hatten. Die Fans hatten zuvor keine Freikarten erhalten. Wer seinen Willen nicht bekommt, rächt sich mit Fäusten. Carlos González kam mit einem Schrecken davon.

Nicht selten werden die Spieler von den Fans erpresst. Einmal sollen Hooligans von Independiente ihren eigenen Profis während einer Trainingseinheit gedroht haben. Das Team aus Buenos Aires sollte das letzte Ligaspiel gegen Newell's Old Boys aus Rosario verlieren, um den befreundeten Fans des Gegners den Meistertitel zu schenken. Auch Juan Román Riquelme, Mittelfeldspieler der Boca Juniors, früher in Barcelona und Valencia aktiv, ist ein bekanntes

Dauerthema Gewalt: Martin Curi, Fanexperte aus Rio de Janeiro.

Opfer. Sein Bruder wurde in Buenos Aires entführt. Angeblich sollen 160.000 Dollar für seine Freilassung gezahlt worden sein.

Ortswechsel. Drei Flugstunden Richtung Nordosten. Martin Curi sitzt im Lamas, einem der bekanntesten Restaurants in Flamengo, im Norden von Rio de Janeiro. Hier haben Mitte des vergangenen Jahrhunderts Spieler der großen Klubs gemeinsam gegessen. „Auch in den Stadien Brasiliens sterben Menschen", sagt Martin Curi. Seit 2000 lebt der in München geborene Soziologe in Rio. Er hat in Studien für deutsche Universitäten die Fanszene Brasiliens untersucht und während der WM 2006 die brasilianische Fanbotschaft organisiert. Es gibt viele Parallelen zur argentinischen Gewaltwelle. Auch im größten Land Südamerikas bestätigen die Ausschreitungen den Gesamteindruck einer Gesellschaft, in der Gewalt ein Dauerthema ist. Im Großraum Rio de Janeiro werden im Schnitt monatlich 800 Menschen ermordet. Drei Mafiaringe kämpfen um die Drogenherrschaft in den Favelas, den brasilianischen Elendsvierteln. Der Staat entzieht sich zunehmend der Verantwortung. Die Polizei ist machtlos. So bilden sich private Milizen, die für Sicherheit sorgen wollen. Oftmals wird der Bandenkrieg in die Stadien getragen. In abgewandelter Form passiert das auch in Kolumbien, Peru oder Chile.

Bislang hat es in keinem der Länder wirksame Konzepte gegen Gewalt im Fußball gegeben. Sondereinheiten der Polizei wie die GEPE, die Grupo Especial do Policiamente nos Estádies, mit ihren 70 Kräften gibt es zwar in Rio, doch in den anderen Bundesstaaten Brasiliens fehlen die Mittel für eine vergleichbare Bekämpfung. „Die Regierung wird dieses Problem lösen müssen, wenn sie die WM 2014 austragen möchte", sagt Martin Curi. 1995 war es im Stadion Pacaembu von São Paulo zu einem tragischen Vorfall gekommen. Während des prestigeträchtigen Endspiels der Junioren-Meisterschaft zwischen dem FC São Paulo und Palmeiras stürmten Hooligans den Rasen. Es folgten schwere Krawalle, ein Fan starb. „Seitdem wird die Gewaltdebatte in der Öffentlichkeit offensiver geführt", erläutert Martin Curi. Nicht mehr und nicht weniger. Das Ende der Übergriffe ist längst nicht in Sicht.

Auch in Argentinien drehte sich die Gewaltspirale weiter. Im Februar 2002 wurde der 22-Jahre alte Fan Gustavo Rivero vor dem Spiel Independiente gegen Racing erschossen. Ein Jahr später gingen in der Nähe einer Autobahnraststätte 900 Fans von Newell's Old Boys und von River Plate aufeinander los. Für den 26-jährigen Claudio Ponce endete die Schlacht tödlich. Als er am Boden lag, wurde ihm die Kehle durchgeschnitten. Mit einem abgebrochenen Flaschenhals. Im Juli 2005 wurde Fernando Blanco, ein 17 Jahre alter Fan von Defensores de Belgrano, nach einem Zweitligaspiel festgenommen und schwer misshandelt, er starb im Krankenhaus. Doch so schlimm wie 2006 war es noch nie.

Wöchentlich randalierten die Hooligans. Der Fußballverband verbot vier Spieltage vor Saisonschluss den Fans das Reisen zu Auswärtsspielen. Aus Protest blockierten 140 Anhänger von Racing und San Lorenzo die Einfahrt der Mannschaftsbusse in die Stadien, das geplante Spiel musste abgesagt werden. Und so durften Fans bereits eine Woche später wieder ihre Mannschaft in die Fremde begleiten. Zu groß war der Druck geworden. Die Medien sind vom Fußball abhängig, einige Spieler drohten sogar mit Streik. Die Zeitung *La Nación* erschien mit vier schwarz gefärbten Trauerseiten und klagte über „den Virus der Straflosigkeit". Alle Jahre wieder werden Schlagzeilen produziert. Mehrfach wurde die argentinische Liga in ihrer Geschichte wegen Gewalt-Eskalation unterbrochen, nachhaltig geändert hat sich bis heute nichts. Auch weil sich die Gesetzeslage nicht wesentlich verbessert hat. Sie bietet zu viel Spielraum für Hooligans.

Das Chaos nahm kein Ende: Fans verschafften sich gerichtlich den Zugang zu den Arenen. Anhänger von Gimnasia de la Plata sollen ihren Spielern sogar mit Prügel gedroht haben. Ihre Forderung: Der Erzrivale müsse in der Meisterschaft auf Distanz gehalten

werden. Mit wenig Erfolg. Estudiantes fing am letzten Spieltag die
Boca Juniors ab und triumphierte. In der Schweiz reagierte Joseph
Blatter, der Präsident des Weltverbandes FIFA, mit großer Sorge:
„Es tut mir sehr weh, was in Argentinien passiert, vor allem mit
Grondona." Tröstende Worte – es war nicht anders zu erwarten.

Seit 1978 ist Julio Grondona, ein enger Vertrauter des umstrittenen Blatter, Chef des nationalen Fußballverbandes AFA. Um den
Posten des FIFA-Vizepräsidenten ranken sich viele Spekulationen,
er gilt als korrupt und machtsüchtig. Den Gewaltorgien in seinem
Land schaute er teilnahmslos zu. Diego Maradona ließ keine Möglichkeit aus, seinen Intimfeind zu kritisieren: „Der Ball ist schmutzig,
aber am wenigsten dreckig machen ihn die Spieler. Grondona ist
mafiös." Seit 1991 werden in Argentinien zwei Meisterschaften pro
Jahr ausgetragen: Torneo Apertura und Torneo Clausura, gespielt
in einer einfachen Runde mit 19 Spielen. Unter Grondonas Ver-
bandsführung sind viele Vereine an den Rand des Ruins gerutscht.
Die Klubs aus der 1. Liga sind insgesamt mit mehr als 300 Millionen
Euro verschuldet. Die Fernseherlöse sind im Vergleich zu den europäischen Ligen winzig, obwohl die Spiele der 1. Liga auf dem ganzen
Kontinent übertragen werden.

Der Niedergang führt zu kuriosen Geschichten: Von Trainings-
einheiten im Stadtpark war zu hören, weil Vereine die Platzmiete
nicht mehr aufbringen konnten. Schlagerstars übernahmen Team-
abende. Die Stadien stammen aus grauer Vorzeit, und besonders
begabte Spieler treten lieber heute als morgen die Flucht nach
Europa an. Stammspieler verdienen in Argentinien pro Jahr im
Schnitt weniger als 130.000 US-Dollar. In der 2. Liga sind Monats-
löhne in Höhe von 500 Dollar keine Seltenheit. Da Spieler bei Transfers zumeist ausstehendes Gehalt ausbezahlt bekommen, bleibt den
Klubs lediglich ein Bruchteil der Ablösesumme. Nur Boca Juniors
und River Plate können mit einem halbwegs vernünftigen Etat
arbeiten.

Ob überhaupt in den kommenden Jahren ein Hauch von Sicherheit in die Stadien einkehren kann, ist zu bezweifeln. Das Geld für
Stadionbauten und der Wille für schärfere Gesetze fehlen. Ab 2008
sollen alle Stadien mit Sitzplätzen versehen werden, das ist ein Anfang,

immerhin. Dass dieser Plan durchgesetzt wird, ist aber längst nicht klar. Die Zuschauerzahl der Bombonera, bisher rund 57.000, würde sich fast halbieren. Doch alle Vereinsmitglieder haben Anspruch auf ein Ticket. Droht etwa neuer Ärger? „Es gibt Pläne, dass die Fans nur noch jedes zweite Heimspiel sehen können", erzählt Juan Martinez, der studierende Stadionführer. „Einen Neubau lehnen die meisten kategorisch ab."

Obwohl das Wirtschaftswachstum unter Staatschef Néstor Kirchner, der seit 2003 im Amt ist, so hoch ist wie seit Jahren nicht mehr und obwohl Buenos Aires sich wieder aufschwingt zu einer pulsierenden Metropole, wird die argentinische Gesellschaft noch immer von Ungleichheit geprägt. Das wird deutlich, wenn man sich im Zentrum ein Taxi nimmt und nach einer Viertelstunde La Boca erreicht. Nachts, wenn Händler und Tangotänzer verschwunden sind und das Gebrumm der Touristen verstummt ist, sieht man auf den Straßen Kinder und Jugendliche im Abfall nach Verwertbarem suchen. Etwa 12.000 dieser Altpapiersammler, auch Cartoneros genannt, soll es in Buenos Aires geben. Viele von ihnen leben in den Villas Miseria, den Elendssiedlungen. Für sie ist der Fußball ein Traum und die Bombonera ein heiliger Ort. Dass sie sich dafür in Lebensgefahr begeben müssen, ist ihnen herzlich egal.

Chronologie der Gewalt

Die Geschichte des Fußballs hat viele Tragödien hervorgebracht, die oftmals Auswirkungen auf ganze Gesellschaften hatten. Eine subjektive Auswahl. (Stand 1. März 2007):

9. März 1946:
Bei einem Spiel um den englischen Pokal zwischen den Bolton Wanderers und Stoke City sterben 33 Menschen. Eine Begrenzungsmauer war eingestürzt.

30. März 1955:
Sechs Fans werden beim Endspiel um den Südamerika-Pokal zwischen Chile und Argentinien in Santiago zu Tode gequetscht.

15. April 1961:
Beim Länderspiel Chile gegen Brasilien bricht ein Geländer zusammen. Fünf Tote.

24. Mai 1964:
Bei Ausschreitungen zwischen rivalisierenden Anhängern während des Olympia-Qualifikationsspiels zwischen Peru und Argentinien in Lima sterben 350 Zuschauer.

17. September 1967:
In Kayseri (Türkei) kommt es zu Ausschreitungen nach einem umstrittenen Tor. 44 Menschen sterben.

23. Juni 1968:
Bei einer Panik nach Ende des Spiels um die argentinische Meisterschaft zwischen River Plate Buenos Aires und Lokalrivale Boca Juniors kommen 73 Fans zu Tode.

2. Januar 1971:
Beim Glasgower Lokalderby zwischen Celtic und den Rangers im
Ibrox-Park werden 66 Fans zu Tode getrampelt.

4. März: 1971:
Vier Zuschauer sterben bei Schlägereien während eines Zweitliga-
spiels im brasilianischen Salvador.

17. Februar 1974:
In Kairo bricht während eines Ligaspiels eine Begrenzungsmauer
zusammen. 73 Tote.

1. April 1977:
Ein Zuschauer stirbt vor dem Bundesligaspiel Hamburger SV gegen
Bayern München, als hunderte Zuschauer auf der Westtribüne des
Volksparkstadions die Stufen hinunterstürzen.

16. September 1979:
Im Stadion von Medan in Indonesien werden zwölf Personen zu
Tode getrampelt.

28. Oktober 1979:
Beim römischen Derby wird der Lazio-Fan Vincenzo Paparelli von
einem Feuerwerkskörper aus der Kurve der Roma-Fans tödlich
getroffen.

8. Februar 1981:
Beim griechischen Meisterschaftsspiel zwischen Olympiakos Piräus
und AEK Athen sterben 21 Menschen, als sich Zuschauer nach dem
Abpfiff vor einem geschlossenen Ausgangstor stauen.

18. November 1981:
17 Tote beim Tribüneneinsturz im Stadion von Ibague in Kolumbien.

16. Oktober 1982:
Am Tag des Spiels Hamburger SV gegen Werder Bremen gerät der

16-jährige Werder-Fan Adrian Maleika am Volksparkstadion in einen Hinterhalt: Er wird durch einen Steinwurf getötet.

20. Oktober 1982:
Beim Europapokalspiel zwischen Spartak Moskau und dem FC Haarlem kommen 340 Fans zu Tode. Auf einer vereisten Stehplatz-tribüne war eine Panik entstanden.

18. November 1982:
Nach dem Spiel America gegen Deportivo Cali (Kolumbien) sterben 24 Menschen. Zuschauer hatten von einer Tribüne uriniert und damit eine Panik ausgelöst.

27. November 1982:
Acht Tote bei einem Tribüneneinsturz in Algier (Algerien).

11. Mai 1985:
Eine veraltete Holztribüne im englischen Bradford gerät in Brand. 56 Menschen sterben. Zwei Notausgänge sind widerrechtlich ver-schlossen.

Zuschauer flüchten vor dem Feuer in der hölzernen Tribüne des Bradford-Stadions. Wäre der Weg aufs Feld nicht offen gewesen, wären noch mehr als 56 Menschen ums Leben gekommen.

27. Mai 1985:
Zehn Tote bei einem Meisterschaftsspiel in Mexiko-Stadt.

29. Mai 1985:
39 Menschen werden beim Endspiel um den Europokal der Landesmeister zwischen dem FC Liverpool und Juventus Turin in Brüssel
getötet, als eine Tribüne zusammenbricht. Zuvor waren Fans beider
Mannschaften im Heysel-Stadion heftig aneinandergeraten.

10. März 1988:
30 Tote beim Länderspiel Libyen gegen Malta in Tripolis. Eine Tribüne war eingestürzt.

12. März 1988:
72 Zuschauer geraten in Katmandu (Nepal) in eine Panik und
werden zu Tode getrampelt.

15. April 1989:
Im Hillsborough-Stadion von Sheffield sterben 96 Menschen bei
der Flucht von einer Tribüne während des Pokalhalbfinals zwischen
dem FC Liverpool und Nottingham Forrest.

3. November 1990:
Beim Spiel Sachsen Leipzig gegen BFC Dynamo Berlin kommt es zu
schweren Krawallen. Polizisten erschießen den 18 Jahre alten BFC-
Fan Mike Polley.

13. Januar 1991:
40 Fans sterben, als sie bei einem Spiel im Stadion von Orkney (Süd-
afrika) gegen einen Zaun gepresst werden.

5. Mai 1992:
17 Zuschauer erleiden tödliche Verletzungen, als beim Halbfinal-
spiel um den französischen Fußball-Cup zwischen dem SEC Bastia
und Olympique Marseille eine Zusatztribüne zusammenbricht.

2. Juli 1994:
Der kolumbianische Spieler Andrés Escobar wird nach seiner An-kunft in Medellín erschossen. Er hatte das entscheidende Eigentor gegen den Gastgeber der Fußball-WM erzielt.

16. Juni 1996:
Nach dem WM-Qualifikationsspiel zwischen Sambia und dem Sudan werden 79 Menschen beim Verlassen des Stadions zu Tode gequetscht.

16. Oktober 1996:
79 Menschen sterben nach einer Massenpanik vor dem WM-Quali-fikationsspiel zwischen Guatemala und Costa Rica.

23. März 1997:
Hooligans aus Amsterdam und Rotterdam kämpfen auf einem Feld nahe einer Autobahn. Der Ajax-Fan Carlo Picornie stirbt.

21. Juni 1998:
Bei der WM in Frankreich trifft die deutsche Mannschaft in Lens auf Jugoslawien. In der Innenstadt lösen Hooligans ohne Stadionticket Krawalle aus. Der französische Gendarm Daniel Nivel wird schwer misshandelt und fällt ins Koma. Unter den Folgen leidet er noch heute.

29. November 1998:
Ein Fan von River Plate Buenos Aires wird bei spontanen Feiern nach der Meisterschaft des Klubs getötet, als er bei einem Auto-Korso auf einem offenen Lastwagen von einer Kugel getroffen wird.

8. Dezember 1998:
Vor der UEFA-Cup-Partie zwischen Atletico Madrid und Real Sociedad San Sebastian wird ein Fan von Madrider Skinheads nie-dergestochen und erliegt einen Tag später seinen Verletzungen.

13. Dezember 1998:
Bei den Siegesfeiern nach dem Meisterschaftsgewinn von Colo Colo in Chile kommt es zu Ausschreitungen, ein Fan stirbt.

20. Dezember 1998:
Nach dem Endspiel um die kolumbianische Meisterschaft fordern Verkehrsunfälle im Chaos der Siegesfeiern vier Tote und rund 50 Verletzte.

23. Mai 1999:
Ein Sonderzug mit Fans aus dem italienischen Salerno gerät in Brand. Vier Fans verbrennen.

7. Juni 1999:
Nach dem Meisterschaftsgewinn von Boca Juniors Buenos Aires wird ein Fan bei Ausschreitungen von Hooligans in Avellaneda durch einen Schuss getötet.

15. Juni 1999:
Bei Krawallen nach einem Pokalhalbfinale in Beja in Tunesien werden drei Fans getötet.

30. Oktober 1999:
Bei schweren Ausschreitungen während des Lokalderbys zwischen Partizan und Roter Stern Belgrad wird ein 17 Jahre alter Zuschauer von einer Leuchtrakete getötet.

11. Januar 2000:
Bei einer Massenpanik in Alexandria in Äypten werden acht Fans zu Tode getrampelt.

5. April 2000:
Am Abend vor dem UEFA-Cup-Halbfinal-Hinspiel zwischen Galatasaray Istanbul und Leeds United werden zwei englische Fans bei einer Messerstecherei tödlich verletzt.

20. April 2003:
In der Nähe einer Autobahnraststätte in Argentinien gehen 900 Hooligans der Newell's Oldboys und der River Plate aufeinander los. Dem 26-jährigen Claudio Ponce wird, als er bereits am Boden liegt, die Kehle durchgeschnitten.

8. Oktober 2003:
Nach dem Pokalspiel Compostela gegen Deportivo La Coruna prügeln Hooligans von La Coruna auf einen jugendlichen Fan von Compostela ein. Ein 31-jähriger La-Coruna-Fan wird zu Tode geprügelt.

4. September 2004:
Nachdem Europameister Griechenland sein WM-Qualifikationsspiel gegen Albanien 1:2 verloren hat, sticht ein Grieche mit einem Messer auf drei Albaner ein – einer stirbt.

23. November 2006:
In Paris lösen Hooligans von St. Germain nach der 2:4-Niederlage im UEFA-Cup gegen Hapoel Tel Aviv schwere Krawalle aus. Ein Polizist, der einen jüdischen Fan schützen will, erschießt einen französischen Hooligan und verletzt einen anderen schwer.

2. Februar 2007:
Nach dem sizilianischen Derby zwischen Calcio Catania und US Palermo kommt der Polizeiinspektor Filippo Raciti gewaltsam zu Tode.

Quellen

Literatur

Buderus, Andreas/Dembowski, Gerd/Scheidle, Jürgen (2001): *Das zerbrochene Fenster*, Bonn.

Buford, Bill (1992): *Geil auf Gewalt. Unter Hooligans*, München.

Cáceres, Javier (2006): *Fútbol*, Köln.

Dembowski, Gerd/Scheidle, Jürgen (Hrsg.) (2002): *Tatort Stadion – Rassismus, Antisemitismus und Sexismus im Stadion*, Köln.

Farin, Klaus (2002): *Die dritte Halbzeit*, Bad Tölz.

Gebauer, Gunter (2006): *Poetik des Fußballs*, Frankfurt am Main.

Gehrmann, Jayin T./Schneider, Thomas (1998): *Fußballrandale*, Essen.

Heitmeyer, Wilhelm (Hrsg.) (2006): *Deutsche Zustände. Folge 5.*, Frankfurt am Main.

Honigstein, Raphael (2006): *Harder, better, faster, stronger*, Köln.

Kapuscinsky, Ryszard (1992): *Der Fußballkrieg. Berichte aus der Dritten Welt*, Frankfurt am Main.

King, John (1999): *Der letzte Kick*, München.

King, Martin/Knight, Martin (2003): *Hoolifan*, Hamburg.

Kreisky, Eva/Spitaler, Georg (Hrsg.) (2006): *Arena der Männlichkeit*, Frankfurt am Main.

Leske, Hanns (2004): *Erich Mielke, die Stasi und das runde Leder. Der Einfluss der SED und der Stasi auf den Fußballsport in der DDR*, Göttingen.

Pätzug, Veit (2005): *Schwarzer Hals, gelbe Zähne*, Dresden.

Pilz, Gunter A. (1982): *Wandlungen der Gewalt im Sport*, Ahrensburg.

Pilz, Gunter A. u. a. (2006): *Wandlungen des Zuschauerverhaltens im Profifußball*, Bonn.

Schönau, Birgit (2005), *Calcio*, Köln.

Schulze-Marmeling, Dietrich (Hrsg.) (2003): *Davidstern und Lederball. Die Geschichte der Juden im deutschen und internationalen Fußball*, Göttingen.

Zeitungen und Zeitschriften

11 Freunde, Ballesterer, Berliner Morgenpost, Berliner Zeitung,
Bild, Bild am Sonntag, Der Spiegel, Der Tagesspiegel, De Telegraf,
De Volkskrant, DFB-Journal, die tageszeitung, Die Welt, Die Zeit,
El Pais, Dresdner Morgenpost, Dresdner Neueste Nachrichten,
Financial Times Deutschland, Focus, Frankfurter Allgemeine,
Frankfurter Allgemeine Sonntagszeitung, Frankfurter Rundschau,
Gazzetta dello Sport, Hamburger Abendblatt, Hamburger
Morgenpost, Informationen zur politischen Bildung, Kicker,
Kölner Stadt-Anzeiger, La Nación La Repubblika, Leipziger
Volkszeitung, L'Équipe, Neue Rhein/Ruhr Zeitung, Neue Zürcher
Zeitung, Neues Deutschland, Newsweek, New York Times, Rund,
Sächsische Zeitung, Sport-Bild, Sports Illustrated, Stadionwelt,
Stern, Stuttgarter Zeitung, Süddeutsche Zeitung, Tagesanzeiger,
The Guardian, The Independent, The Mirror, The Times, The Sun,
The Sunday Times, Welt am Sonntag, Westdeutsche Allgemeine,
Wprost, Zycie Warszawy

Andere Quellen

Associated Press, Broschüre „Kicker, Kämpfer und Legenden",
Broschüre „Kultort Stadion", Bundesinstitut für Sportwissenschaft,
Deutsche Presse-Agentur, Jahresberichte der Zentralen
Informationsstelle Sporteinsätze, Nationales Konzept Sport und
Sicherheit, Schriften der Koordinationsstelle Fanprojekte, Reuters,
Spiegel Online, Sport-Informations-Dienst, Sport 1; diverse
wissenschaftliche Aufsätze, Internetseiten/-Foren und Filme.
www.aktive-fans.de, www.bag-fanprojekte.de, www.farenet.org,
www.flutlicht.org, www.footballsupportersinternational.com,
www.fsf.org.uk, www.gaysport.info, www.kos-fanprojekte.de,
www.lka.nrw.de, www.nigdywiecej.prh.pl, www.nordostfussball.de,
www.pro1530.de, www.progettoultra.it

Der Autor

Ronny Blaschke, geboren 1981 in Rostock, lebt als freier Sport- journalist in Berlin. Der studierte Sportwissenschaftler schreibt u.a. für die Süddeutsche Zeitung, die Berliner Zeitung, die Neue Zür- cher Zeitung, die Frankfurter Rundschau, die taz sowie das Fußballmagazin 11 Freunde.

Danksagung

Dank gebührt jenen Menschen, die bei der Erstellung dieses Buches geholfen haben. Sei es durch ihr unerschöpfliches Wissen, ihre guten Kontakte oder allein durch ihren steten Zuspruch:
Carlo Balestri, Bernd Beyer, Rita Böttcher, Chris Coote, Gerd Dem- bowski, Cathleen Dürl, Martin Endemann, Michael Gabriel, Katja Grunwald, Julia Hengstermann Raphael Honigstein, Stephanie Jae- schke, Barbara Klimke, Karin Klinkmann, Liesbeth Klinkmann, Jörn Meier, Jacek Purski, Maribeth Rezey, Christoph Ruf, Paul Russell, Melanie Schmidt, Thomas Schneider, Birgit Schönau, Olaf Sunder- meyer, Tino Symanzik, Robert Tiedt, Marga Vogt, Jens Weinreich, Johannes Zabel.

Fotonachweis

dpa: S. 135, 217
imago sportfotodienst: S. 221
Witters Sport-Presse-Fotos: S. 54, 73, 105, 157, 167, 174, 179
Pixathlon: Cover, S. 32
BAFF: S. 99
Rita Böttcher: S. 80, 81, 91, 93, 161, 203
Reinaldo Coddou H.: S. 239
Mike Fröhling: S. 145
Torsten George: S. 43
Christoph Härringer: S. 97
Matthias Koch: S. 34/35
Paulus Ponziak: S. 113
Alle anderen Fotos entstammen dem Archiv des Autors und des
Verlags Die Werkstatt.